Bruce Chatwin
Auf dem schwarzen Berg

Bruce Chatwin

Auf dem schwarzen Berg

Roman

Aus dem Englischen
von Anna Kamp

Claassen

Die Originalausgabe erschien 1982 unter dem Titel
»On the Black Hill« bei Jonathan Cape, London.

Die Deutsche Bibliothek – CIP-Einheitsaufnahme

Chatwin, Bruce:
Auf dem schwarzen Berg : Roman / Bruce Chatwin.
Aus dem Engl. von Anna Kamp. – Hildesheim : Claassen, 1992
(Claassen extra)
Einheitssacht.: On the black hill < dt. >
ISBN 3-546-00003-X

Claassen extra
Copyright © 1992 Claassen Verlag GmbH, Hildesheim.
Copyright © 1983 claassen Verlag GmbH, Düsseldorf.
»On the Black Hill« Copyright © 1982 Bruce Chatwin.
Alle deutschen Rechte vorbehalten.
Umschlagmotiv: Enrico Pellegrino.
Druck und Bindung: Ebner Ulm.
Printed in Germany.
ISBN 3-546-00003-x

Für Francis Wyndham
und für Diana Melly

»Da wir hier nicht verweilen, da unsere Tage
gezählt sind und unsere Lebenszeit wie die
einer Fliege ist und wir nicht länger da sind
als ein Kürbis, müssen wir anderswo nach einer
bleibenden Stadt suchen, nach einem Ort in
einem andern Land, wo wir unser Haus bauen ...«

Jeremy Taylor

I

Zweiundvierzig Jahre lang schliefen Lewis und Benjamin Jones Seite an Seite im Bett ihrer Eltern, auf ihrem Bauernhof, der »The Vision« genannt wurde.

Das Bettgestell, ein eichenes Himmelbett, war aus dem Haus ihrer Mutter in Bryn-Draenog gekommen, als sie 1899 heiratete. Seine verblichenen Cretonnevorhänge, mit einem Muster aus Rittersporn und Rosen bedruckt, schlossen die Sommermücken und im Winter den Luftzug aus. Schwielige Fersen hatten Löcher in die Leinenbettücher gerieben, und die Flickendecke war an einigen Stellen ausgefranst. Unter der Gänsefedermatratze lag eine zweite Matratze aus Roßhaar, in die sich zwei Mulden gesenkt hatten, so daß sich ein Höcker zwischen den Schläfern befand.

Das Zimmer war immer dunkel und roch nach Lavendel und Mottenkugeln.

Der Geruch von Mottenkugeln kam von einer Pyramide aus Hutschachteln, die sich neben dem Waschgestell stapelten. Auf dem Nachttischchen lag ein Nadelkissen, in dem noch immer Mrs. Jones' Hutnadeln steckten, und an der Wand gegenüber dem Bett hing ein Stich von Holman Hunt, »Licht der Welt«, eingefaßt in einen schwarzgebeizten Rahmen.

Eines der Fenster blickte auf die grünen Felder Englands

hinaus, das andere blickte zurück nach Wales, über ein Lärchenwäldchen hinweg auf den Schwarzen Berg.

Beider Brüder Haar war noch weißer als die Kopfkissen. Jeden Morgen um sechs ging ihr Wecker. Sie hörten den Landfunk im Radio, während sie sich rasierten und ankleideten. Im Erdgeschoß klopften sie ans Barometer, zündeten das Feuer an und hängten einen Kessel Wasser für Tee darüber. Dann gingen sie zum Melken und Füttern, bevor sie zum Frühstück zurückkamen.

Das Haus hatte rauhverputzte Wände und ein Dach mit moosbedeckten Ziegeln, und es stand am hinteren Ende des Grundstücks im Schatten einer alten schottischen Kiefer. Unterhalb des Kuhstalls war ein Obstgarten mit windgestutzten Apfelbäumen, und dahinter fielen die Felder schräg ab bis zur Schlucht, wo Birken und Erlen den Fluß säumten.

Vor langer Zeit hatte der Hof »Ty-Cradoc« geheißen – und Caractacus ist in dieser Gegend nach wie vor ein geläufiger Name –, doch 1737 sah ein kränkliches Mädchen, Alice Morgan, die Jungfrau über einem Rhabarberbeet schweben und lief, geheilt, zur Küche zurück. Um das Wunder zu preisen, nannte ihr Vater seinen Hof in »The Vision«, die »Erscheinung«, um und schnitzte die Initialen A. M., das Datum und ein Kreuz in den Türsturz über der Veranda. Die Grenze zwischen den Grafschaften Radnor und Hereford verlief angeblich mitten durch die Vortreppe.

Die Brüder waren eineiige Zwillinge.

Als sie klein waren, konnte nur ihre Mutter sie auseinanderhalten – jetzt hatten Alter und Unfälle jeden auf seine Weise verwittern lassen.

Lewis war groß und sehnig, mit eckigen Schultern und einem gleichmäßigen, weitausholenden Gang. Noch mit achtzig konnte er den ganzen Tag durch die Berge wandern oder den ganzen Tag eine Axt schwingen, ohne müde zu werden.

Er verströmte einen starken Geruch. Seine Augen, grau, verträumt und astigmatisch, lagen weit zurück in seinem Schädel und waren von dicken runden Gläsern in einem Nickelrahmen bedeckt. Von einem Fahrradunfall war ihm eine Narbe auf der Nase geblieben, und seit jenem Tag bog sich ihre Spitze nach unten und lief bei kaltem Wetter violett an.

Sein Kopf wackelte, wenn er sprach, und wenn er nicht gerade an seiner Uhrkette fummelte, wußte er mit seinen Händen nichts anzufangen. In Gesellschaft sah er immer ein bißchen verwirrt aus, und wenn jemand eine Behauptung von sich gab, sagte er: »Danke schön!«, oder: »Sehr nett von Ihnen!« Alle waren sich einig, daß er wunderbar mit Schäferhunden umgehen konnte.

Benjamin war kleiner, rosiger, gepflegter und scharfzüngiger. Sein Kinn versank in seinem Hals, doch war sein Nasenrücken noch intakt, und bei Gesprächen setzte er ihn als Waffe ein. Er hatte weniger Haar.

Er besorgte das Kochen, Stopfen und Bügeln, und er führte die Bücher. Niemand konnte beim Feilschen um Viehpreise grimmiger sein als er, und er diskutierte stundenlang, so lange, bis der Händler verzweifelt die Hände rang und sagte: »Nun mach aber mal 'n Punkt, du alter Geizkragen!«, und dann lächelte er und antwortete: »Was willst du denn damit sagen?«

Meilenweit im Umkreis standen die Zwillinge in dem Ruf, unglaublich knickrig zu sein – das waren sie aber nicht immer.

Sie lehnten es zum Beispiel ab, mit Heu auch nur einen Penny zu verdienen. Heu, sagten sie, war Gottes Geschenk an den Bauern, und sooft The Vision Heu übrig hatte, durften ärmere Nachbarn sich nehmen, soviel sie brauchten. Selbst an stürmischen Januartagen brauchte die alte Miss Fifield the Tump, »vom Hügel«, dem Postboten nur eine

Nachricht mitzugeben, und Lewis kam auf dem Traktor mit einer Ladung Heu zu ihr gefahren.

Benjamins Lieblingsbeschäftigung war es, Lämmern zur Geburt zu verhelfen. Den ganzen langen Winter hindurch wartete er auf Ende März, wenn die Schnepfen zu rufen begannen und die Lammzeit einsetzte. Er war es und nicht Lewis, der aufblieb, um die Mutterschafe zu bewachen. Er war es, der bei einer schwierigen Geburt das Lamm herauszog. Manchmal mußte er seinen Oberarm bis in die Gebärmutter vorstoßen, um ein Zwillingspaar zu trennen; danach saß er beim Kamin, ungewaschen und zufrieden, und ließ die Katze die Nachgeburt von seinen Händen ablecken.

Im Winter wie im Sommer taten die Brüder ihre Arbeit in gestreiften Flanellhemden, die am Hals mit Kupfernieten geschlossen wurden. Ihre Jacken und Westen waren aus braunem Kammgarn, ihre Hosen aus noch dunklerem Kord. Ihre Moleskinhüte trugen sie mit heruntergezogener Krempe, aber da Lewis die Gewohnheit hatte, vor jedem Unbekannten den Hut zu ziehen, war seiner an der Spitze von den Fingern abgewetzt.

Von Zeit zu Zeit befragten sie mit betontem Scheinernst ihre silbernen Uhren – nicht weil sie wissen wollten, wie spät es war, sondern um zu sehen, wessen Uhr schneller lief. Jeden Samstagabend nahmen sie nacheinander ein Sitzbad vor dem Kaminfeuer, und sie lebten der Erinnerung an ihre Mutter.

Da einer die Gedanken des anderen kannte, stritten sie sogar schweigend miteinander. Und manchmal – vielleicht nach einem solchen wortlosen Streit, bei dem sie ihre Mutter brauchten, um sie zu versöhnen – stellten sie sich vor ihre Flickendecke und starrten auf die schwarzen Samtsterne und die Sechsecke aus bedrucktem Kattun, die einst ihre Kleider gewesen waren. Und ohne daß ein Wort fiel, sahen sie sie wieder vor sich: wie sie durch das Haferfeld ging, in

Rosa, einen Krug Apfelwein vom Faß für die Schnitter in den Händen. Oder in Grün beim Mittagessen der Schafscherer. Oder wie sie sich in einer blaugestreiften Schürze über das Feuer beugte. Doch die schwarzen Sterne riefen die Erinnerung an den auf dem Küchentisch aufgebahrten Sarg ihres Vaters und an die kreideweißen weinenden Frauen wach.

In der Küche hatte sich seit dem Tag seiner Beerdigung nichts mehr verändert. Die Tapete mit einem Muster aus Islandmohn und rotbraunen Farnwedeln hatte sich durch den harzigen Rauch dunkel gefärbt, und wenn die Messingknöpfe auch wie früher glänzten, so war die braune Farbe von Türen und Leisten abgeblättert.

Die Zwillinge hatten nie daran gedacht, diesen abgenutzten Dekor zu erneuern, aus Angst, die Erinnerung an jenen hellen Frühlingsmorgen vor über siebzig Jahren auszulöschen, als sie ihrer Mutter geholfen hatten, einen Eimer mit einem Brei aus Mehl und Wasser anzurühren, und beobachteten, wie die Tünche an ihrem Tuch trocknete.

Benjamin sorgte dafür, daß ihre Steinplatten gescheuert waren, daß der Eisenrost mit einem schwarzen Bleimittel glänzend poliert war und immer ein Kupferkessel am Kamineinsatz zischte.

Freitag war sein Backtag, wie es früher ihrer gewesen war, und jeden Freitagnachmittag krempelte er die Ärmel hoch und backte Waliser Plätzchen oder Cottage-Brote, wobei er den Teig so heftig knetete, daß die Kornblumen auf dem Wachstuch fast verwischt waren.

Auf dem Kaminsims standen ein Paar Porzellanhunde, fünf Messingständer, ein Schiff in einer Flasche und eine Teedose, auf der eine Chinesin abgebildet war. Ein Schrank mit einer Glastür, die eine Scheibe mit Tesafilm repariert, enthielt Porzellanzierat, versilberte Teekannen und Becher von allen Krönungs- und Jubiläumsfeiern. Eine Speckseite hing an einer Stange vom Dachbalken. Ein Klavier aus den Tagen König Georgs zeugte von müßigeren Stunden und vergangenen Talenten.

Lewis hatte immer eine zwölfkalibrige Schrotflinte an der alten Standuhr stehen: beide Brüder fürchteten sich vor Dieben und Antiquitätenhändlern.

Das einzige Hobby ihres Vaters – tatsächlich sein einziges Interesse neben der Landwirtschaft und der Bibel – war es gewesen, Holzrahmen für die Bilder und Familienfotos zu schnitzen, die jede ungenutzte Fläche an den Wänden bedeckten. Mrs. Jones hatte es als ein Wunder betrachtet, daß ein Mann mit seinem Temperament und seinen klobigen Händen die Geduld für eine derart komplizierte Arbeit aufbrachte. Doch sobald er seine Meißel in die Hand nahm, sobald die winzigen weißen Späne flogen, wich jeder Groll von ihm.

Er hatte einen »gotischen« Rahmen für den religiösen Farbdruck »Der breite und der schmale Pfad« geschnitzt. Für das Aquarell vom Teich von Bethesda hatte er sich ein paar »biblische« Motive ausgedacht; und als sein Bruder aus Kanada einen Öldruck schickte, rieb er die Oberfläche mit Leinöl ein, damit er wie ein altes Gemälde aussah, und verbrachte einen ganzen Winter damit, einen Rahmen aus Ahornblättern zu vollenden.

Und dieses Bild mit dem Indianer, dem Birkenrindenkanu, den Kiefern und einem karmesinroten Himmel – ganz zu schweigen von seiner Verbindung mit dem legendären Onkel Eddie – hatte in Lewis zum erstenmal die Sehnsucht nach fernen Ländern geweckt.

Abgesehen von Ferien am Meer im Jahre 1910 war keiner der Zwillinge je über Hereford hinausgekommen. Doch wurde Lewis' Leidenschaft für Geographie durch diese begrenzten Horizonte nur noch angestachelt. Besucher quälte er so lange, bis sie ihm ihre Ansichten über »die Wilden

in Afrika« und Neuigkeiten aus Sibirien, Saloniki oder Sri
Lanka mitteilten; und erwähnte jemand Präsident Carters
gescheiterten Versuch, die Geiseln von Teheran zu befreien,
kreuzte er die Arme und sagte bestimmt: »Der hätte losge-
hen sollen, um sie durch Odessa zu bringen.«

Seine Vorstellung von der Außenwelt entsprang einem
Bartholomew-Atlas von 1925, in dem die beiden großen
Kolonialreiche rosa und malvenfarben koloriert waren und
die Sowjetunion mit einem stumpfen Salbeigrün bedeckt
war. Und es beleidigte seinen Ordnungssinn, als er feststellte, daß der Planet jetzt voll zänkischer kleiner Staaten mit
unaussprechlichen Namen war. Als wollte er andeuten, daß
wirkliche Reisen nur in der Vorstellung existierten – und
vielleicht auch, um sich wichtig zu machen –, schloß er die
Augen und rezitierte die Verse, die seine Mutter ihn gelehrt
hatte:

Westwärts, westwärts, Hiawatha
segelte in die Glut der untergehenden Sonne,
segelte in die purpurnen Dämpfe,
segelte in den sinkenden Abend.

Oft genug hatten die Zwillinge sich gesorgt bei dem Gedanken, kinderlos zu sterben – doch ein Blick auf die Wand mit
den Fotos genügte, und schon waren sie die trübsinnigsten
Gedanken los. Sie kannten die Namen aller Abgebildeten
und wurden es nie müde, Ähnlichkeiten zwischen Menschen zu entdecken, die im Abstand von hundert Jahren geboren waren.

Links von der Hochzeitsgesellschaft ihrer Eltern hing ein
Foto von ihnen beiden im Alter von sechs Jahren, auf dem
sie wie junge Schleiereulen glotzten und für das Fest im
Park von Lurkenhope mit identischen Pagenkragen heraus-
geputzt waren. Am besten gefiel ihnen jedoch ein bunter

Schnappschuß von ihrem Großneffen Kevin, ebenfalls im Alter von sechs Jahren, der ihn als Joseph in einem Krippenspiel mit einem Handtuchturban verkleidet zeigte.

Seither waren vierzehn Jahre vergangen, und Kevin war inzwischen ein großer schwarzhaariger junger Mann mit buschigen, in der Mitte zusammengewachsenen Augenbrauen und schiefrigen graublauen Augen. In wenigen Monaten würde der Hof ihm gehören.

Wenn sie also das vergilbte Hochzeitsfoto ansahen, wenn sie das von glühendroten Koteletten umrahmte Gesicht ihres Vaters betrachteten (sogar auf einem Sepiafoto konnte man erkennen, daß er hellrotes Haar hatte), wenn sie die Gigotärmel am Kleid ihrer Mutter betrachteten, die Rosen an ihrem Hut und die Margeriten in ihrem Strauß, und wenn sie ihr süßes Lächeln mit Kevins Lächeln verglichen, dann wußten sie, daß ihr Leben nicht umsonst gewesen war und daß die Zeit mit ihrem heilenden Kreislauf den Schmerz und den Zorn, die Scham und die Unfruchtbarkeit weggewischt hatte und jetzt der Zukunft gehörte, die Neues versprach.

II

Von all den Menschen, die an jenem schwülen Nachmittag im August 1899 vor dem Roten Drachen in Rhulen posierten, hatte keiner so viel Grund, zufrieden mit sich auszusehen, wie Amos Jones, der Bräutigam. Innerhalb einer Woche hatte er zwei seiner drei ehrgeizigen Ziele erreicht: Er hatte eine schöne Frau geheiratet und einen Pachtvertrag für einen Hof unterschrieben.

Sein Vater, ein schwatzhafter alter Apfelweintrinker, der in allen Pubs von Radnorshire als Sam der Fuhrmann bekannt war, hatte sein Leben als Viehtreiber begonnen, war bei dem Versuch, seinen Lebensunterhalt als Fuhrmann zu verdienen, kläglich gescheitert und lebte nun mit seiner Frau auf engstem Raum in einem winzigen Cottage auf dem Rhulen-Berg.

Hannah Jones war keine liebenswürdige Frau. Als Jungverheiratete hatte sie ihren Mann bis zum Wahnsinn geliebt, hatte sich mit seiner häufigen Abwesenheit und Untreue abgefunden und dank ihres kolossalen Geizes immer wieder die Absichten der Gerichtsvollzieher durchkreuzen können.

Dann kamen die Katastrophen, die ihr Wesen verhärteten, sie mit nie nachlassender Bitterkeit erfüllten und ihren Mund scharf und verzerrt wie ein Stechpalmenblatt aussehen ließen.

Von ihren fünf Kindern war eine Tochter an Schwindsucht gestorben, eine andere hatte einen Katholiken geheiratet, der älteste Sohn war in einem Bergwerk im Rhondda-Tal umgekommen, ihr Lieblingssohn Eddie nahm ihre Ersparnisse an sich und verschwand nach Kanada – und so war ihr nur noch Amos geblieben, um sie in ihrem Alter zu unterstützen.

Weil er als letztes ihrer Kinder flügge wurde, verhätschelte sie ihn gründlicher als die anderen und schickte ihn auf die Sonntagsschule, um lesen und Gottesfurcht zu lernen. Er war kein dummer Junge, doch als er fünfzehn wurde, hatte er ihre Hoffnungen auf seine Ausbildung enttäuscht, und sie warf ihn aus dem Haus und zwang ihn, seinen Unterhalt selbst zu verdienen.

Zweimal im Jahr, im Mai und im November, stand er auf dem Jahrmarkt von Rhulen herum, ein Büschel Schafswolle an seiner Mütze und einen sauberen Sonntagskittel über dem Arm gefaltet, und wartete darauf, von einem Bauern angestellt zu werden.

Er fand auf mehreren Höfen in Radnorshire und Montgomery Arbeit; dort lernte er, mit einem Pflug umzugehen, zu säen, zu mähen und zu scheren, Schweine zu schlachten und Schafe aus Schneewehen auszugraben. Als seine Stiefel auseinanderfielen, mußte er Filzstreifen um seine Füße binden. Und bei seiner Rückkehr am Abend, wenn ihm jedes einzelne Glied weh tat, fand er als Essen Specksuppe und Kartoffeln und ein paar vertrocknete Brotkrusten vor. Seine Arbeitgeber waren viel zu geizig, um ihm eine Tasse Tee zu geben.

Er schlief auf Heuballen, im Kornspeicher oder auf dem Stallboden, und in Winternächten lag er wach, zitterte unter einer klammen Decke – ein Feuer, an dem er seine Sachen hätte trocknen können, gab es nicht. An einem Montagmorgen wurde er von seinem Arbeitgeber ausgepeitscht, weil er ein paar Scheiben kaltes Hammelfleisch gestohlen haben sollte, während die Familie in der Kirche war – ein Verbrechen, dessen sich die Katze und nicht er schuldig gemacht hatte.

Er lief dreimal davon, und dreimal büßte er seinen Lohn ein. Trotzdem hatte er einen stolzen Gang, trug seine Kappe keck auf dem Kopf, und in der Hoffnung, eine hübsche Bauerntochter für sich zu interessieren, gab er seine überschüssigen Pennies für knallbunte Taschentücher aus.

Sein erster Verführungsversuch schlug fehl.

Um das Mädchen zu wecken, warf er einen Zweig an ihr Schlafzimmerfenster, und sie steckte ihm den Schlüssel zu. Dann, als er auf Zehenspitzen durch die Küche ging, stieß er mit dem Schienbein an einen Schemel und stolperte. Ein Kupfertopf fiel krachend zu Boden, der Hund bellte, und eine tiefe Männerstimme ertönte: Ihr Vater stand auf der Treppe, als er aus dem Haus stürzte.

Mit achtundzwanzig sprach er davon, nach Argentinien auszuwandern, wo es Gerüchten zufolge Land und Pferde gab – was seine Mutter in Panik versetzte und veranlaßte, ihm eine Braut zu suchen.

Sie war eine schlichte, stumpfsinnige Frau, zehn Jahre älter als er, die den ganzen Tag herumsaß und ihre Hände anstarrte und ihrer Familie seit langem eine Last war.

Hannah feilschte drei Tage lang, bis der Brautvater sich einverstanden erklärte, daß Amos sie bekommen sollte und dazu dreißig trächtige Schafe, die Pacht eines kleines Gehöfts mit dem Namen Cwmcoynant und das Weiderecht auf dem Rhulen-Berg.

Aber das Land war sauer. Es lag an einem sonnenlosen Berghang, und wenn die Schneeschmelze kam, strömten eisige Wasserfluten durch das Cottage. Doch weil er ein Stück Land hier, ein anderes Stück dort pachtete, weil er in Gemeinschaft mit anderen Bauern Vieh kaufte, konnte Amos den Lebensunterhalt verdienen und auf bessere Zeiten hoffen.

Diese Ehe kannte keine Freuden.

Rachel Jones gehorchte ihrem Mann mit den passiven Bewegungen eines Automaten. Sie mistete die Schweineställe in einem zerrissenen Tweedmantel aus, der mit ein bißchen Zwirn zusammengeflickt war. Sie lächelte nie. Sie weinte nie, wenn er sie schlug. Sie beantwortete alle seine Fragen mit Knurren oder einsilbigen Wörtern, und selbst in den Qualen der Niederkunft preßte sie den Mund so fest zusammen, daß kein Laut hinausdrang.

Das Baby war ein Junge. Weil sie keine Milch hatte, schickte sie ihn zu einer Amme, und er starb. Im November 1898 stellte sie das Essen ein und kehrte der Welt der Lebenden den Rücken. Schneeflocken lagen im Friedhof, als sie begraben wurde.

Seit jenem Tag war Amos ein regelmäßiger Kirchgänger.

III

Beim Frühgottesdienst an einem Sonntag, weniger als einen Monat nach der Beerdigung, gab der Pfarrer von Rhulen bekannt, daß er am kommenden Sonntag einem Gottesdienst in der Kathedrale von Llandaff beiwohnen müsse und daß der Rektor von Bryn-Draenog die Predigt halten werde.

Dies war Reverend Latimer, ein gelehrter Alttestamentler, der sich von seiner Missionsarbeit in Indien verabschiedet und in dieser abgelegenen Bergpfarrei niedergelassen hatte, um mit seiner Tochter und seinen Büchern allein zu sein.

Amos Jones hatte ihn hin und wieder auf dem Berg gesehen: eine schwachbrüstige Gestalt mit weißem Haar, das wie Wollgras wirbelte. Wenn er über die Heide schritt, redete er so laut vor sich hin, daß er die Schafe verscheuchte. Der Tochter, von der man sich sagte, daß sie traurig und schön aussehe, war er noch nicht begegnet. Er nahm in den hinteren Bankreihen Platz.

Die Latimers hatten unterwegs vor einem Wolkenbruch Schutz suchen müssen, und als ihr Einspänner schließlich draußen vor der Kirche vorfuhr, waren sie zwanzig Minuten zu spät. Während der Rektor sich in der Sakristei umzog, ging Miss Latimer auf das Chorgestühl zu; sie hatte die Augen auf den weinroten Teppichstreifen gesenkt und wich den Blicken der Gläubigen aus. Sie streifte Amos' Schulter und blieb stehen. Sie trat einen halben Schritt zurück, einen weiteren zur Seite und setzte sich dann eine Bankreihe vor ihm, doch auf der anderen Seite des Mittelgangs, nieder.

Wassertropfen glitzerten auf ihrem schwarzen Biberhut und ihrem kastanienbraunen Haarknoten. Auch an ihrem grauen Sergemantel rann der Regen herab.

Auf einem der bunten Glasfenster war der Prophet Elias mit seinem Raben dargestellt. Draußen auf dem Sims schnäbelten und girrten ein paar Tauben und pickten an der Scheibe.

Das erste Lied war »Lenke mich, o mein Erlöser«, und als der Chor der Stimmen anschwoll, fing Amos ihren klaren, vibrierenden Sopran auf, während sie seinen Bariton wie eine Hummel in ihrem Nacken summen spürte. Während des Vaterunsers starrte er ununterbrochen auf ihre langen weißen, spitz zulaufenden Finger. Nach der Lesung aus dem Neuen Testament wagte sie einen heimlichen Blick und sah seine roten Hände auf dem roten Buckrameinband seines Gebetbuchs. Sie errötete verwirrt und streifte sich die Handschuhe über.

Dann stand ihr Vater auf der Kanzel und verzog den Mund: »Mögen deine Sünden auch scharlachrot sein, sie werden weiß wie Schnee, mögen sie auch rot sein wie Karmesin, sie werden wie Wolle sein. Bist du willig und gehorsam . . .«

Sie blickte auf das Kniepolster hinunter und fühlte, wie ihr das Herz brach. Nach dem Gottesdienst wurde sie von Amos am Friedhofstor überholt, aber sie ließ ihre Augen aufblitzen, drehte ihm den Rücken zu und sah in die Zweige einer Eibe.

Er vergaß sie – er versuchte, sie zu vergessen –, bis er an einem Donnerstag im April auf den Markt nach Rhulen ging, um ein paar einjährige Schafe zu verkaufen und Neuigkeiten auszutauschen.

Längs der Broad Street banden die Bauern, die aus der ganzen Umgebung gekommen waren, ihre Ponys fest und standen in Gruppen zusammen und schwatzten. Die Karren waren leer, die Deichseln zeigten in die Luft. Aus der Bäckerei drang der Duft von frischem Brot. Vor dem Rathaus waren Stände mit rotgestreiften Markisen, zwischen denen schwarze Hüte auf und ab hüpften. In der Castle Street war die Menge noch dichter, weil sich die Leute nach vorn drängten, um sich die Waliser und Hereforder Rinder anzusehen, die versteigert wurden. Schafe und Schweine waren in Hürden gepfercht. Die Luft war frostig, und von den Weichen der Tiere stiegen Dampfwolken hoch.

Draußen vor dem Roten Drachen tranken zwei Graubärte Apfelwein und jammerten über »die verdammten Gauner im Parlament«. Eine Nasalstimme rief den Preis von Korbstühlen aus, und ein purpurgesichtiger Viehhändler schüttelte die Hand eines dünnen Mannes mit einem braunen Derbyfilzhut.

»Und wie geht's dir so?«

»Mäßig.«

»Und der Frau?«

»Schlecht.«

Zwei blaue Karren, mit Stroh bedeckt und mit Masthühnern beladen, waren neben der Rathausuhr abgestellt, und ihre Besitzer, zwei Frauen mit karierten Umschlagtüchern, schwatzten drauflos und versuchten angestrengt, dem Käufer aus Birmingham, der seinen Malakkaspazierstock zwirbelte, Desinteresse vorzuspielen.

Als Amos vorbeikam, hörte er eine von beiden sagen: »Und das arme Ding! Wenn man sich vorstellt, daß sie ganz allein auf der Welt ist!«

Am Sonnabend hatte ein Schäfer, der über den Berg ritt, Reverend Latimers Leiche mit dem Gesicht nach unten in einem Tümpel gefunden. Er war auf dem Torfmoor ausgerutscht und ertrunken. Am Dienstag darauf war er in Bryn-Draenog begraben worden.

Amos verkaufte seine Schafe zu einem günstigen Preis, und als er die Münzen in seine Westentasche steckte, fiel ihm auf, daß seine Hand zitterte.

Am nächsten Morgen nach dem Füttern nahm er einen

Stock und ging die neun Meilen bis zum Bryn-Draenog-Berg zu Fuß. Als er zur Felsenkette kam, die den Gipfel krönte, setzte er sich im Windschatten nieder und band den Schnürsenkel seines einen Stiefels fest. Hoch über ihm strömten bauschige Wolken aus Wales heraus, ihre Schatten tauchten über die mit Stechginster und Heide bewachsenen Hänge herab und verlangsamten sich, als sie über die Felder mit Winterweizen glitten.

Er fühlte sich benommen, beinahe glücklich, als würde sein Leben von vorn anfangen.

Im Osten war der Fluß Wye, ein silbriges Band, das sich durch Rieselfelder schlängelte, und die ganze Landschaft war mit weißen und ziegelroten Höfen getüpfelt. Ein strohgedecktes Dach war ein kleiner Flecken Gelb in einer Apfelblütengischt, und düstere Koniferengruppen verhüllten die Häuser der Gentry.

Mehrere hundert Meter weiter unten fiel die Sonne auf das Schieferdach der Pfarrei von Bryn-Draenog und warf ein Parallelogramm des offenen Himmels auf die Bergspitze zurück. Zwei Bussarde kreisten und senkten sich in der blauen Luft, und in einem hellgrünen Feld standen Lämmer und Krähen.

Im Friedhof ging eine Frau in Schwarz zwischen den Grabsteinen auf und ab. Dann trat sie durch das Pförtchen und ging durch den verwilderten Garten. Sie hatte den Rasen zur Hälfte überquert, als ein kleiner Hund aus dem Haus hüpfte und sie begrüßte und dabei an ihrem Rock zerrte. Sie warf einen Stock ins Gestrüpp, und der Hund rannte davon, kam ohne den Stock zurück und grapschte von neuem nach ihrem Rock. Irgend etwas schien sie daran zu hindern, das Haus zu betreten.

Er rannte den Berg hinab, seine Absatzbeschläge klapperten auf den losen Steinen. Dann lehnte er sich über den Gartenzaun, holte schwer atmend Luft, und sie stand noch immer unbeweglich zwischen den Lorbeersträuchern, und der Hund lag ruhig zu ihren Füßen.

»Oh! Sie sind es!« sagte sie, als sie sich umdrehte und ihn ansah.

»Ihr Vater«, stammelte er. »Es tut mir leid, Miss –«

»Ich weiß«, unterbrach sie ihn. »Bitte kommen Sie herein.«

Er entschuldigte sich für den Schmutz an seinen Stiefeln.

»Schmutz!« lachte sie. »Schmutz kann diesem Haus nichts anhaben. Und außerdem muß ich ausziehen.«

Sie führte ihn in die Studierstube ihres Vaters. Das Zimmer war verstaubt und mit Büchern vollgestellt. Daußen vor dem Fenster sperrten die Zweige einer Schuppentanne das Sonnenlicht aus. Roßhaarbüschel platzten aus dem Sofa hervor auf einen abgetretenen Orientteppich. Der Tisch war mit vergilbten Blättern übersät, und auf einem Drehregal standen Bibeln und Bibelkommentare. Auf dem schwarzen Marmorsims lagen ein paar steinerne Axtschneiden und ein paar Stückchen römischer Keramik.

Sie ging zum Klavier, griff nach dem Inhalt einer Vase und warf ihn in den Kamin.

»Was ist das für ein schreckliches Zeug!« sagte sie. »Wie ich Strohblumen hasse!«

Sie beobachtete ihn, als er sich ein Aquarell mit weißen Rundbögen, einer Dattelpalme und Frauen mit Krügen ansah.

»Das ist der Teich von Bethesda«, sagte sie. »Wir waren dort. Wir haben auf unserem Rückweg von Indien das ganze Heilige Land besichtigt. Wir haben Nazareth und Bethlehem und den See Genezareth gesehen. Wir haben Jerusalem gesehen. Das war der Traum meines Vaters.«

»Ich hätte gern etwas Wasser«, sagte er.

Sie führte ihn durch einen Gang zur Küche. Der Tisch

war gescheuert und leer – und nirgends war etwas von Essen zu sehen.

Sie sagte: »Wenn ich bedenke, daß ich Ihnen nicht einmal eine Tasse Tee anbieten kann.«

Wieder im Sonnenlicht, sah er, daß ihr Haar graue Strähnen hatte und daß sich Krähenfüße bis zu ihren Backenknochen ausbreiteten. Aber er mochte ihr Lächeln und die braunen Augen, die unter langen schwarzen Wimpern leuchteten. Um ihre Taille wand sich ein straffer schwarzer Lackledergürtel. Mit dem erprobten Auge des Züchters prüfte er sie von den Schultern bis zu ihren Hüften.

»Und ich weiß nicht einmal, sie Sie heißen«, sagte sie und streckte ihm die Hand entgegen.

»Amos Jones ist doch ein wunderschöner Name«, fuhr sie fort, als sie an seiner Seite zur Gartenpforte schlenderte. Dann winkte sie und lief zum Haus zurück. Zuletzt sah er sie in der Studierstube stehen. Die schwarzen Fühler der Schuppentanne, die sich im Fenster spiegelten, schienen ihr weißes Gesicht gefangenzuhalten, als sie es an die Scheibe drückte.

Er stieg den Berg hinauf, dann hüpfte er von einem Grashügel zum anderen und rief aus vollem Hals: »Mary Latimer! Mary Jones! Mary Latimer! Mary Jones! Mary!... Mary!... Mary!...«

Zwei Tage später war er zurück in der Pfarrei mit einem Geschenk, einem Huhn, das er selbst gerupft und ausgenommen hatte.

Sie wartete auf der Veranda, in einem langen blauen Wollkleid mit einem Kaschmirschal um die Schultern und einer Minervakamee an einem braunen Samtband um den Hals.

»Eigentlich wollte ich gestern kommen«, sagte er.

»Aber ich wußte, daß Sie heute kommen würden.«

Sie warf den Kopf in den Nacken und lachte, und der Hund bekam den Hühnergeruch in die Nase und sprang auf und ab und kratzte mit seinen Pfoten an Amos' Hose. Er zog das Huhn aus seinem Rucksack. Sie sah das kalte picklige Fleisch. Das Lächeln schwand aus ihrem Gesicht, und sie stand wie angewurzelt auf der Schwelle und zitterte.

Sie versuchten, in der Diele miteinander zu reden, aber sie faltete die Hände und starrte auf den roten Fliesenboden, während er von einem Bein aufs andere trat und spürte, wie er vom Hals bis zu den Ohren rot wurde.

Beide waren zum Bersten voll von Dingen, die sie sich sagen wollten. Beide fühlten in diesem Augenblick, daß es nichts mehr zu sagen gab, daß sich aus ihrer Begegnung nie etwas ergeben würde, daß sich ihre beiden Sprachen nie zu einer gemeinsamen Stimme zusammenfügen würden und daß sie beide in ihr Schneckenhaus zurückkriechen würden – als wäre das blitzschnelle Erkennen in der Kirche ein Trick des Schicksals gewesen oder eine Versuchung des Teufels, um sie beide zugrunde zu richten. Sie stammelten vor sich hin, und die Pausen zwischen ihren Wörtern wurden länger, wurden zu Schweigen: Ihre Augen gingen sich aus dem Weg, als er sich rückwärts aus dem Zimmer schob und den Berg hinauflief.

Sie hatte Hunger. An diesem Abend röstete sie das Huhn und versuchte, sich zum Essen zu zwingen. Nach dem ersten Bissen ließ sie Messer und Gabel fallen, stellte dem Hund den Teller auf den Boden und stürzte die Treppe hinauf in ihr Zimmer.

Sie lag auf dem schmalen Bett, das Gesicht nach unten, und schluchzte ins Kopfkissen, das blaue Kleid weit um sie ausgebreitet, und der Wind heulte durch die Schornsteinkappen.

Gegen Mitternacht glaubte sie, das Knirschen von Schritten auf dem Kies zu hören. »Er ist zurückgekommen«, rief sie laut und seufzte vor Glück – nur um festzustellen, daß es eine Kletterrose war, die ihre Dornen am Fenster rieb.

Um einzuschlafen, versuchte sie Schafe zu zählen, aber statt ihr dabei zu helfen, riefen die dummen Tiere eine andere Erinnerung in ihr wach – an ihre andere Liebe in einer staubigen Stadt in Indien.

Er war Anglo-Inder, ein Strich von einem Mann, er hatte Sirupaugen und den Mund voll von Entschuldigungen. Das erste Mal hatte sie ihn im Telegraphenbüro gesehen, wo er als Buchhalter arbeitete. Dann, als die Cholera ihre Mutter und seine junge Frau wegraffte, sprachen sie sich auf dem anglikanischen Friedhof gegenseitig das Beileid aus. In der Folge trafen sie sich meistens am Abend zu einem Spaziergang am träge fließenden Fluß. Er nahm sie mit in sein Haus und gab ihr Tee mit Büffelmilch und zu viel Zucker. Er rezitierte Verse von Shakespeare. Er sprach hoffnungsvoll von platonischer Liebe. Seine kleine Tochter hatte goldene Ohrringe, und ihre Nasenlöcher waren mit Schleim verstopft.

»Hure!« hatte ihr Vater gebrüllt, nachdem der Postmeister ihn auf die »Indiskretion« seiner Tochter aufmerksam gemacht hatte. Drei Wochen lang hielt er sie bei Brot und Wasser in einem erstickend heißen Zimmer eingesperrt, bis sie reuig wurde.

Gegen zwei Uhr in der Früh wechselte der Wind die Richtung und heulte in einer anderen Tonlage. Sie hörte einen Zweig brechen – kra-ack! –, und bei dem Geräusch von berstendem Holz setzte sie sich plötzlich auf:

»O mein Gott! Er ist an einem Hühnerknochen erstickt!«

Sie tastete sich die Treppe hinunter. Ein Luftzug blies die Kerze aus, als sie die Küchentür öffnete. Sie stand zitternd in der Dunkelheit. Durch den kreischenden Wind hindurch hörte sie den kleinen Hund in seinem Korb gleichmäßig schnarchen.

Im Morgengrauen schaute sie über den Bettrand auf den Kupferstich von Holman Hunt und begann zu grübeln. »Klopfe an, und dir wird aufgetan«, hatte Er gesagt. Und hatte sie nicht angeklopft und draußen vor der Haustür ihre Laterne geschwungen? Doch in dem Augenblick, als endlich der Schlaf kam, schien der Tunnel, den sie hinuntergewandert war, länger und dunkler denn je.

IV

Amos verbarg seinen Zorn. Den ganzen Sommer lang verlor er sich in Arbeit, als wollte er die Erinnerung an die überhebliche Frau auslöschen, die seine Hoffnungen geweckt und vernichtet hatte. Oft schlug er bei dem Gedanken an ihre grauen Glacéhandschuhe mit der Faust auf seinen einsamen Tisch.

Zur Zeit der Heuernte ging er einem Bauern auf dem Schwarzen Berg zur Hand und begegnete einem Mädchen, das Liza Began hieß.

Sie trafen sich in der Schlucht und legten sich unter die Erlbäume. Sie bedeckte seine Stirn mit Küssen und fuhr ihm mit ihren Stubbelfingern durchs Haar. Doch was immer er oder sie tun mochten – nichts konnte das Bild Mary Latimers auslöschen, wie sie mit schmerzlichem Vorwurf die Augenbrauen verzog. Nachts, wenn er wach, allein war – wie sehnte er sich nach ihrem weichen weißen Körper zwischen sich und der Wand!

Während des Ponymarkts im Sommer in Rhulen begann er ein Gespräch mit dem Schäfer, der die Leiche des Rektors gefunden hatte.

»Und die Tochter?« fragte er und zog übertrieben die Schultern hoch.

»Muß ausziehen«, sagte der Mann. »Packt gerade die Sachen zusammmen und so weiter.«

Es fing an zu regnen, als Amos am nächsten Morgen nach Bryn-Draenog kam. Der Regen spülte über seine Wangen und fiel klatschend auf die Lorbeerblätter. In den Rotbuchen rund um die Pfarrei versuchten junge Saatkrähen, ihre Flügel zu spannen, und ihre Eltern flogen hin und her und krächzten ihnen aufmunternd zu. In der Auffahrt stand ein Tilbury. Der Kutscher winkte dem rothaarigen Fremden, der ins Haus schritt, mit dem Striegel.

Sie stand in der Studierstube neben einem mitgenommen aussehenden, spärlich behaarten Gentleman mit Kneifer, der in einem ledergebundenen Buch blätterte.

»Professor Gethyn-Jones«, stellte sie ihn ohne die geringste Überraschung vor. »Und dies ist schlicht und einfach Mr. Jones, der mich zu einem Spaziergang abholt. Bitte entschuldigen Sie uns! Lesen Sie in Ruhe weiter!«

Der Professor nuschelte ein paar Wörter. Sein Händedruck war trocken und ledrig. Graue Adern zogen sich über seine Handgelenke wie Wurzeln über Steine, und er hatte einen übelriechenden Atem.

Sie verließ das Zimmer und kam mit geröteten Wangen zurück, in Stulpenstiefeln und einer graubraunen Öljacke.

»Ein Freund meines Vaters«, flüsterte sie, sobald sie außer Hörweite waren. »Jetzt können Sie sich vorstellen, was ich gelitten habe. Und er will, daß ich ihm die Bücher gebe – umsonst!«

»Verkaufen Sie sie!« sagte Amos.

Sie gingen eine Schafstrift hinauf, im Regen. Wolken umhüllten den Berg, und weiße Wasserquasten strömten aus der Wolkenbank. Er ging voran, schob Ginster und Farnwedel beiseite, und sie trat in seine Fußstapfen.

Sie ruhten sich bei den Felsen aus und gingen dann Arm in Arm den alten Viehtreiberweg entlang und sprachen unbefangen miteinander wie Freunde aus Kindheitstagen. Hin und wieder hatte sie Mühe, ein Wort seines Radnorshire-Dialekts zu verstehen, und hin und wieder bat er sie, einen Satz zu wiederholen. Doch wußten jetzt beide, daß die Schranke zwischen ihnen gefallen war.

Er sprach von seinen Plänen, und sie sprach von ihren Ängsten.

Er wollte eine Frau und einen Hof und Söhne, die den Hof erben sollten. Sie fürchtete sich davor, von ihren Verwandten abhängig zu sein oder in Stellung gehen zu müssen. Sie war glücklich gewesen in Indien, bevor ihre Mutter starb. Sie erzählte ihm von der Mission und von den schlimmen Tagen, ehe der Monsun ausbrach:

»Diese Hitze! Wir wären fast gestorben vor Hitze!«

»Und ich«, sagte er, »dort, wo ich gearbeitet habe, hatte ich den ganzen Winter über kein Feuer, außer dem Feuer im Pub.«

»Vielleicht sollte ich nach Indien zurückgehen?« sagte sie, aber ihre Stimme klang unsicher, und er wußte, es war nicht das, was sie wollte.

Die Wolken brachen auf, und messingfarbene Lichtsäulen fielen schräg auf das Torfmoor.

»Sehen Sie«, rief er und zeigte auf eine Feldlerche über ihren Köpfen, die immer höher im Kreis flog, als wollte sie der Sonne begegnen. »Die Lerchen müssen hier in der Nähe ein Nest haben.«

Sie hörte ein leises Knacken und sah gelblichen Schleim an ihrer Stiefelspitze.

»O nein!« rief sie. »Sehen Sie nur, was ich gemacht habe!«

Ihr Fuß hatte ein Nest voller Eier zertreten. Sie setzte sich auf ein Grasbüschel. Tränen befleckten ihre Wangen, und sie hörte erst zu weinen auf, als er den Arm um ihre Schulter legte.

Am Mawn-Weiher ließen sie Steinchen auf dem dunklen Wasser hüpfen. Möwen mit schwarzen Köpfen fuhren aus dem Schilfgras hoch und füllten die Luft mit klagenden Schreien. Als er sie über eine morastige Stelle trug, fühlte sie sich leicht und unkörperlich wie treibender Nebel.

Wieder in der Pfarrei, richteten sie kalte knappe Sätze aneinander, als wollten sie den Schatten ihres Vaters beruhigen. Den Professor, der in die Bücher vertieft war, störten sie nicht. »Verkauf sie!« sagte Amos, als er sie auf der Veranda zurückließ.

Sie nickte. Sie winkte nicht. Sie wußte jetzt, wann – und weshalb – er wiederkommen würde.

Er kam am darauffolgenden Samstagnachmittag auf einem kleinen braunen Waliser. An einem Halfter führte er einen scheckigen Wallach mit einem Damensattel. Sie rief aus dem Schlafzimmer, in der Sekunde, als sie Hufe stampfen hörte. Er antwortete: »Beeil dich! Auf dem Schwarzen Berg ist ein Hof zu verpachten.«

»Ich komme schon«, rief sie zurück und kam in einem Reitkostüm aus taubengrauer Baumwolle das Treppengeländer heruntergeflogen. An ihrem Strohhut steckten Rosen, und unter ihrem Kinn war ein rosa Seidenband zusammengebunden.

Er hatte in seine Ersparnisse gegriffen und ein Paar neue Stiefel gekauft, und sie sagte: »Meine Güte! Was für Stiefel!«

Die Düfte des Sommers schmolzen auf den Wegen ineinander. In den Hecken schlangen sich Geißblatt und Hundsrose umeinander, und es gab graublauen Storchschnabel und purpurroten Fingerhut. In der Nähe der Höfe watschelten Enten vor ihnen davon, Schäferhunde bellten, und Gänseriche zischten und reckten die Hälse. Er brach einen Holunderzweig ab, um die Bremsen zu verscheuchen.

Sie kamen an einem Cottage vorbei, dessen Veranda von Stockrosen umrankt war und neben dem ein Beet mit Kapuzinerkresse loderte. Eine alte Frau mit einem Rüschenhäubchen schaute von ihrem Strickzeug hoch und krächzte den Passanten ein paar Worte zu.

»Die alte Mary Prosser«, flüsterte er und, als sie außer Hörweite waren: »Es heißt, sie ist eine Hexe.«

Sie überquerten die Landstraße nach Hereford bei Fiddler's Ellbow, überquerten die Eisenbahnlinie und ritten dann den Steinbrecherweg hinauf, der im Zickzack den Hang vom Cefn-Berg hochführte.

Am Rand der Kiefernschonung hielten sie an, um die Pferde rasten zu lassen, und schauten zurück, hinunter auf die Stadt Rhulen – auf das Durcheinander der Schieferdächer, die eingestürzten Schloßmauern, die Spitze des Bikkerton-Denkmals und auf den Wetterhahn der Kirche, der im wäßrigen Sonnenlicht glitzerte. Im Garten der Pfarrei brannte ein Holzfeuer, und eine graue Rauchfahne schwebte über den Schornsteinen und strömte durch das Flußtal von dannen.

Es war kalt und dunkel zwischen den Kiefern. Die Pferde scharrten die trockenen Kiefernadeln auf. Mücken wimmerten, und die Zweige am Boden waren mit einer gelben Pilzkrause überzogen. Sie schauderte, als sie durch die langen Reihen der Kieferstämme blickte, und sagte: »Es ist tot hier drinnen.«

Sie ritten an den Waldrand, und sie ritten weiter in das Sonnenlicht, hinaus auf einen offenen Hang, und als die Pferde das Gras unter den Hufen spürten, fielen sie in einen leichten Galopp und schleuderten Grassichel in die Luft, die wie Schwalben hinter ihnen davonstoben.

Sie galoppierten über den Berg und trabten in ein Tal mit verstreut liegenden Höfen hinunter, zwischen blühenden Weißdornhecken hinunter zur Straße nach Lurkenhope. So oft sie an einem Gatter vorbeiritten, gab Amos einen Kommentar zum jeweiligen Besitzer: »Morgan von The Bailey. Höchst anständige Person.« »Williams von The Vron, der seine Cousine geheiratet hat.« Oder: »Griffiths von Cwm Cringlyn, dessen Vater am Trinken gestorben ist.«

Auf einem Feld machten Jungen Heuhaufen, und am Straßenrand schärfte ein Mann mit rotem Gesicht seine Sense; sein Hemd stand bis zum Nabel offen.

»Nette Frau haben Sie!« zwinkerte er Amos zu, als sie vorbeikamen.

Sie tränkten die Pferde im Bach, und danach standen sie auf dem Steg und sahen zu, wie die Wasserpflanzen in der Strömung schlingerten und die Steinforellen stromaufwärts schnellten. Eine halbe Meile weiter öffnete Amos ein moosbewachsenes Gatter. Dahinter schlängelte sich ein Fahrweg bergan bis zu einem Haus inmitten eines Lärchenwäldchens.

»Sie nennen es The Vision«, sagte er. »Und dazu gehören hundertzwanzig Morgen, die Hälfte davon mit Farnkraut überwuchert.«

V

The Vision war ein Außengehöft von Gut Lurkenhope. Die Besitzer, die Bickertons, waren eine alte katholische Familie, die durch den Westindienhandel reich geworden war.

Der Pächter war 1896 gestorben und hatte eine alte unverheiratete Schwester zurückgelassen, die dort allein weiterlebte, bis sie ins Irrenhaus gebracht wurde. Im Hof streckte sich der Stamm einer jungen Esche durch die Planken eines Heuwagens. Die Dächer der Gebäude waren gelb

vom Steinkraut, und der Misthaufen war mit Gras über-
wachsen. Im hinteren Teil des Gartens stand ein aus Back-
steinen erbautes Klosett. Amos schlug mit der Peitsche die
Nesseln zur Seite, um ihnen einen Weg zur Veranda zu
bahnen.

Die Tür ließ sich wegen eines gebrochenen Scharniers
nicht richtig öffnen, und als er sie anhob, schlug ihnen ein
Schwall abgestandener Luft ins Gesicht.

Sie gingen in die Küche und sahen ein Bündel mit den Sachen der alten Frau, das in einer Ecke vermoderte. Der Putz
blätterte von den Wänden, und über den Steinplatten lag ein
schleimiger Film. Zweige von einem Dohlennest hoch oben
im Kaminschornstein verstopften den Rost. Der Tisch war
noch gedeckt, für zwei Personen für den Nachmittagstee,
doch waren die Tassen mit Spinnweben überzogen, und das
Tischtuch war zerschlissen.

Amos nahm eine Serviette und wischte den Mäusedreck
weg.

»Und Ratten!« sagte Mary fröhlich, als sie das Trippeln
im Dachgebälk hörten. »Aber ich bin an Ratten gewöhnt. In
Indien muß man sich an Ratten gewöhnen.«

In einem der Schlafzimmer fand sie eine alte Stoffpuppe
und reichte sie ihm lachend. Er machte eine Bewegung, als
wollte er sie aus dem Fenster werfen, aber sie hielt seine
Hand fest und sagte: »Nein, ich werde sie behalten.«

Sie gingen nach draußen, um sich die Wirtschaftsgebäude
und den Obstgarten anzusehen. Es werde eine gute Pflau-
menernte geben, sagte er, aber die Apfelbäume müßten neu
gepflanzt werden. Als sie ins Dorngestrüpp spähte, sah sie
eine Reihe verfallener Bienenstöcke.

»Und ich«, sagte sie, »ich werde die Geheimnisse der Bienen erforschen.«

Er half ihr, über einen Zauntritt zu steigen, und sie gingen bergan über zwei Felder, die mit Stechginster und

Schwarzdorn überwuchert waren. Die Sonne war hinter die Böschung gesunken, und kupfrige Wolkenstrudel schleppten sich über den Kamm. Die Dornen drangen in ihre Knöchel, und winzige Blutstropfen platzten durch das Weiß ihrer Strümpfe. Sie sagte: »Es geht schon«, als er sich anbot, sie zu tragen.

Der Mond stand bereits am Himmel, als sie zu den Pferden zurückkamen. Das Mondlicht fiel auf die Rundung ihres Nackens, und eine Nachtigall schleuderte ihren flüssigen Gesang in die Dunkelheit. Er legte den Arm um ihre Taille und sagte: »Könntest du hier leben?«

»Ja«, sagte sie und wandte ihm ihr Gesicht zu, als er seine Hände in ihrem Kreuz faltete.

Am nächsten Morgen suchte sie den Vikar von Rhulen auf und bat ihn, das Aufgebot bekanntzugeben – an ihrem Finger steckte ein Ring aus geflochtenen Grashalmen.

Der Geistliche, der gerade frühstückte, kleckste Ei auf seine Soutane und stotterte: »Ihr Vater hätte das nicht gern gesehen.« Er riet ihr, sechs Monate zu warten, bevor sie eine Entscheidung fällte – woraufhin sie die Lippen schürzte und antwortete: »Der Winter kommt. Wir haben keine Zeit zu verlieren.«

Später am Tag beobachtete eine Gruppe von Frauen des Dorfes, wie Amos ihr in seine Kutsche half. Die Frau des Tuchhändlers blinzelte wütend, als blickte sie durch ein Nadelöhr, und verkündete: »Über den vierten Monat hinaus.« Eine andere Frau sagte: »So eine Schande!« – und gemeinsam wunderten sie sich, was Amos Jones bloß an »dem Weibsbild« finden mochte.

Im Morgengrauen des darauffolgenden Montags, lange bevor sonst jemand auf den Beinen war, stand Mary draußen vor dem Büro von Gut Lurkenhope und wartete auf den Verwalter der Bickertons, um die Bedingungen für den

Pachtvertrag auszuhandeln. Sie war allein. Amos hatte wenig Macht über sein Verhalten, wenn er sich in Gegenwart der Gentry befand.

Der Verwalter war ein Mann mit einem bulligen, weinroten Gesicht, ein entfernter Verwandter der Bickertons, der aufgrund seiner unehrenhaften Entlassung aus der indischen Armee seiner Pension verlustig gegangen war. Sie zahlten ihm ein miserables Gehalt, aber weil er ein Gedächtnis für Zahlen und seine besondere Methode hatte, mit aufsässigen Pächtern fertig zu werden, erlaubten sie ihm, ihre Fasanen zu schießen und ihren Portwein zu trinken.

Er rühmte sich seines Humors, und als Mary ihm den Grund ihres Besuches erklärte, rammte er die Daumen in seine Weste und brüllte vor Lachen:

»Sie wollen sich also mit den Bauern zusammentun? Ha! Ich täte das nicht!«

Sie errötete. Hoch oben an der Wand hing ein mottenzerfressener zähnefletschender Fuchskopf. Er trommelte mit den Fingern auf dem Lederbezug seines Schreibtischs.

»The Vision«, sagte er abrupt. »Kann nicht behaupten, daß ich The Vision jemals gesehen hätte. Kann mir nicht einmal vorstellen, wo The Vision liegt. Sehen wir uns das doch mal auf der Karte an!«

Er hievte sich auf die Beine und führte sie an der Hand zu der Karte der Ländereien, die eine ganze Zimmerwand einnahm. Seine Fingernägel waren nikotinbraun.

Er stand neben ihr, atmete in rauhen Stößen: »Ziemlich kalt da oben auf dem Berg, was?«

»Sicherer als im Tal«, sagte sie und löste ihre Finger aus den seinen.

Er setzte sich wieder. Er forderte sie nicht auf, Platz zu nehmen. Er murmelte etwas von »anderen Anwärtern auf der Liste« und sagte ihr, sie müsse vier Monate auf Colonel Bickertons Antwort warten.

»Zu lange, befürchte ich«, lächelte sie und eilte davon.

Sie lief zum Pförtnerhaus am Nordeingang zurück und bat die Frau des Aufsehers um ein Blatt Papier. Sie schrieb eine kurze Mitteilung an Mrs. Bickerton, der sie einmal mit ihrem Vater begegnet war. Der Verwalter war wütend, als er hörte, daß ein Diener vom Schloß heruntergefahren war, um Mary noch für denselben Nachmittag zum Tee einzuladen.

Mrs. Bickerton war eine zarte hellhäutige Frau Ende dreißig. Als junges Mädchen hatte sie sich der Malerei gewidmet und in Florenz gelebt. Dann, als ihr Talent sie zu verlassen schien, heiratete sie einen hübschen, aber hirnlosen Kavallerieoffizier – möglicherweise wegen seiner Sammlung alter Meister, möglicherweise, um ihre Künstlerfreunde zu ärgern.

Der Colonel war vor kurzem von seinem Offiziersposten zurückgetreten, ohne je auf einen Feind geschossen zu haben. Sie hatten einen Sohn, Reggie, und zwei Töchter, Nancy und Isobel. Der Butler begleitete Mary durch das Tor zum Rosengarten.

Mrs. Bickerton hatte im Schatten einer Libanonzeder neben einem Bambustischchen Schutz vor der heißen Sonne gesucht. Rosarote Kletterrosen purzelten über die Südfassade, doch waren in allen Fenstern die Markisen heruntergelassen, und das Schloß sah unbewohnt aus. Es war ein »falsches« Schloß aus den zwanziger Jahren. Von einer anderen Rasenfläche drang das Schlagen von Krocketbällen und junges wohlhabendes Lachen herüber.

»Chinesischen oder indischen Tee?« Mrs. Bickerton mußte die Frage wiederholen. Drei Perlenschnüre fielen in die Rüschen ihrer grauen Chiffonbluse.

»Indischen«, antwortete ihr Gast geistesabwesend, und als die ältere Frau aus einer silbernen Teekanne eingoß, hörte Mary sie sagen: »Meinen Sie, daß das Richtige ist?«

»Durchaus«, sagte sie und biß sich auf die Lippen.

»Ich mag die Waliser«, fuhr Mrs. Bickerton fort. »Doch scheinen sie später so zornig zu werden. Es muß mit dem Klima zusammenhängen.«

»Nein«, sagte Mary. »Ich bin mir sicher.«

Mrs. Bickertons Gesicht war traurig und angestrengt, und ihre Hand zitterte. Sie versuchte, Mary die Stelle der Gouvernante für ihre Kinder anzubieten – jedes Argument war sinnlos.

»Ich werde mit meinem Mann sprechen«, sagte sie. »Sie können mit dem Hof rechnen.«

Als das Tor aufschwang, fragte sich Mary, ob die gleichen rosa Rosen dort oben auf ihrer Seite des Berges ebenso wild blühen würden. Noch ehe der Monat zu Ende ging, hatten sie und Amos Pläne für den Rest ihres Lebens geschmiedet.

Die Bibliothek ihres Vaters enthielt eine Anzahl seltener Bände, die sie an einen Antiquar aus Oxford verkaufte. Mit dem Erlös bezahlten sie die Pacht für zwei Jahre, ein Paar Zugpferde, vier Milchkühe, zwanzig Stück Mastvieh, einen Pflug und eine gebrauchte Häckselmaschine. Der Pachtvertrag war unterschrieben. Das Haus war gescheuert und geweißt worden und die Haustür braun gestrichen. Amos hängte einen Vogelbeerzweig auf, »um den bösen Blick abzuwenden«, und kaufte einen Schwarm weißer Tauben für den Taubenschlag.

Eines Tages holten er und sein Vater das Klavier und das Himmelbett auf einem Karren aus Bryn-Draenog. Sie hatten »teuflische Mühe«, das Bett die Treppe hinaufzuschaffen, und danach prahlte der alte Sam im Pub vor seinen Kumpanen, The Vision sei »Gottes kleines Liebesnest«.

Die Braut hatte nur eine Befürchtung: daß ihre Schwester

aus Cheltenham kommen und die Hochzeit ruinieren würde. Sie atmete erleichtert auf, als sie den Brief mit der Absage las, und als sie zu den Worten »unter deinem Stand« kam, wurde sie von einem unbändigen Lachen geschüttelt, und sie warf ihn zusammen mit den letzten Papieren ihres Vaters ins Feuer.

Als der erste Frost kam, war die neue Mrs. Jones schwanger.

VI

Sie verbrachte die ersten Monate ihrer Ehe damit, das Haus instand zu setzen.

Der Winter war hart. Von Januar bis April wollte der Schnee auf dem Berg nicht schmelzen, und die vereisten Blätter des Fingerhuts hingen wie die Ohren toter Esel herab. Jeden Morgen blickte sie aus dem Schlafzimmerfenster, um nachzusehen, ob die Lärchen schwarz waren oder vor Rauhreif knisterten. Die Tiere waren stumm in der strengen Kälte, und das Klappern der Nähmaschine war bis zum Lammgehege zu hören.

Sie nähte Cretonnevorhänge für das Himmelbett und grüne Plüschgardinen für das Wohnzimmer. Sie zerschnitt einen alten roten Flanellunterrock und nähte einen Flickenteppich aus Rosen für die Kaminecke in der Küche. Nach dem Abendessen setzte sie sich auf die Sitzbank, die Knie in eine Häkelarbeit gehüllt, während er seiner geschickten kleinen Spinne bewundernd zusah.

Er arbeitete bei jedem Wetter – er pflügte, zog Zäune und Gräben, verlegte Abflußrohre oder baute eine Trockenmauer. Um sechs Uhr abends kam er hundemüde und verdreckt zurück und fand einen Becher mit heißem Tee und ein Paar vorgewärmte Pantoffeln vor. Manchmal kam er völlig durchnäßt zurück, und Dampfwolken stiegen hoch bis ins Gebälk.

Sie wußte nie, wie robust er tatsächlich war.

»Zieh doch die Sachen aus«, schalt sie ihn. »Du wirst dir noch die Schwindsucht holen.«

»Schon möglich«, lächelte er und blies ihr Rauchringe ins Gesicht.

Er behandelte sie wie einen zerbrechlichen Gegenstand, der durch einen Zufall in seinen Besitz gekommen war und leicht in seinen Händen zerspringen konnte. Er hatte Angst davor, sie zu verletzen, oder davor, daß sein heißes Temperament mit ihm durchgehen könnte. Schon der Anblick ihres Fischbeinkorsetts genügte, um ihn seiner Manneskraft zu berauben.

Vor seiner Heirat war er einmal in der Woche im Badehaus ins Wasser getaucht. Jetzt, aus Furcht, ihr Zartgefühl zu verletzen, bestand er darauf, heißes Wasser im Schlafzimmer zu haben.

Eine Waschschüssel und ein Krug aus Mintonporzellan, mit Efeuranken schabloniert, standen auf dem Waschgestell unter dem Stich von Holman Hunt. Und bevor er sein Nachthemd überzog, entkleidete er sich bis zur Taille und seifte Brust und Achselhöhlen ein. Eine Kerze stand neben der Seifenschale, und Mary lehnte sich auf dem Kopfkissen zurück und beobachtete, wie das Kerzenlicht rot durch seine Koteletten flackerte, einen goldenen Rand um seine Schultern legte und einen großen dunklen Schatten an die Decke warf.

Doch war er beim Waschen so verlegen, daß er, sobald er sich durch die Bettvorhänge von ihr beobachtet fühlte, den Schwamm ausdrückte und die Kerze ausblies und sowohl den Geruch von Tieren als auch den Duft von Lavendelseife mit ins Bett brachte.

Jeden Sonntagmorgen fuhren sie nach Lurkenhope hinunter, um in der Pfarrkirche die heilige Kommunion zu empfangen. Ehrfürchtig ließ sie die Hostie auf der Zunge zergehen: »Der Leib unseres Herrn Jesus Christus, für euch hingegeben . . .« Ehrfürchtig hob sie den Kelch an ihre Lippen: »Das Blut unseres Herrn Jesus Christus, für euch vergossen . . .« Dann blickte sie auf zu dem Messingkreuz am Altar und versuchte, an die Passionsgeschichte zu denken, aber ihre Gedanken wanderten immer wieder zu dem harten lebendigen Körper an ihrer Seite.

Die meisten ihrer Nachbarn waren Angehörige verschiedener Sekten, deren Argwohn gegen die Engländer Jahrhunderte vor den ersten Nonkonformisten in den Tagen der Grenzbarone entstanden war. Besonders die Frauen mißtrauten Mary – doch sie konnte sie bald für sich gewinnen.

Ihre Haushaltsführung wurde im ganzen Tal neidvoll gerühmt, und am Sonntag zur Teezeit, vorausgesetzt, die Wege waren eisfrei, kamen vier oder fünf Ponykutschen auf den Innenhof von The Vision gefahren. Die Reuben Jones gehörten zu den Stammgästen wie auch Ruth und Dai Morgan von The Bailey, der junge Haines von Red Daren sowie Watkins der Sargmacher, ein vergrämter, pockennarbiger Mann, der trotz seines Klumpfußes von Craig-y-Fedw über den Berg gehumpelt kam.

Die Gäste betraten das Haus mit feierlichen Gesichtern und der Bibel unter dem Arm: Ihre Frömmigkeit war schnell vergangen, wenn sie Marys Fruitcake hinunterschlangen, den fingerbreiten Zimttoast oder die Scones mit dickflüssigem, frischem Rahm und Erdbeermarmelade.

Als Gastgeberin dieser Teegesellschaft hatte Mary das Gefühl, schon seit langen Jahren die Frau eines Bauern zu sein und daß ihre tägliche Arbeit wie das Buttern, das Tränken der Kälber und das Füttern der Hühner nicht etwa erlernt, sondern ihr zur zweiten Natur geworden war. Fröhlich plauderte sie über Räude oder Koliken oder Laminitis. »Wirklich«, sagte sie dann, »ich verstehe überhaupt nicht, warum der Mangold in diesem Jahr so klein ist.« Oder: »Wir haben so wenig Heu, ich weiß gar nicht, wie wir über den Winter kommen sollen.«

Oben am Tischende saß Amos und war schrecklich verlegen. Er konnte es nicht ertragen, wenn seine gescheite Frau sich lächerlich machte. Und wenn sie sah, wie er seinen Zorn zügelte, dann wechselte sie das Thema und unterhielt ihre Gäste mit den Aquarellen in ihrem indischen Skizzenbuch.

Sie zeigte ihnen den Tadsch Mahal, die Totenverbrennungsplätze und die nackten Yogis, die auf Nagelbetten saßen.

»Und wie groß sind die Elefanten dort?« wollte Watkins der Sargmacher wissen.

»Ungefähr dreimal so groß wie ein Zugpferd«, sagte sie, und der Krüppel kreischte vor Lachen bei dieser absurden Vorstellung.

Indien war zu weit, zu groß und zu verwirrend, als daß es die Phantasie der Waliser reizte. Doch Amos wurde es nie müde, sie alle daran zu erinnern, daß Marys Füße in Seine Fußstapfen getreten waren: auch sie hatte die wahre Rose von Scharon gesehen, und für sie waren Karmel, Tabor, Hebron und Galiläa genauso wirklich wie Rhulen, Glascwm oder Llanfihangel-nant-Melan.

Die meisten Bauern von Radnorshire kannten Kapitel und Verse der Bibel und zogen das Alte Testament dem Neuen Testament vor, weil im Alten Testament sehr viel mehr Geschichten von Schafzüchtern standen. Und Mary besaß ein solches Geschick, das Heilige Land zu beschreiben, daß alle ihre Lieblingsgestalten vor ihren Augen zu schweben schienen: Ruth im Kornfeld, Jakob und Esau, Jo-

seph in seinem Flickenmantel oder Hagar, die Ausgestoße-
ne, die es im Schatten eines Dornbuschs nach Wasser dür-
stete.

Natürlich glaubten ihr nicht alle und am wenigsten von
allen ihre Schwiegermutter, Hannah Jones.

Sie und Sam hatten die Gewohnheit, ungeladen zu erscheinen, und dann saß sie, in einen schwarzen Fransen-
schal gehüllt, und brütete über dem Tisch, schlang die Brote hinunter und löste bei allen ein unbehagliches Gefühl
aus.

An einem Sonntag unterbrach sie Mary mit der Frage, ob
sie »durch Zufall« auch in Babylon gewesen sei.

»Nein, Mutter. Babylon liegt nicht im Heiligen Land.«

»Nein«, sprach Haines von Red Daren ihr nach. »Es liegt
nicht im Heiligen Land.«

Mary mochte sich noch so anstrengen, liebenswürdig zu
sein, die alte Frau haßte die neue Frau ihres Sohnes auf den
ersten Blick. Sie verdarb ihnen das Hochzeitsfrühstück, indem sie ihr »Gnädigste« ins Gesicht schleuderte. Das erste
Mittagessen im Kreis der Familie endete mit Tränen, als sie
den Zeigefinger krümmte und hämisch sagte: »Über die
Zeit des Kinderkriegens hinaus, würde ich sagen.«

Nie kam sie nach The Vision, ohne etwas zu bemäkeln:
die wie Wasserlilien gefalteten Servietten, den Marmeladen-
topf oder die Kapernsoße für Hammelfleisch. Und als sie
sich über den silbernen Toastständer lustig machte, riet
Amos seiner Frau, ihn wegzustellen – »oder du machst uns
zum Gespött«.

Er fürchtete sich vor den Besuchen seiner Mutter. Einmal
stieß sie Marys Terrier mit dem Ringbeschlag ihres Regen-
schirms, und seit dem Tag fletschte der Hund die Zähne
und versuchte, unter ihren Rock zu kriechen und sie in die
Knöchel zu beißen.

Zum endgültigen Bruch kam es, als sie ihrer Schwiegertochter die Butter aus der Hand schlug und schrie: »Für Backwerk wird keine gute Butter verschwendet!« – und Mary, deren Nerven aufs äußerste gespannt waren, schrie zurück: »Na, und an wen verschwendest du sie? Wohl an dich?«

Obwohl er seine Frau liebte, obwohl er wußte, daß sie im Recht war, nahm Amos sofort seine Mutter in Schutz. »Mutter meint es gut«, sagte er dann. Oder: »Sie hat ein schweres Leben hinter sich.« Und wenn Hannah ihn beiseite nahm, um sich über Marys Extravaganzen und »hochnäsige Art« zu beklagen, ließ er sie ihre Schmähungen beenden und pflichtete ihr gegen seine Überzeugung bei.

In Wirklichkeit war es so, daß er sich durch Marys »Verbesserungen« nicht wohler, sondern immer unwohler fühlte. Ihre makellosen Steinplatten waren ein Hindernis, das er überwinden mußte. Ihre Damasttischtücher waren ein Vorwurf für seine Tischmanieren. Die Romane, die sie nach dem Abendessen vorlas, langweilten ihn – und was sie kochte, war, offen gestanden, ungenießbar.

Als Hochzeitsgeschenk hatte Mrs. Bickerton ein Exemplar von *Mrs. Beetons Haushaltsführungsbuch* geschickt – und obwohl die Rezepte für eine Bauernküche nicht sonderlich geeignet waren, las Mary es von der ersten bis zur letzten Seite und fand Gefallen daran, die Speisekarte im voraus festzulegen.

So tischte sie statt der vorhersehbaren Reihenfolge von gekochtem Speck, Mehlklößen und Kartoffeln ein Hühnerfrikassee auf oder einen geschmorten Hasen oder Hammelfleisch mit Vogelbeersoße. Wenn er sich über Verstopfung beklagte, sagte sie: »Das heißt, daß wir grünes Gemüse anpflanzen müssen«, und stellte eine Liste von Samen zusammen, die für den Garten bestellt werden mußten. Aber als sie vorschlug, ein Spargelbeet anzulegen, überfiel ihn rasen-

44

der Zorn. Für wen hielt sie sich eigentlich? Glaubte sie, sie hätte in die Gentry eingeheiratet?

Der kritische Höhepunkt wurde erreicht, als sie mit süßem indischem Curry experimentierte. Er nahm einen Bissen und spuckte ihn aus. »Ich will nichts von deinem scheußlichen indischen Essen«, fauchte er und schmiß die Schüssel zu Boden.

Sie hob die Happen nicht auf. Sie rannte die Treppe hinauf und vergrub ihr Gesicht im Kopfkissen. Er ging ihr nicht nach. Er entschuldigte sich am nächsten Morgen nicht. Er gewöhnte sich daran, hart zu schlafen, und machte abends mit einer Flasche in der Tasche lange Spaziergänge. An einem regnerischen Abend kam er betrunken nach Hause, setzte sich an den Tisch, starrte grimmig auf das Tischtuch und ballte und öffnete die Fäuste. Dann stand er auf und torkelte auf sie zu.

Sie duckte sich und hob den Ellbogen.

»Schlag mich nicht«, schrie sie.

»Ich werde dich nicht schlagen«, brüllte er und stürzte hinaus ins Dunkel.

Ende April waren rosa Knospen im Obstgarten und ein Wolkenvisier über dem Berg.

Mary saß frierend am Kaminfeuer und lauschte auf das unermüdliche Plätschern des Regens. Das Haus sog die Feuchtigkeit auf wie ein Schwamm. Schimmelringe verunstalteten die gekalkten Wände, und die Tapete war aufgeweicht.

An manchen Tagen hatte sie das Gefühl, sie säße schon jahrelang in diesem feuchten dunklen Zimmer, in dieser Falle, lebte mit demselben übellaunigen Mann. Sie blickte auf ihre rissigen, schwieligen Hände und ahnte, daß sie vorzeitig alt und grob und häßlich sein würde. Sie verlor sogar die Erinnerung an Vater und Mutter. Die Farben Indiens waren verblaßt, und sie begann, sich mit dem einsamen windzerzausten Dornstrauch zu vergleichen, den sie von ihrem Fenster aus sehen konnte – eine Silhouette am Rand der Böschung.

VII

Dann kam das schöne Wetter.

Am 18. Mai hörten sie, obwohl es kein Sonntag war, auf der anderen Seite des Berges die Kirchenglocken läuten.

Amos spannte das Pferd vor die Kutsche, und sie fuhren nach Rhulen, wo Union Jacks aus jedem Fenster hingen, um die Befreiung von Mafeking zu feiern. Eine Blaskapelle spielte, und eine Prozession von Schulkindern zog mit Bildern von der Königin und Baden-Powell durch die Broad Street. Sogar die Hunde trugen Schleifchen mit den Nationalfarben an ihrem Halsband.

Als der Umzug an ihnen vorbeikam, gab sie ihm einen Stoß in die Rippen, und er lächelte.

»Ist wohl der Winter, der mich verrückt macht.« Es sah aus, als wollte er sich bei ihr entschuldigen. »Mancher Winter will einfach nicht aufhören.«

»Na ja«, sagte sie. »Im nächsten Winter werden wir andere Sorgen haben.«

Er gab ihr einen Kuß auf die Stirn, und sie warf ihre Arme um seinen Hals.

Am nächsten Morgen wachte sie auf, ein leichter Wind kräuselte die Tüllgardinen, eine Drossel sang im Birnbaum, Tauben gurrten auf dem Dach, und weiße Lichtflecken wanderten über die Bettdecke. Amos, in seinem Kalikonachthemd, schlief noch. Die Knöpfe waren aufgegangen, und seine Brust war nackt. Sie drehte sich auf die Seite und blickte auf den Brustkorb, der sich hob und senkte, auf die roten Härchen rund um seine Brustwarzen, die rosa Druckstelle vom Kragenknopf und die Linie, wo der sonnenverbrannte Hals mit dem milchigen Thorax zusammentraf.

Sie legte die Hand auf seinen Bizeps und zog sie wieder zurück.

»Wenn ich mir vorstelle, daß ich ihn beinahe verlassen hätte« – sie ließ die Worte unausgesprochen, das Blut stieg ihr ins Gesicht, und sie drehte sich zur Wand.

Amos dachte jetzt an nichts anderes als an sein Baby, seinen Sohn – und in Gedanken stellte er sich einen stämmigen kleinen Jungen vor, der den Kuhstall ausmistete.

Auch Mary wünschte sich einen Sohn und hatte bereits Pläne für seine Zukunft. Irgendwie würde sie ihn auf ein Internat schicken. Er würde Stipendien bekommen. Er würde vielleicht ein Staatsmann werden oder ein Rechtsanwalt oder ein Chirurg, der anderen Menschen das Leben rettete.

Als sie eines Tages über die Landstraße ging, zog sie geistesabwesend am Zweig einer Esche, und als sie sich die winzigen durchsichtigen Blätter ansah, die aus den rauchschwarzen Knospen hervorbrachen, wurde sie daran erinnert, daß auch er sich dem Sonnenlicht entgegenstreckte.

Ihre einzige enge Freundin war Ruth Morgan the Bailey, eine kleine hausbackene Frau mit einem einfältigen Gesicht und flachsblondem Haar, das unter einer Haube zusammengefaßt war. Sie war die beste Hebamme im ganzen Tal, und sie war Mary bei der Zusammenstellung der Babyausstattung behilflich.

An sonnigen Tagen saßen sie in Korbsesseln im Vordergarten, nähten Flanellunterwäsche und Leibbinden, brachten Mieder, Unterröcke und Hauben in Ordnung oder strickten blaue wollene Kinderschühchen, die mit einem Seidenband zusammengebunden wurden.

Manchmal spielte Mary, um ihre steifen Finger zu üben, Chopin-Walzer auf dem Klavier, das dringend gestimmt werden mußte. Ihre Finger rannten die Tasten auf und ab, und ein Schwarm schriller Akkorde flog aus dem Fenster und zu den Tauben hinauf. Ruth Morgan seufzte gerührt und sagte, es sei die allerschönste Musik von der Welt.

Erst als die Babyausstattung fertig war, breiteten sie sie vor Amos aus, damit er sie bewunderte. »Aber das ist doch nicht für einen Jungen«, sagte er entrüstet.

»Oh, doch!« riefen sie einstimmig. »Für einen Jungen!«

Zwei Wochen später kam Sam der Fuhrmann, um bei der Schafschur zur Hand zu gehen, und statt nach Hause zurückzukehren, blieb er da, um im Gemüsegarten zu helfen. Er säte und hackte. Er verpflanzte Salatsämlinge und schnitt Erbsenreisig und Bohnenstangen zurecht. Eines Tages kleideten er und Mary eine Vogelscheuche in einen Tropenanzug des Missionars.

Sam hatte das Gesicht eines traurigen alten Clowns.

Fünfzig Jahre Faustkämpfe hatten seine Nase plattgedrückt. In seinem Mund siechte ein einsamer Schneidezahn dahin. Über seinen Augäpfeln lag ein Netz aus roten Fäden, und seine Wimpern schienen zu rascheln, wenn er blinzelte. Die Anwesenheit einer anziehenden Frau riß ihn zu kühnen Flirtversuchen hin.

Mary gefielen seine Galanterien, und sie lachte über seine Geschichten – denn auch er war »in der Welt herumgekommen«. Jeden Morgen pflückte er ihr einen Strauß von ihrem eigenen Blumenbeet im Vordergarten, und jeden Abend, wenn Amos auf dem Weg nach oben an ihm vorbeiging, rieb er sich die Hände und gackerte: »Du glücklicher Hund! Ooh! Wenn ich bloß jünger wäre . . .!«

Er besaß noch immer eine uralte Fiedel, ein Überbleibsel seiner Wanderjahre; und wenn er sie aus dem Kasten nahm, streichelte er das glänzende Holz, als wäre es der Körper ei-

ner Frau. Wie ein Konzertgeiger konnte er die Augenbrau-
en zerfurchen und das Instrument vibrieren und schluchzen
lassen – doch sobald er in höhere Tonlagen geriet, hob Marys Terrier die Schnauze und jaulte.

Gelegentlich, wenn Amos aus dem Haus war, übten sie
»Lord Thomas und die schöne Eleanor« und »Das unruhige
Grab« im Duett, und einmal überraschte er sie, wie sie auf
dem Steinfußboden Polka tanzten.

»Schluß damit!« rief er. »Wollt ihr dem Baby was antun?«

Sams Verhalten machte Hannah dermaßen wütend, daß
sie krank wurde.

Vor Marys Erscheinen hatte sie nur »Sam!« zu rufen
brauchen, und schon ließ ihr Mann den Kopf hängen, stammelte »Ja, ja, meine Liebe!« und schlurfte zu irgendeinem
belanglosen Botengang davon. Jetzt sahen die Einwohner
Rhulens sie zum Roten Drachen stürmen, wobei sie kehlige
Rufe auf der Straße ausstieß: »Saaam!... Saaam!...« –
aber Sam war draußen am Berghang und suchte Pilze für
seine Schwiegertochter.

An einem schwülen Abend in der ersten Juliwoche war
das Klappern von Radfelgen auf der Landstraße zu hören,
und Hughes der Fuhrmann kam mit Hannah und zwei Bün-
deln vorgefahren. Amos schraubte gerade ein neues Schar-
nier an die Stalltür. Er ließ den Schraubenzieher fallen und
fragte, warum sie gekommen sei.

Sie antwortete finster: »Ich gehöre an ihr Bett.«

Ein oder zwei Tage später wachte Mary mit einem Anfall
von Übelkeit auf, und hämmernde Schmerzen rasten ihren
Rücken auf und ab. Als Amos das Schlafzimmer verlassen
wollte, klammerte sie sich an seinen Arm und flehte: »Bitte
sag ihr, daß sie gehen soll. Ich werde mich besser fühlen,
wenn sie geht. Ich flehe dich an! Sonst werde ich –«

»Nein«, sagte er und hob den Riegel. »Mutter gehört
hierher. Sie muß bleiben.«

Den ganzen Monat herrschte eine Hitzewelle. Der Wind blies von Osten, und der Himmel war ein hartes wolkenloses Blau. Die Pumpe gab kein Wasser mehr. Die Erde bekam Risse. Bremsenschwärme surrten in den Nesseln, und der Schmerz in Marys Rücken wurde schlimmer. Nacht für Nacht träumte sie denselben Traum – von Blut und Kapuzinerkresse.

Sie fühlte ihre Kräfte schwinden. Sie fühlte, daß etwas in ihr zersprungen war, daß das Baby mißgebildet zur Welt kommen oder daß sie selber sterben würde. Sie wünschte, sie wäre in Indien gestorben, für die Armen. Auf Kissen gestützt, betete sie zum Erlöser, er möchte sie zu sich nehmen, doch – »Herr! O Herr!« – *ihn* leben lassen.

Die alte Hannah verbrachte die heißen Stunden des Tages in der Küche, fröstelte unter einem schwarzen Schal und strickte – strickte ganz langsam – ein Paar lange weiße Wollsocken. Als Amos eine Natter erschlug, die sich neben der Veranda gesonnt hatte, kräuselte sie die Lippen und sagte: »Das bedeutet einen Toten in der Familie!«

Am 15. Juli war Marys Geburtstag, und da es ihr ein bißchen besser ging, kam sie nach unten und versuchte, mit ihrer Schwiegermutter ein Gespräch zu führen. Hannah bedeckte sich die Augen und sagte: »Lies mir was vor!«

»Was soll ich denn vorlesen, Mutter?«

»Die Blumenspenden.«

Also schlug Mary die Begräbnisberichte in der *Hereford Times* auf und begann:

»Die Trauerfeier für Miss Violett Gooch, die am vergangenen Donnerstag im Alter von siebzehn Jahren auf tragische Weise ums Leben kam, wurde in der St.-Asaph-Kirche –«

»Die Blumenspenden, hab' ich gesagt.«

»Ja, Mutter«, verbesserte sie sich und begann von neuem:

»›Ein Lilienkranz von Tante Vi und Onkel Arthur. *Nim-*

mermehr!... Ein Kranz aus gelben Rosen. Zum ewigen An-
denken, von Poppy, Winnie und Stanley... Ein künstlicher
Kranz in einem Glaskasten. *In herzlichem Gedenken, vom*
Kaufhaus Hooson... Ein Strauß Gloire-de-Dijon-Rosen.
Ruhe sanft, mein Liebes! Von Tante Mavis, Mostyn Hotel,
Llandrindod... Ein Strauß Feldblumen. Nur Gutnacht,
Liebling, kein Lebwohl! Deine dich liebende Schwester Cis-
sie!...‹«

»Nun mach doch weiter!« Hannah hatte das eine Augen-
lid geöffnet. »Was ist los mit dir? Mach weiter! Lies zu Ende!«

»Ja, Mutter... ›Der Sarg, aus wunderschön polierter Eiche mit Messingbeschlägen, wurde von der Firma Lloyd &
Lloyd in Presteigne angefertigt und trug die folgende Dek-
kelinschrift: *Eine Harfe! Eine herrliche Harfe! Mit einer geris-*
senen Saite!‹«

»Ah!« rief die alte Frau.

Die Vorbereitungen für Marys Niederkunft machten Sam
so zappelig, daß man hätte denken können, nicht sein Sohn,
sondern er wäre der Vater. Immer dachte er sich etwas aus,
um ihr eine Freude zu machen: Tatsächlich war sein Gesicht
das einzige, bei dessen Anblick sie lächelte. Er gab seine
letzten Ersparnisse aus, als er bei Watkins dem Sargmacher
eine Wiege bestellte. Sie war mit roter Farbe gestrichen und
hatte blaue und weiße Streifen und vier geschnitzte Knäufe
in Form von Singvögeln. »Vater, das hättest du doch
nicht...« Mary klatschte in die Hände, als er die Wiege auf
dem Küchenfußboden ausprobierte.

»Einen Sarg wird sie brauchen und keine Wiege«, murmelte Hannah und strickte weiter.

Über fünfzig Jahre hatte sie von ihrer Aussteuer ein einziges, noch nie gewaschenes weißes Baumwollhemd zurück-
behalten, das sie zusammen mit den weißen Socken tragen
wollte, wenn man sie als Leiche aufbahren würde. Am

1. August wendete sie die Ferse der zweiten Socke, und von diesem Augenblick an strickte sie immer langsamer und langsamer, stöhnte nach jeder Masche und krächzte: »Nicht mehr lang hin!«

Ihre Haut, allenfalls papieren, wenn sie besonders gut aussah, schien transparent zu sein. Ihr Atem kam in schweren Stößen, und sie hatte Mühe, die Zunge zu bewegen. Außer Amos war allen klar, daß sie zum Sterben nach The Vision gekommen war.

Am 8. August schlug das Wetter um. Rauchige Wolken mit silbrigen Rändern türmten sich hinter dem Berg auf. Um sechs Uhr abends mähten Amos und Dai Morgan den letzten Rest des Hafers. Alle Vögel verstummten in der Stille, die einem Sturm vorausgeht. Distelflaum trieb aufwärts, und ein durchdringender Schrei zog durch das Tal.

Die Wehen hatten begonnen. Mary lag oben im Schlafzimmer, krümmte sich, stöhnte, stieß die Laken mit den Füßen von sich und biß ins Kopfkissen. Ruth Morgan versuchte, sie zu beruhigen. Sam war in der Küche, kochte Wasser. Hannah hockte auf der Sitzbank und zählte ihre Maschen.

Amos sattelte das Halbblut und galoppierte über den Berg, Hals über Kopf den Steinbrecherweg hinunter bis nach Rhulen.

»Mut, Mann!« sagte Dr. Bulmer, als er seine Zange auseinandernahm und jeweils eine Hälfte in seine Reitstiefel gleiten ließ. Dann steckte er eine Flasche Ergotin in eine Jackentasche, eine Flasche Chloroform in die andere, knöpfte den Kragen seines Regencapes zu, und beide Männer hielten ihr Gesicht dem Sturm entgegen.

Der Regen prasselte auf die Dachziegel, als sie ihre Pferde am Gartenzaun festbanden.

Amos wollte ebenfalls die Treppe hinaufgehen. Der Arzt schob ihn zurück, und er ließ sich in den Schaukelstuhl fallen, als hätte man ihm einen Stoß gegen die Brust versetzt.

»Lieber Gott, laß es einen Jungen sein«, flehte er. »Dann fasse ich sie auch nie wieder an.« Er klammerte sich an Ruth Morgans Schürze, als sie mit einem Krug Wasser vorbeiging. »Geht es ihr gut?« fragte er jammernd, doch sie schüttelte ihn ab und sagte, er solle nicht albern sein.

Zwanzig Minuten später öffnete sich die Schlafzimmertür, und eine Stimme dröhnte: »Noch ein paar Zeitungen. Oder ein Wachstuch! Mir ist alles recht.«

»Ist es ein Junge?«

»Zwei sind es!«

In dieser Nacht rundete Hannah die Fußspitze ihrer zweiten Socke ab, und drei Tage später starb sie.

VIII

Die früheste Erinnerung der Zwillinge – eine gemeinsame, für beide gleichermaßen starke Erinnerung – war der Tag, an dem sie von der Wespe gestochen wurden.

Sie hockten auf hohen Kinderstühlen am Teetisch. Es mußte zur Teezeit gewesen sein, denn die Sonne strömte von Westen ins Zimmer, prallte vom Tischtuch ab und blendete sie. Das Jahr mußte bereits weit vorangeschritten sein, vielleicht war es Oktober, wenn die Wespen schläfrig werden. Draußen vor dem Fenster schwebte eine Elster am Himmel, und rote Vogelbeertrauben schlugen im Wind hin und her. Drinnen glitzerten die gebutterten Brotscheiben in der Farbe von Primeln. Mary löffelte Eigelb in Lewis' Mund, und Benjamin wedelte in einem Anfall von Eifersucht mit den Händen, um die Aufmerksamkeit auf sich zu ziehen, als seine linke Hand auf die Wespe traf und gestochen wurde.

Mary suchte im Arzneischränkchen nach Watte und Ammoniak, betupfte die Hand, und als sie anschwoll und scharlachrot wurde, sagte sie besänftigend: »Sei tapfer, kleiner Mann! Sei tapfer!«

Aber Benjamin weinte nicht. Er schürzte nur die Lippen und blickte mit seinen traurigen grauen Augen seinen Bruder an. Denn nicht er, sondern Lewis wimmerte vor Schmerz und strich über seine linke Hand, als wäre sie ein verwundeter Vogel. Er schluchzte noch, als sie zu Bett gebracht wurden. Erst als sie einander in den Armen hielten, schlummerten die Zwillinge ein – und von da an brachten sie Eier mit Wespen in Verbindung und mißtrauten allem Gelben.

Es war das erste Mal, daß Lewis seine Macht demonstrierte, seinen Bruder von Schmerz zu befreien und ihn auf sich zu nehmen.

Er war der stärkere Zwilling und der erstgeborene.

Um zu zeigen, daß er der Erstgeborene war, hatte Dr. Bulmer ein Kreuz in sein Handgelenk geritzt, und schon in der Wiege war er der Stärkere. Er hatte keine Angst vor Dunkelheit oder vor Fremden. Er liebte es, mit den Schäferhunden herumzutollen. Eines Tages, als niemand in der Nähe war, zwängte er sich durch die Kuhstalltür, und Mary fand ihn ein paar Stunden später, wie er dem Bullen etwas vorplapperte.

Benjamin dagegen war ein schrecklicher Feigling, der am Daumen lutschte, schrie, wenn er von seinem Bruder getrennt war, und ständig Alpträume hatte, in denen er in eine Häckselmaschine geriet oder von Zugpferden zertrampelt wurde. Doch wann immer er sich wirklich verletzte, wenn er in Brennesseln fiel oder sein Schienbein aufgeschlagen hatte, dann war es Lewis, der statt seiner weinte.

Sie schliefen in einem Rollbett, in einem Zimmer mit niedrigem Gebälk oben an der Treppe, in dem sie nach einer anderen frühen Erinnerung eines Morgens aufwachten und feststellten, daß die Decke einen ungewöhnlichen Grauton hatte. Sie spähten nach draußen und sahen den Schnee auf den Lärchen und die Schneeflocken, die in Spiralen vom Himmel herabwirbelten.

Als Mary in ihr Zimmer kam, um sie anzuziehen, lagen sie wie Knäuel zusammengerollt am Fußende des Bettes.

»Seid nicht albern«, sagte sie. »Das ist doch nur Schnee.«

»Nein, Mama«, kamen zwei gedämpfte Stimmen unter der Bettdecke hervor. »Gott spuckt.«

Von den sonntäglichen Fahrten nach Lurkenhope abgesehen, war ihr erster Ausflug in die Außenwelt ein Besuch der Gartenschau von 1903, bei dem das Pony vor einem toten Igel scheute, der auf dem Weg lag, und ihre Mutter den ersten Preis für grüne Bohnen gewann.

Noch nie hatten sie so viele Menschen gesehen, und sie waren verwirrt über die Rufe, das Lachen, die flatternden Zeltplanen und das klirrende Pferdegeschirr und die Fremden, die sie in der Ausstellung auf der Schulter reiten ließen.

Sie trugen Matrosenanzüge, und mit ihren ernsten grauen Augen und der schwarzen Ponyfrisur hatten sie sehr schnell einen Kreis von Bewunderern angezogen. Sogar Colonel Bickerton kam zu ihnen:

»Ho! Ho! Meine hübschen kleinen Matrosen!« sagte er und griff ihnen sanft ans Kinn.

Später nahm er sie auf eine rasende Fahrt in seinem Phacton mit, und als er sie nach ihren Namen fragte, antwortete Lewis Benjamin, und Benjamin antwortete Lewis.

Dann waren sie verschwunden.

Um vier Uhr war Amos davongegangen, um beim Tauziehen für Rhulen mitzumachen, und da Mary sich für das Eierlaufen der Frauen angemeldet hatte, ließ sie die Zwillinge in der Obhut von Mrs. Griffiths Cwm Cringlyn zurück.

Mrs. Griffiths war eine riesige rechthaberische Frau mit glänzendem Gesicht, die selbst Zwillingsnichten hatte und sich als Sachverständige aufspielte. Sie stellte die Jungen nebeneinander, untersuchte sie von oben bis unten, bis sie hinter Benjamins rechtem Ohr einen winzigen Leberfleck fand.

»Da haben wir's!« rief sie laut aus. »Ich habe einen Unterschied gefunden!« – worauf Benjamin seinem Bruder einen verzweifelten Blick zuwarf, dieser seine Hand ergriff und beide durch die Beine der Zuschauer wegtauchten und sich im Festzelt versteckten.

Sie versteckten sich unter einem Tisch auf Böcken mit einer langen Tischdecke darüber, unter den preisgekrönten Eierkürbissen, und der Anblick all der Damen- und Herrenfüße war ihnen beiden ein solches Vergnügen, daß sie sich so lange versteckt hielten, bis sie ihre Mutter immer wieder rufen hörten mit einer Stimme, die gebrochener und ängstlicher klang als das Blöken eines Mutterschafs.

Auf dem Heimweg saßen sie zusammengekauert hinten im Einspänner und besprachen ihr Abenteuer in ihrer Geheimsprache. Und als Amos sie anschnauzte: »Wollt ihr wohl mit dem Unsinn aufhören?«, piepste Lewis: »Das ist kein Unsinn, Papa. Das ist die Sprache der Engel. Wir sind mit ihr geboren worden.«

Mary versuchte, ihnen den Unterschied zwischen »Mein« und »Dein« einzupauken. Sie kaufte ihnen Sonntagsanzüge, aus grauem Tweed für Lewis und aus blauem Serge für Benjamin. Sie hatten sie keine halbe Stunde an, als sie sich davonschlichen und mit ausgetauschten Jacken zurückkamen. Sie bestanden darauf, alles zu teilen. Sie halbierten sogar ihre Butterbrote und tauschten die Hälften aus.

Einmal bekamen sie zu Weihnachten einen flauschigen Teddybär und flaumigen Humpty-Dumpty geschenkt, und am Nachmittag des zweiten Weihnachtstags beschlossen sie, den Teddy auf einem Feuer zu opfern, und konzentrierten ihre Liebe auf The Dump.

The Dump schlief auf ihrem Kopfkissen, und sie nahmen ihn auf ihre Spaziergänge mit. Im März jedoch, an einem grauen stürmischen Tag, als Weidenkätzchen an den Zweigen waren und Schneematsch auf den Wegen lag, kamen sie zu dem Schluß, daß auch er sich zwischen sie gedrängt hatte. Und als Mary ihnen einen Augenblick den Rücken kehrte, legten sie ihn auf den Steg und stießen ihn in den Bach.

»Guck mal, Mama«, riefen sie: Zwei steinerne Gesichter spähten über das Geländer auf das schwarze Ding, das stromabwärts hüpfte.

Mary sah, wie sich The Dump in einem Strudel verfing und an einem Zweig hängenblieb.

»Bleibt hier«, rief sie und stürzte davon, um ihn zu retten, rutschte aber aus und wäre beinahe in das schäumende braune Wasser gefallen. Bleich und zerzaust lief sie zu den Zwillingen und umarmte sie.

»Macht nichts, Mama«, sagten sie. »Wir mochten The Dump sowieso nie leiden.«

Ebensowenig mochten sie im Herbst darauf ihr neues Schwesterchen Rebecca leiden.

Sie hatten ihre Mutter geplagt, ihnen eine kleine Schwester zu schenken, und als sie endlich da war, kletterten sie die Treppe zum Schlafzimmer hinauf, jeder einen mit Wasser gefüllten Eibecher mit einer kupferfarbenen Aster in der Hand. Sie erblickten ein grimmiges rosa Geschöpf, das in Marys Brust biß. Sie ließen ihre Gaben fallen und stürzten die Treppe hinunter.

»Schick sie weg«, schluchzten sie. Einen ganzen Monat lang fielen sie in ihre Geheimsprache zurück, und sie brauchten ein Jahr, um die Gegenwart ihrer Schwester zu tolerieren. Eines Tages, als Mrs. Griffiths Cwm Cringlyn zu Besuch kam, sah sie, wie sie sich von Krämpfen geschüttelt in der Küche auf dem Fußboden krümmten.

»Was ist mit den Zwillingen los?« fragte sie erschrocken.

»Beachten Sie sie gar nicht«, sagte Mary. »Sie spielen Kinderkriegen.«

Im Alter von fünf Jahren halfen sie bei der Hausarbeit, kneteten den Brotteig, formten die Butterscheiben und strichen den Zuckerguß über einen Biskuitkuchen. Vor dem Schlafengehen belohnte Mary sie mit einem Märchen der Brüder Grimm oder von Hans Christian Andersen: ihr Lieblingsmärchen war das von der Seejungfrau, die im Palast des Meereskönigs auf dem Meeresgrund lebte.

Mit sechs konnten sie ohne fremde Hilfe lesen.

Aber Amos Jones mißtraute Bücherwissen und fuhr Mary an, sie solle »die Kinder nicht verweichlichen«.

Er gab ihnen Vogelscheuchen und ließ sie allein im Haferfeld zurück, damit sie die Ringeltauben verjagten. Er ließ sie das Hühnerfutter mischen und das Geflügel für den Markt rupfen und ausnehmen. Bei schönem wie bei schlechtem Wetter setzte er sie auf sein Pony, einen nach vorn und den anderen dahinter, und ließ sie um die Herde auf dem Berg reiten. Im Herbst sahen sie zu, wie die Mutterschafe gedeckt wurden – fünf Monate später wohnten sie der Geburt der Lämmer bei.

Sie hatten immer ihre Nähe zu Zwillingslämmern gespürt. Wie Lämmer spielten auch sie Hüpfspiele, und an einem windigen Morgen, Mary hängte gerade die Wäsche auf, krochen sie unter ihre Schürze, stießen ihre Köpfe gegen ihre Schenkel und gaben Töne von sich, als saugten sie an einem Euter.

»Das geht nicht, ihr beiden«, lachte sie und schob sie beiseite. »Geht und sucht euren Großvater!«

IX

Der alte Sam war nach The Vision gezogen und glitt langsam in seine zweite Kindheit.

Er trug eine Moleskinweste, einen schwarzen Schlapphut und hatte immer einen Kreuzdornstock in der Hand. Er schlief in einer Dachkammer voller Spinnweben, die kaum größer war als ein Küchenschrank, umgeben von dem wenigen Besitz, den er hatte behalten wollen: die Fiedel, eine Pfeife, eine Tabakdose und eine Porzellanstatuette, die er auf irgendeiner seiner Reisen aufgestöbert hatte. Sie stellte einen beleibten Mann mit einem Handkoffer dar und hatte eine Inschrift rund um den Sockel: »Ich werde mich auf eine lange Reise begeben.«

Seine Hauptbeschäftigung war es, sich um Amos' Schweine zu kümmern. Schweine, sagte er, seien »intelligenter als Personen«, und fraglos wurde er von allen seinen sechs Säuen verehrt, die schnauften, wenn er mit ihrem Spültrankeimer klapperte, und jede einzelne reagierte, wenn er sie bei ihrem Namen rief.

Seine Lieblingssau war eine große Schwarze, die er Hannah nannte, und während Hannah unter den Apfelbäumen nach Maden wühlte, kratzte er sie hinterm Ohr und rief sich die angenehmeren Momente seiner Ehe in Erinnerung.

Hannah war als Mutter jedoch ein hoffnungsloser Fall. Ihren ersten Wurf stampfte sie tot. Das zweite Mal war sie ungeheuer angeschwollen und brachte dann ein einziges männliches Ferkel hervor, das die Zwillinge »Schweinchen« nannten und mit Beschlag belegten.

Eines Tages, als Schweinchen drei Monate alt war, beschlossen sie, daß es Zeit war, es zu taufen.

»Ich bin der Pfarrer«, sagte Lewis.

»Nein, ich!« sagte Benjamin.

»Na gut! Dann bist *du* der Pfarrer!«

Es war ein brühheißer Tag im Juni. Die Hunde lagen keuchend im Schatten der Scheune. Fliegen summten und sirrten. Schwarze Kühe grasten unterhalb des Gehöfts. Der Weißdorn stand in Blüte. Das ganze Feld war schwarz und weiß und grün.

Die Zwillinge stahlen sich mit einer Schürze aus der Küche, die als Stola herhalten sollte, und mit einem als Taufkleid gedachten gestreiften Handtuch. Nach einer wilden Jagd durch den Obstgarten trieben sie Schweinchen am Hühnerhaus in die Enge und trugen das quietschende Tier in die Schlucht. Lewis hielt es fest, während Benjamin seine Finger benetzte und über Schweinchens Schnauze ein Kreuz schlug.

Doch obwohl sie Schweinchen mit Wurmpuder bestreuten, obwohl sie es mit geklautem Kuchen vollstopften und obwohl Schweinchen seinen kleinen Wuchs mit seiner Aufgeschlossenheit wettmachte – das ging so weit, daß es die Zwillinge auf seinem Rücken reiten ließ –, Schweinchen war und blieb ein Zwerg, und für Zwerge hatte Amos keine Verwendung.

An einem Novembermorgen ging Sam zum Getreideschuppen, um Gerste zu holen, als er sah, wie sein Sohn die Schneide eines Hackmessers wetzte. Er versuchte zu protestieren, aber Amos machte ein finsteres Gesicht und wetzte seinen Schleifstein noch heftiger.

»Hat keinen Sinn, ein Zwergschwein zu halten«, sagte er.

»Aber doch nicht Schweinchen«, stammelte Sam.

»Ich sagte, hat keinen Sinn, ein Zwergschwein zu halten.«

Um sie außer Hörweite zu bringen, nahm der alte Mann seine Enkel zum Pilzsuchen auf den Berg mit. Als sie in der Dämmerung heimkamen, sah Benjamin die Blutlache neben der Tür des Getreideschuppens und durch eine Ritze Schweinchens Kadaver an einem Haken hängen.

Beide Jungen hielten ihre Tränen bis zum Abend zurück: Sobald sie in ihrem Zimmer waren, weinten sie die Kopfkissen naß.

Danach hatte Mary den Eindruck, daß sie ihrem Vater diesen Mord nie verziehen. Sie stellten sich dumm, wenn er ihnen eine Arbeit auf dem Hof erklärte. Sie duckten sich, wenn er sie streicheln wollte, und wenn er ihre Schwester Rebecca streichelte, haßten sie ihn noch mehr. Sie hegten den Plan, davonzulaufen. Sie redeten in leisem, verschwörerischem Flüsterton miteinander hinter seinem Rücken. Schließlich verlor sogar Mary die Geduld und bat sie: »Seid doch bitte nett zu Papa.« Aber ihre Augen sprühten Gift, und sie sagten: »Er hat unser Schweinchen umgebracht.«

X

Die Zwillinge liebten die Spaziergänge mit ihrem Großvater, und zwei davon hatten sie besonders gern – einen »walisischen Gang« den Berg hinauf und einen »englischen Gang« zum Park von Lurkenhope.

Der »walisische Gang« war nur bei schönem Wetter möglich. Oft gingen sie bei Sonnenschein los und kamen bis auf die Haut durchnäßt zurück. Und ebensooft schauten sie auf ihrem Weg hinunter nach Lurkenhope zurück auf den grauen Regenschleier im Westen, während sich die Wolken über ihren Köpfen in Blau auflösten und Schmetterlinge über dem sonnenbeschienenen Wiesenkerbel flatterten.

Eine halbe Meile vor dem Dorf kamen sie an der Mühle von Maesyfelin und dem Bethaus der Kongregationalisten daneben vorbei. Dann folgten zwei Reihen Landarbeitercottages mit hohen Schornsteinen aus rotem Backstein und Gärten voll von Kohl und Lupinen. Von der anderen Seite

61

der dörflichen Grünanlagen blickte ein zweites Bethaus, das der Baptisten, auf die Kirche, das Pfarrhaus und die Bannut Tree Inn. Der anglikanische Friedhof wurde von uralten Eiben abgeschirmt, das Fachwerk des Glockenturms stellte angeblich die drei Kreuze von Golgotha dar.

Sam kehrte jedesmal in dem Pub ein, um ein Maß Apfelwein zu trinken und mit Mr. Godber dem Wirt eine Kegelpartie zu bestreiten. Und manchmal, wenn sich das Spiel in die Länge zog, erschien die alte Mrs. Godber mit Limonadekrügen für die Zwillinge. Sie ließ sie in ihr Hörrohr brüllen, und wenn ihr gefiel, was sie sagten, schenkte sie jedem einen Threepenny und sagte, sie sollten sie nicht für Süßigkeiten ausgeben – worauf sie zum Postladen rannten und mit schokoladenbeschmiertem Kinn zurückgerannt kamen.

Nach weiteren fünf Minuten Weges waren sie am westlichen Pförtnerhaus des Parks angelangt. Von dort aus schlängelte sich ein Fahrweg zwischen Eichen und Kastanien den Hügel hinunter. Damwild graste unter den Zweigen; die Tiere schlugen mit den Schwänzen die Fliegen fort, ihre Bäuche glänzten silbrig in den tiefen Schattenmulden. Das Geräusch menschlicher Stimmen ließ sie aufschrecken, und ihre weißen Wedel hüpften durch das Farnkraut davon.

Die Zwillinge hatten einen Freund in Mr. Earnshaw, dem Obergärtner, ein kleiner muskulöser Mann mit kobaltblauen Augen, der bei Marys Teegesellschaften häufig zu Gast war. Meistens fanden sie ihn in der Hütte, wo er Pflanzen eintopfte, eine Lederschürze umgebunden und mit Halbmonden aus schwarzer Erde unter den Fingernägeln.

Sie liebten es, die weiche Tropenluft des Treibhauses einzuatmen, über den Flaum weißer Pfirsiche zu streichen oder Orchideen anzusehen, die Gesichter hatten wie die Affen in Bilderbüchern. Sie gingen nie ohne ein Geschenk davon, sei es eine Zinerarie oder eine wächserne rote Begonie, und noch siebzig Jahre später konnte Benjamin auf eine rosa

Geranie zeigen und sagen: »Die stammt von einem Ableger von Earnshaw.«

Der Rasen des Schlosses fiel in Terrassen zum See hin ab. Am Ufer stand ein aus Kieferblöcken gebautes Bootshaus, und eines Tages, als sie sich in den Rhododendronbüschen versteckten, sahen die Zwillinge das Boot!

Sein lackierter Rumpf kam wispernd durch die Wasserlilien auf sie zu. Das Wasser fiel in Strähnen von den Rudern. Der Ruderer war ein Junge in einem rotgestreiften Blazer, und im Heck saß ein Mädchen in einem lila Kleid, halb verborgen unter einem weißen Sonnenschirm. Ihr helles Haar war zu dicken Zöpfen geflochten, und sie ließ ihre Finger durch die sich überlappenden grünen Wellen gleiten.

Zurück in The Vision stürzten die Zwillinge zu Mary:

»Wir haben Miss Bickerton gesehen«, riefen sie ihr aus einem Mund entgegen. Als sie ihnen den Gutenachtkuß gab, flüsterte Lewis: »Mama, wenn ich erwachsen bin, werde ich Miss Bickerton heiraten«, und Benjamin brach in Tränen aus.

Bei ihrem »walisischen Gang« wanderten sie gewöhnlich querfeldein bis nach Cock-a-loftie, einem Schäfercottage, das seit der Einzäunung der Felder leer stand. Dann stiegen sie über einen steinernen Zauntritt ins Moor und folgten einem Ponypfad in nördlicher Richtung, während zu ihrer Linken die Geröllhalden des Berges steil anstiegen. Hinter einem Birkendickicht kamen sie zu einer Scheune und einem Langhaus, die zwischen den Trümmern eingefallener Mauern standen. Ein Rauchstrahl stieg schräg aus dem Schornstein. Dort standen ein paar verkrüppelte Eschen und ein paar Weidenkätzchen, und der Rand eines trüben Weihers war mit zerbrochenen Gänsefedern überzogen.

Dies war das Gehöft der Familie Watkins, »Craig-y-Fedw«, »Birkenfelsen«, in der Gegend allgemein als »The Rock« bekannt.

Beim ersten Besuch der Zwillinge bellten Schäferhunde und rissen an ihren Ketten, ein magerer rothaariger Junge rannte ins Haus, und Aggie Watkins kam heraus und versperrte in einem langen schwarzen Rock und einer Schürze aus Jute den Türeingang.

Sie kniff die Augen in der Sonne zusammen, doch als sie die Spaziergänger erkannte, lächelte sie.

»Oh, du bis es, Sam!« sagte sie. »Bleib ein bißchen und trink 'ne Tasse Tee.«

Sie war eine dünne bucklige Frau mit Warzen im Gesicht und bläulicher Hautfarbe, und die Strähnen ihres lose hängenden, verfilzten Haars wehten im Wind.

Vor der Tür waren Bretterstapel, aus denen Tom Watkins seine Särge machte.

»Und so'n Pech, daß du den alten Tom verpaßt hast«, fuhr sie fort. »Er is grade mit seinem Esel fort mit einem Sarg für die arme Mrs. Williams Cringoed, die an ihren Lungen gestorben is.«

Tom Watkins machte die billigsten Särge der Grafschaft und verkaufte sie an Leute, die entweder zu geizig oder zu arm waren, um ein ordentliches Begräbnis zu bezahlen.

»Und das sind also die Zwillinge!« sagte sie und kreuzte die Arme. »Gehn zur Kirche wie Amos und Mary?«

»Ja, zur Kirche«, sagte Sam.

»Und der Herr habe Erbarmen! Bring sie rein!«

Die Küchenwände waren frisch geweißt worden, aber das Gebälk war schwarz von Ruß, und auf dem erdigen Fußboden lag eine Kruste von getrocknetem Hühnerdreck. Aschgraue Bantamhühner stolzierten ein und aus, pickten die Speisereste auf, die vom Tisch gefallen waren. Im Nebenzimmer stapelten sich Decken und Überzieher auf einem Klappbett, und darüber hing ein gerahmter Spruch: »Die Stimme dessen, der in der Wüste ruft. Bereitet dem Herrn den Weg, macht seine Pfade gerade . . .«

In einem anderen Zimmer, das früher einmal das Wohnzimmer gewesen war, kauten zwei Färsen schmatzend Heu, und ein saurer Geruch sickerte durch die Küchentür und vermischte sich mit dem Geruch von Torf und geronnener Milch. Aggie Watkins wischte sich die Hände an ihrer Schürze ab, bevor sie eine Prise Tee in die Kanne tat:

»Und das Wetter«, sagte sie. »Verdammt eisig für Juni!«

»Ja, eisig!« sagte Sam.

Lewis und Benjamin saßen auf einer Stuhlkante, während der rothaarige Junge sich über einen Kessel beugte und die Flammen mit einer Gänsefeder anfachte.

Der Junge hieß Jim. Er streckte seine Zunge aus und spuckte.

»Aah! So ein Teufel!« Aggie Watkins drohte ihm mit der Faust und jagte ihn zur Tür. »Achtet nicht auf ihn«, sagte sie und breitete ein sauberes weißes Leinentischtuch aus: Mochten die Zeiten auch noch so schwer sein, zum Tee breitete sie immer ein sauberes weißes Leinentuch aus.

Sie war eine gute Frau, die hoffte, die Welt wäre nicht so schlecht, wie jedermann behauptete. Sie hatte ein Herzleiden, hervorgerufen durch Armut und Überarbeitung. Manchmal trug sie ihr Spinnrad den Berg hinauf und spann die Büschel Schafswolle, die im Stechginster und im Heidekraut hängengeblieben waren.

Nie vergaß sie eine Beleidigung, und nie vergaß sie eine Freundlichkeit. Als sie einmal ans Bett gefesselt war, hatte Mary Sam mit ein paar Orangen und einem Päckchen Smyrnafeigen zu ihr geschickt. Aggie hatte noch nie in ihrem Leben Feigen gekostet, und für sie waren sie wie Himmelsbrot.

Von diesem Tag an ließ sie Sam nie davongehen, ohne ihm ein Geschenk mitzugeben. »Bring ihr ein Glas Brombeermarmelade«, sagte sie. Oder: »Wie wär's mit Waliser Plätzchen? Ich weiß, daß sie Waliser Plätzchen mag.« Oder:

»Ob sie diesmal ein paar Gänseeier möchte?« Und als ihr einziger dürrer Fliederstrauch in Blüte stand, überhäufte sie ihn mit Zweigen, als wäre ihr Fliederstrauch der einzige auf der Welt.

Die Watkins gehörten einer nonkonformistischen Sekte an, und sie waren kinderlos.

Vielleicht lag es an ihrer Kinderlosigkeit, daß sie ständig Seelen retten wollten. Nach dem Großen Krieg gelang es Aggie, mehrere Kinder zu »retten«, und wenn jemand sagte: »Er ist in The Rock groß geworden«, oder: »Sie ist in The Rock aufgewachsen«, dann konnte man sicher sein, daß es sich um ein uneheliches oder schwachsinniges Kind handelte. Doch in jenen Tagen hatten die Watkins erst den Jungen Jim und das Mädchen Ethel »gerettet«, ein großes Mädchen von etwa zehn Jahren, das mit gespreizten Beinen dasaß und die Zwillinge mit dumpfer Faszination anstaunte und dabei erst ein Auge, dann das andere zuhielt, als sähe sie doppelt.

Von The Rock wand sich ein Viehtreiberweg über die nördliche Schulter des Schwarzen Berges, und an manchen Stellen war er so steil, daß der alte Mann stehenbleiben und Atem holen mußte.

Lewis und Benjamin sprangen ihm voraus, scheuchten Waldhühner auf, spielten mit Kaninchendreck Fingerfußball, spähten über den Abgrund auf die Rücken der Turmfalken und Raben, und hin und wieder krochen sie unter die Farnkrautwedel und versteckten sich.

Sie taten gern so, als hätten sie sich im Wald verirrt wie die Zwillinge in Grimms Märchen, als wäre jeder Farnstengel ein Baumstamm. Alles war still und feucht und kühl in dem grünen Schatten. Giftpilze streckten ihre Hüte durch die verfaulte Vegetation des Vorjahres, und hoch oben über ihnen pfiff der Wind.

Sie lagen auf dem Rücken und starrten auf die Wolken, die über den zerklüfteten Himmel zogen, auf die im Zickzack schwirrenden Pünktchen, die Fliegen waren, und auf die anderen schwarzen Punkte ganz hoch oben – das waren die kreisenden Schwalben.

Oder sie ließen ihre Spucke auf einen Klumpen Kukkucksspeichel tropfen, und wenn ihr Mund ausgetrocknet war, drückten sie ihre Stirnen aneinander, und einer verlor sich im grauen Auge des andern, bis ihr Großvater sie aus ihrer Träumerei aufscheuchte. Dann hüpften sie auf den Pfad und taten so, als hätten sie dort die ganze Zeit gespielt.

An schönen Sommerabenden ging Sam mit ihnen bis zum Adlerstein, einem Menhir aus grauem Granit, der mit orangener Flechte gefleckt war und im schrägen Abendlicht wie ein schwebender Adler aussah.

Sam sagte, hier wäre »irgend so'n Alter« begraben. Ein anderers Mal war es ein Pferdegrab oder ein Platz, an dem die »Pharisäer« getanzt hatten. Sein Vater hätte einmal die Feen gesehen: »Sie hatten Flügel wie Libellen« – aber wo, daran konnte er sich nie erinnern.

Er hob die Jungen auf den Stein und zeigte ihnen Höfe und Kirchen und das Kloster von Pater Ambrosius, das sich tief unten ins Tal schmiegte. An manchen Abenden war das Tal in Nebel gehüllt, aber dahinter erhoben sich die Radnor-Berge, deren höckrige Umrisse in abgestuften Grauschattierungen bis ans Ende der Welt zurückwichen.

Sam kannte sie alle beim Namen: den Whimble, den Bach und den Black Mixen: »Und das da ist der Smatcher, bei dem bin ich ganz in der Nähe geboren.« Er erzählte ihnen Geschichten von Prinz Llewellyn und seinem Hund, von schattenhafteren Gestalten wie Artus oder Merlin oder dem Schwarzen Vaughan, und mit einiger Phantasie hatte er Wilhelm den Eroberer gegen Napoleon Bonaparte ausgetauscht.

67

Die Zwillinge betrachteten den Weg zum Adlerstein als ihr Privateigentum. »Das ist unser Weg«, riefen sie, wenn ihnen zufällig eine Gruppe von Spaziergängern entgegenkam. Allein der Anblick eines Stiefelabdrucks im Schlamm versetzte sie in rasenden Zorn, und sie versuchten, die Spur mit einem Stock auszukratzen.

Während eines Sonnenuntergangs sahen sie, als sie über den Bergkamm kamen, statt der vertrauten Silhouette ein Paar Strohhüte. Zwei junge Damen, die Hände in die Hüften gestemmt, saßen nebeneinander oben auf dem Stein, und wenige Schritte entfernt bückte sich ein junger Mann in grauen Flanellhosen hinter einem Kamerastativ.

»Nicht bewegen«, rief er ihnen unter dem lose herabhängenden schwarzen Tuch zu. »Lächeln, wenn ich es sage! Eins . . . zwei . . . drei . . . Lächeln!«

Ganz plötzlich, bevor Sam ihn daran hindern konnte, hatte Lewis seinen Stock gepackt und dem Fotografen einen Schlag in die Kniekehlen versetzt. Das Stativ schwankte, die Kamera fiel auf die Erde, und die Mädchen, die sich vor Lachen krümmten, wären beinahe vom Stein gefallen.

Reggie Bickerton hingegen – er war der Fotograf – bekam ein scharlachrotes Gesicht und jagte Lewis über die Heide, dabei schrie er: »Ich werde dem Ekel die Haut gerben!« Und obwohl seine Schwestern riefen: »Nein, Reggie! Nein! Nein! Tu ihm nicht weh!«, legte er den kleinen Jungen übers Knie und verprügelte ihn.

Auf dem Nachhauseweg brachte Sam seinen Enkeln das walisische Wort für »verfluchter Angelsachse« bei, doch Mary verzagte, als sie die Geschichte hörte.

Sie fühlte sich erniedrigt und schämte sich – schämte sich ihrer Söhne und schämte sich, daß sie sich ihrer schämte. Sie versuchte, Mrs. Bickerton ein paar Entschuldigungszeilen zu schreiben, aber die Feder kratzte, und die Wörter blieben aus.

XI

Von der Last des bevorstehenden Winters bereits zermürbt, machte Mary in jenem Herbst häufige Besuche beim Pfarrer.

Reverend Thomas Tuke war ein klassischer Gelehrter mit einem persönlichen Vermögen. Er hatte das Leben in Lurkenhope gewählt, weil der Squire Katholik war und der Garten der Pfarrei auf Grünsand lag – ein idealer Boden für die Kultivierung seltener Sträucher aus dem Himalaja.

Er war ein großer knochiger Mann mit einer Fülle schneeweißer Locken, der die Gewohnheit hatte, seine Pfarrkinder mit seinen bernsteinfarbenen Augen zu fixieren, bevor er ihnen sein prächtiges Profil präsentierte.

Seine Zimmer zeugten von einem wohlgeordneten Geist, und da er eine stocktaube Haushälterin hatte, war er in keiner Weise verpflichtet, mit ihr zu reden. In den Regalen seiner Bibliothek standen reihenweise Klassikerausgaben. Er kannte den gesamten Homer auswendig: Zwischen einem kalten Bad und dem Frühstück dichtete er jeden Morgen ein paar eigene Hexameter. An der Wand im Treppenhaus waren Ruder in Fächerform angebracht – in Cambridge hatte er die hellblaue Rudereruniform getragen –, und im Vorderflur standen aufgereiht wie eine Pinguinkolonie mehrere Paar Reitstiefel, denn er war außerdem einer der beiden Vorsitzenden des Fuchsjägervereins von Rhulen.

Den Dorfbewohnern war ihr Pfarrer ein Rätsel. Die meisten Frauen waren in ihn verliebt oder aber vom Timbre seiner Stimme hingerissen. Er war jedoch viel zu beschäftigt, um ihren geistigen Nöten Gehör zu schenken, und oft empörten sie sich über sein Benehmen.

Eines Sonntags, vor der heiligen Kommunion, näherten sich ein paar Frauen mit Blumenhüten und ehrfürchtig ergebenen Gesichtern der Kirchentür, um das Sakrament zu empfangen. Plötzlich wurde ein Fenster der Pfarrei aufgestoßen, und die Stimme des Pfarrers brüllte: »Vorsicht, eure Köpfe!«, und er feuerte ein paar Ladungen auf die Ringeltauben ab, die in den Ulmen gurrten.

Ein Schuß fiel prasselnd zwischen die Grabsteine. »Verfluchter Heide!« murmelte Amos, und Mary konnte ihr Kichern kaum unterdrücken.

Ihr gefiel am Pfarrer sein Sinn für das Lächerliche und seine Scharfzüngigkeit. Ihm – und nur ihm allein – gestand sie, daß sie das Leben auf dem Bauernhof bedrückte und daß sie nach Gesprächen und Ideen hungerte.

»Sie sind nicht die einzige«, sagte er und drückte ihre Hand. »Lassen Sie uns also das Beste daraus machen.«

Er lieh ihr Bücher. Shakespeare oder Euripides, die Upanischaden oder Zola – ihre Gedanken wanderten ungehindert kreuz und quer durch die Literatur. Niemals, sagte er, war er einer intelligenteren Frau begegnet, als wäre das bereits ein Widerspruch in sich.

Mit Bedauern sprach er von seiner jugendlichen Entscheidung, Priester zu werden. Er beklagte sogar die Bibel – das ging so weit, daß er Übersetzungen der Odyssee im Dorf verteilte: »Wer waren die Israeliten letzten Endes? Schafdiebe, meine Liebe! Ein Stamm umherziehender Schafdiebe!«

Sein Hobby war die Bienenzucht, und in einer Ecke seines Gartens hatte er ein Beet mit Pollenblumen angelegt.

»Da seid ihr ja!« rief er aus, wenn er einen Bienenkorb öffnete. »Das Athen der Insektenwelt!« Dann wies er sie auf die Architektur der Honigwaben hin und ließ sich über die grundlegende Natur der Zivilisation, ihre Herrscher und ihre Beherrschten, ihre Kriege und Eroberungen, ihre Städte und Vorstädte und über die Schichtwechsel der Arbeiter aus, auf deren Kosten die Städte lebten.

»Und die Drohnen!« sagte er dann. »Wie gut kennen wir die Drohnen!«

»Ja«, sagte Mary. »Ich habe Drohnen gekannt.«

Er ermunterte sie, ihre eigenen Bienenstöcke zu ersetzen. Die erste Saison war zur Hälfte vergangen, als einer von ihnen von Wachsmotten überfallen wurde und die Bienen ausschwärmten.

Amos kam in die Küche geschlendert und sagte mit einem amüsierten Grinsen: »Deine Bienen sitzen zusammengeklebt auf den Pflaumenbäumen.«

Sein Angebot zu helfen war schlimmer als nur sinnlos. Mary ließ die Jungen Wache stehen für den Fall, daß der Schwarm davonflog, und eilte nach Lurkenhope, um den Pfarrer zu holen: Benjamin sollte nie den Anblick des alten Mannes vergessen, wie er die Leiter herabstieg und seine Arme, Brust und Hals mit einer summenden braunen Bienenmasse bedeckt waren.

»Hast du keine Angst?« fragte er den Pfarrer, als dieser mit hohlen Händen in sie hineingriff und in einen Sack stopfte.

»Überhaupt nicht! Bienen stechen nur Feiglinge!«

In einer anderen Ecke seines Gartens hatte der Pfarrer einen Steingarten für die Blumenzwiebeln angelegt, die er von seinen Reisen in Griechenland mitgebracht hatte. Im März gab es Krokusse und Blausterne, im April Alpenveilchen, Tulpen und Gemeinen Hundezahn, und außerdem war da ein riesengroßer dunkelroter Aronstab, der nach verfaultem Fleisch stank.

Mary stellte sich diese Blumen gern wildwachsend vor, in bunten Flächen an den Berghängen, und sie bemitleidete sie für ihr Exil im Steingarten.

An einem stürmischen Nachmittag, während die Jungen einen Fußball auf dem Rasen herumkickten, nahm sie der Pfarrer zur Seite, um ihr eine Kaiserkrone vom Berg Ida auf Kreta zu zeigen.

Er sagte: »Ausgesprochen selten als Zuchtpflanze. Mußte die Hälfte meiner Knollen an das Gartenbauzentrum in London schicken!«

Plötzlich lobbte Lewis den Ball in die Luft, ein Windstoß trug ihn seitlich davon, und er landete im Steingarten, wo er die zerbrechliche Glockenblume zerschmetterte.

Mary kniete sich hin und versuchte, den Stengel aufzurichten; sie erstickte ein Schluchzen, nicht so sehr der Blume wegen, sondern wegen der Zukunft ihrer Söhne.

»Tölpel!« rief sie bitter. »Dazu werden sie heranwachsen! Das werden sie, wenn ihr Vater seinen Willen bekommt!«

»Nicht, wenn ich meinen Willen bekomme«, sagte der Pfarrer und half ihr auf die Füße.

Nach dem Frühgottesdienst am Sonntag stand er am Südportal und schüttelte den Mitgliedern seiner Gemeinde die Hand, und als Amos an der Reihe war, sagte er: »Würden Sie eine Minute auf mich warten, Jones? Ich möchte ein paar Worte mit Ihnen reden.«

»Ja, Sir!« sagte Amos und schritt um das Weihwasserbecken und warf nervöse Blicke zu den Glockensträngen hoch.

Der Pfarrer winkte ihn in die Sakristei. »Es betrifft Ihre Söhne«, sagte er und zog sich den Chorrock über den Kopf. »Helle Köpfe, beide! Höchste Zeit, daß sie in die Schule kommen!«

»Ja, Sir!« stammelte Amos. Er hatte weder »ja« noch »Sir« sagen wollen. Er hatte sich vom Tonfall des Pfarrers überrumpeln lassen.

»Sie sind ein verständiger Mann! Damit wäre das geregelt. Der Unterricht beginnt am Montag.«

»Ja, Sir!« hatte er wieder gesagt, dieses Mal ironisch oder als Ausdruck seines Zorns. Er drückte seinen Hut auf den Kopf und ging nach draußen zwischen die sonnenumspülten Grabsteine.

Dohlen kreisten um den Glockenturm, und die Ulmen

knarrten im Wind. Mary und die Kinder waren schon in die
Kutsche gestiegen. Amos ließ seine Peitsche über den Rük-
ken des Ponys knallen, und sie schlingerten die Straße entlang, bogen überraschend ab und trieben ein paar Baptisten
auseinander.

Klein-Rebecca brüllte vor Angst.

»Warum mußt du so schnell fahren?« fragte Mary und
zog an seinem Ärmel.

»Weil du mich wahnsinnig machst!«

Nach einem schweigsamen Mittagessen verließ er das
Haus und wanderte auf den Berg. Er hätte gern gearbeitet,
aber es war der Tag des Herrn. Also wanderte er weiter, allein, über den Schwarzen Berg und um ihn herum. Es war
dunkel, als er nach Hause kam, und noch immer verfluchte
er Mary und den Pfarrer.

XII

Dessenungeachtet kamen die Zwillinge in die Schule.

Um sieben Uhr morgens machten sie sich auf den Weg, in
schwarzen Gürteljacken und Knickerbockers und mit gestärkten Etonkrägen, die ihren Hals scheuerten und mit einer grobgerippten Seidenschleife zusammengebunden waren. An feuchten Tagen löffelte Mary ihnen Lebertran ein
und sah zu, daß sie sich Schals umwickelten. Sie packte ihre
Brote in Pergamentpapier und steckte sie zu ihren Büchern
in die Schulranzen.

Sie saßen in einem zugigen Klassenzimmer, wo eine
schwarze Uhr hämmernd die vollen Stunden schlug und
Mr. Birds Geographie, Geschichte und Englisch unterrichtete, und Miss Clifton unterrichtete Rechnen, Naturwissen-
schaft und die Bibel.

Mr. Birds mochten sie nicht.

Sein purpurrotes Gesicht, die Adern an seinen Schläfen, sein schlechter Atem und seine Gewohnheit, in ein Schnupftuch zu spucken, all das machte einen höchst unangenehmen Eindruck, und sie duckten sich, sobald er in ihre Nähe kam.

Trotzdem lernten sie, Shelleys *Ode an eine Feldlerche* auswendig vorzutragen, lernten Titicaca und Popocatepetl richtig zu schreiben, lernten, daß das britische Weltreich das beste aller möglichen Weltreiche war, daß die Franzosen Feiglinge und die Amerikaner Verräter waren und daß die Spanier kleine protestantische Jungen auf Scheiterhaufen verbrannten.

Mit Vergnügen besuchten sie dagegen die Klassen von Miss Clifton, einer drallen Frau mit milchweißer Haut, deren Haar die Farbe einer Zitronenschale hatte.

Benjamin war ihr Liebling. Niemand wußte, wie sie die beiden auseinanderhielt, doch war er ganz fraglos ihr Liebling, und wenn sie sich vorbeugte, um seine Additionen zu korrigieren, atmete er ihren warmen mütterlichen Geruch tief ein und drückte seinen Kopf zwischen ihr Samtmieder und ihre baumelnde Kruzifixkette. Sie errötete vor Freude, wenn er ihr einen Strauß Bartnelken mitbrachte, und in der großen Pause nahm sie die Zwillinge mit in ihr Zimmer und erklärte ihnen, sie seien »richtige kleine Gentlemen«.

Diese Bevorzugung trug nicht eben zur Beliebtheit der beiden bei. Der Schultyrann, George Mudge, der Sohn eines Richters, sah seine Autorität in Frage gestellt und versuchte ununterbrochen, sie zu trennen.

Er ließ sie in gegnerischen Mannschaften Fußball spielen. Doch wenn ihre Augen sich trafen, mitten im Spiel, verzogen sich ihre Lippen vor Vergnügen, und sie dribbelten den Ball über das Mittelfeld, spielten ihn sich zu, ohne die anderen Spieler und die Trillerpfeife zu beachten.

Im Unterricht kam es manchmal vor, daß sie identische Antworten aufschrieben. Sie machten bei einem Vers von »Die Lady von Shalott« denselben Fehler, und Mr. Birds warf ihnen Mogeln vor. Er rief sie zu sich an die Tafel, befahl ihnen, die Hosen herunterzulassen, bog seine Birkenrute und setzte ihnen beiden sechs symmetrische Striemen auf die Hinterbacken.

»Das ist ungerecht«, wimmerten sie, als Mary sie mit einer Geschichte in den Schlaf lullte.

»Ja, meine Lieblinge, das ist ungerecht.« Sie drückte das Kerzenlicht aus und ging auf Zehenspitzen zur Tür.

Bald darauf wurde Mr. Birds aus Gründen, über die »nicht weiter gesprochen« werden sollte, aus seiner Stellung entlassen.

Zwei Wochen vor Weihnachten kam ein Paket von Onkel Eddie aus Kanada, das den Öldruck mit dem Indianer enthielt.

Amos' Bruder hatte als Holzfäller angefangen, bald auf eigenen Füßen gestanden und war jetzt Manager einer Handelsfirma in Moose Jaw, Saskatchewan. Ein Foto von ihm, mit Pelzmütze und mit dem Fuß auf einem erlegten Grislybär, machte die Zwillinge vor Aufregung ganz wild. Mary gab ihnen ihr Exemplar von Longfellow zu lesen, und bald konnten sie das Leben Hiawathas und Minnehahas aus dem Gedächtnis erzählen.

Mit den anderen Kindern spielten sie Komantschen und Apachen im Gehölz hinter dem Schulhaus. Lewis nahm den Namen »kleiner Rabe« an und trommelte den Kriegsgesang der Komantschen auf einem alten Blecheimer; Benjamins Aufgabe war es, die Wigwams der Apachen zu bewachen. Beide bekreuzigten sich und wollten sterben und schworen sich ewige Feindschaft.

In einer Mittagspause wurde das Paar jedoch vom Apachenhäuptling George Mudge überrascht, wie es im Dorngestrüpp ein Powwow abhielt, und er schimpfte laut: »Verräter!«

Er rief seine Gefolgsleute zusammen, die bei dem Versuch, Benjamin zu einer »Nesseltortur« abzuschleppen, sich plötzlich Lewis gegenüber sahen, der ihnen den Weg versperrte. Bei dem nun folgenden Kampf rannten die Apachen davon und ließen ihren Häuptling in der Gewalt der Zwillinge zurück: Diese drehten ihm den Arm um und drückten sein Gesicht in den Dreck.

»Wir haben ihm bei lebendigem Leib die Haut abgezogen«, krähte Benjamin, als sie in die Küche stürmten.

»Tatsächlich?« stöhnte Mary, entsetzt über den Zustand ihrer Kleidung.

Diesmal war Amos erfreut: »Das sind meine Jungens! Zeigt mir, wo ihr ihn geschlagen habt! Autsch! Ja! Richtige kleine Kämpfer, ihr beiden! Noch einmal! Ja! Ja! Und ihr habt ihm den Arm umgedreht? Autsch! Dem habt ihr's aber gezeigt . . .«

Ein Foto, während der Heuernte 1909 aufgenommen, zeigt eine glückliche lächelnde Gruppe vor einem Pferdekarren. Amos hat eine Sense über der Schulter. Der alte Sam trägt seine Moleskinweste. Mary, in einem Gingankleid, hat einen Heurechen in der Hand. Und alle Kinder – darunter auch der junge Jim the Rock, der gekommen war, um sich ein paar Pennies zu verdienen – sitzen mit gekreuzten Beinen auf dem Boden.

Die Zwillinge sind noch immer nicht auseinanderzuhalten: Doch Jahre später erinnerte sich Lewis daran, daß er es war, der den Schäferhund festhielt, während Benjamin versuchte, seine Schwester am Zappeln zu hindern – vergeblich, denn Rebecca ist auf dem Bild als ein weißlicher, verschwommener Schatten zu sehen.

76

Später in jenem Sommer ritt Amos ein paar Bergponys zu, und die Jungen ritten durch die Gegend, manchmal sogar bis zur Sägemühle von Lurkenhope.

Die Mühle war ein rotes Backsteinhaus, das auf einem Streifen flachen Geländes zwischen dem Mühlbach und einer Felswand stand. Das Schieferdach war davongeflogen, in der Regenrinne wuchs Farnkraut, doch das Wasserrad drehte wie früher den Sägebock, und vor der Tür lagen Haufen harzigen Sägemehls und Stapel gelber Bretter.

Die Zwillinge sahen gern zu, wie Bobbie Fifield, der Säger, dem heulenden Sägeblatt die Baumstämme entgegenschob. Aber die eigentliche Attraktion war seine Tochter Rosie, ein lausbübisches Mädchen von zehn, das auf dreiste Art seinen blonden Lockenschopf in den Nacken warf. Ihre Mutter zog ihr kirschrote Kleidchen an und redete ihr ein, sie sei »bildhübsch«.

Rosie nahm sie zu heimlichen Schlupfwinkeln im Wald mit. Niemand konnte ihr etwas vormachen, wenn es darum ging, einen Zwilling vom anderen zu unterscheiden. Sie war lieber mit Lewis zusammen und schlich sich an ihn heran und schnurrte ihm süße Torheiten ins Ohr.

Sie rupfte die Blätter eines Gänseblümchens und rief: »Er liebt mich! Er liebt mich nicht! Er liebt mich! Er liebt mich nicht!« – und bewahrte das letzte Blatt immer für »Er liebt mich nicht!« auf.

»Aber ich liebe dich wohl, Rosie!«

»Beweise es!«

»Wie?«

»Geh durch die Brennesseln, und du darfst meine Hand küssen.«

Eines Nachmittags legte sie ihre Hände um sein Ohr und flüsterte: »Ich weiß, wo eine Nachtkerze wächst. Benjamin lassen wir hier.«

»Wir lassen ihn hier«, sagte er.

Sie schlängelte sich durch die Haselnußsträucher, und sie kamen auf eine sonnige Lichtung. Dort hakte sie ihr Kleid auf und ließ es bis zur Taille fallen.

»Du darfst sie anfassen«, sagte sie.

Behutsam drückte Lewis mit zwei Fingern an ihrer linken Brustwarze – dann flitzte sie davon, ein Blitz aus Rot und Gold, der zwischen den zuckenden Blättern mal mehr, mal weniger zu sehen war.

»Fang mich«, rief sie. »Fang mich! Du kannst mich nicht fangen!«

Lewis rannte los, stolperte über eine Wurzel, stand wieder auf und rannte weiter:

»Rosie!«

»Rosie!«

»Rosie!«

Seine Rufe hallten durch den Wald. Er sah sie. Er verlor sie. Er stolperte wieder und fiel der Länge nach hin. Er hatte Seitenstiche, und Benjamins Jammern weit hinter ihm hielt ihn zurück.

»Sie ist ein Schwein«, sagte Benjamin später, und seine Augen verengten sich vor verletzter Liebe.

»Sie ist kein Schwein. Schweine sind nett.«

»Dann ist sie eben eine Kröte.«

Die Zwillinge hatten ihr eigenes Versteck in der Schlucht unterhalb von Craig-y-fedw, eine verborgene Mulde zwischen Vogelbeersträuchern und Birken, wo Wasser über eine Klippe rauschte und das Grasufer von Schafen kahlgefressen war.

Sie schütteten einen Damm aus Torf und Zweigen auf, und an heißen Tagen legten sie ihre Kleider übereinander ans Ufer und ließen sich auf den eisigen Grund gleiten. Das braune Wasser umspülte ihre schmalen weißen Körper, und scharlachrote Vogelbeertrauben spiegelten sich auf der Oberfläche.

Sie legten sich zum Trocknen ins Gras, es fiel kein Wort zwischen ihnen, nur die Strömung ebbte und flutete zwischen ihren einander berührenden Fußknöcheln hindurch. Plötzlich wurden die Zweige hinter ihnen auseinandergeschoben, und sie fuhren in die Höhe:

»Ich kann euch sehen.«

Es war Rosie Fifield.

Sie griffen nach ihren Sachen, aber Rosie rannte davon, und als letztes sahen sie ihren blonden Lockenschopf, der durch die Farnwedel den Berg hinuntersauste.

»Das sagt sie weiter«, sagte Lewis.

»Das traut sie sich nicht.«

»Tut sie doch«, sagte er verdrossen. »Sie ist eine Kröte.«

XIII

Nach dem Erntefest flogen die Möwen landeinwärts, und Jim Watkins the Rock kam nach The Vision, um bei der Arbeit zu helfen.

Er war ein dünner drahtiger Junge mit ungewöhnlich großen Händen, und seine Ohren standen wie Ampfer unter seiner Mütze hervor. Er war vierzehn. Er hatte den Schnurrbart eines Vierzehnjährigen und eine Menge Mitesser auf der Nase. Er war froh, von zu Hause fort zu sein und anderswo Arbeit gefunden zu haben, und er war vor kurzem getauft worden.

Amos zeigte ihm, wie man mit einem Pflug umging. Es beunruhigte Mary, daß die Pferde so groß waren und Jim so ausgesprochen klein, aber er hatte schnell gelernt, an der Hecke zu wenden und eine gerade Furche durch das Feld zu ziehen. Obwohl er für sein Alter sehr gescheit war, war er ein Schlappschwanz, wenn es darum ging, das Sattelgeschirr zu putzen, und Amos nannte ihn einen »faulen Knirps«.

Er schlief auf dem Heuboden, auf einem Bett aus Stroh.

Amos sagte: »Ich habe auf dem Boden geschlafen, als ich ein Junge war, und er schläft dort und nirgendwo sonst.«

Jims liebste Freizeitbeschäftigung war es, Maulwürfe zu fangen, und wenn die Zwillinge für die Schule feingemacht weggingen, lehnte er sich über das Gatter und schielte: »Aha! Glänzen wie Maulwürfe, wie?«

Er nahm die Zwillinge auf Beutezüge mit.

Eines Samstags waren sie zum Park von Lurkenhope gegangen, um Kastanien zu sammeln, als eine Peitsche durch die graue Luft zischte und Miss Nancy Bickerton auf einem schwarzen Jagdpferd angeritten kam. Sie versteckten sich hinter einem Baumstamm und spähten hervor. Sie ritt so nah vorbei, daß sie die Maschen ihres Haarnetzes über dem goldenen Knoten sehen konnten. Dann legte sich der Nebel über das Pferdegesäß, und sie fanden nichts als einen dampfenden Kothaufen im verdörrten Gras.

Benjamin wunderte sich oft, warum Jim so entsetzlich stank, und schließlich faßte er sich ein Herz und sagte: »Das Problem mit dir ist, daß du stinkst.«

»Das bin ich nicht«, sagte Jim und fügte geheimnisvoll hinzu: »Jemand anders!«

Er stieg mit den Zwillingen die Leiter zum Heuboden hinauf, wühlte im Stroh und bekam einen Sack zu fassen, in dem etwas zappelte. Er löste den Bindfaden, und eine kleine rosa Nase kam herausgeschossen.

»Mein Frettchen«, sagte er.

Sie versprachen, niemandem etwas von dem Frettchen zu sagen, und als Amos und Mary während der Schulferien auf dem Markt waren, stahlen sich die drei davon, um in Lower Brechfa Kaninchenfallen zu legen. Sie hatten drei Karnickel gefangen und waren viel zu aufgeregt, um die schwarzen Wolken zu bemerken, die über den Berg gezogen kamen. Das Unwetter brach los, und es prasselte Hagelkörner. Durchnäßt und zitternd liefen die Jungen heim und setzten sich ans Feuer.

»Dummköpfe!« schalt Mary, als sie zurückkam und die nassen Sachen der Jungen sah. Sie fütterte sie mit Haferschleim und Dover's Puder und steckte sie dann ins Bett.

Gegen Mitternacht zündete sie eine Kerze an und schlich ins Kinderzimmer. Klein-Rebecca schlief, eine Puppe im Arm und einen Daumen im Mund. In dem größeren Bett lagen die Zwillinge und schnarchten im gleichen Takt.

»Ist mit den Jungen alles in Ordnung?« Amos wälzte sich auf die andere Seite, als Mary sich neben ihn legte.

»Ja«, sagte sie, »es ist alles in Ordnung.«

Doch am nächsten Morgen sah Benjamin fiebrig aus und beklagte sich über Schmerzen in der Brust.

Am Abend waren die Schmerzen schlimmer. Am nächsten Tag hatte er Krämpfe und hustete harte, rostfarbene Schleimklümpchen aus. Bleich wie eine Hostie und mit Fieberflecken auf den Wangen lag er auf der durchgelegenen Matratze und hörte nichts anderes als das Rauschen von Marys Kleid oder die Schritte seines Zwillings auf der Treppe: Zum erstenmal hatten die beiden getrennt geschlafen.

Dr. Bulmer kam und stellte Lungenentzündung fest.

Zwei Wochen wich Mary kaum von seinem Bett. Sie flößte ihm Lakritzensaft und Holundersaft ein, und beim geringsten Anzeichen der Besserung fütterte sie ihn löffelweise mit Eierpudding und mit Buttertoasthäppchen.

Von Zeit zu Zeit rief er laut: »Wann muß ich sterben, Mama?«

»Ich sage dir Bescheid«, antwortete sie dann, »und es wird noch ein ganzes Weilchen dauern.«

»Ja, Mama«, murmelte er dann und sank in den Schlaf.

Manchmal kam der alte Sam hinauf und flehte, statt des Jungen sterben zu dürfen.

Dann, am 1. Dezember, setzte sich Benjamin unerwartet auf und erklärte, er sei sehr sehr hungrig. An Weihnachten gehörte er wieder zu den Lebenden – jedoch nicht, ohne daß sich seine Persönlichkeit verändert hatte.

»Oh, den Benjamin kennen wir«, sagten die Nachbarn. »Das ist der, der so schlecht aussieht.« Denn seine Schultern waren eingefallen, seine Rippen traten wie eine Konzertina hervor, und er hatte dunkle Ringe unter den Augen. Zweimal wurde er in der Kirche ohnmächtig. Er war von dem Gedanken an den Tod besessen.

Als das Wetter wärmer wurde, suchte er die Hecken ab, sammelte tote Vögel und Tiere ein, um ihnen ein christliches Begräbnis zu geben. Er legte einen Miniaturfriedhof hinter dem Kohlbeet an und kennzeichnete jedes Grab mit einem Reisigkreuz.

Er zog es jetzt vor, nicht neben Lewis zu gehen, sondern einen Schritt hinter ihm, in seine Fußspuren zu treten und die Luft zu atmen, die er geatmet hatte. An Tagen, an denen er zu krank war, um zur Schule zu gehen, lag er auf Lewis' Matratzenseite und legte seinen Kopf auf den Abdruck, den Lewis auf dem Kopfkissen hinterlassen hatte.

An einem regnerischen Morgen, im Haus war es ungewöhnlich still, hörte Mary über sich eine Diele knarren und ging die Treppe hinauf. Sie öffnete die Tür zu ihrem Schlafzimmer und sah ihren Lieblingssohn bis zu den Achselhöhlen in ihrem grünen Samtkleid dastehen, das Gesicht zur Hälfte unter ihrem Hochzeitshut verborgen.

»Pssst! Um Himmels willen!« flüsterte sie, »daß dich dein
Vater bloß nicht sieht!« Sie hatte Schuhnägel auf dem Küchenfußboden klappern hören. »Zieh das aus! Mach
schnell!« – und mit Wasser und Schwamm wusch sie den
Duft des Eau de Cologne weg.

»Versprich mir, daß du das nie wieder tust.«

»Ich verspreche es dir«, sagte er und fragte dann, ob er
für Lewis zum Tee einen Kuchen backen dürfe.

Er rührte die Butter weich, schlug die Eier, siebte das
Mehl und beobachtete, wie die braune Kruste anschwoll.
Nachdem er die beiden Schichten mit Himbeermarmelade
gefüllt hatte, bestäubte er die Kruste mit Puderzucker, und
als Lewis heißhungrig aus der Schule kam, trug er den Kuchen stolz zum Tisch.

Er hielt den Atem an, als Lewis den ersten Bissen nahm.

»Er ist gut«, sagte Lewis. »Es ist ein sehr guter Kuchen.«

Mary sah in Benjamins Krankheit die Chance, ihm eine bessere Ausbildung zu geben, und beschloß, ihn selbst zu un-
terrichten. Sie lasen Shakespeare und Dickens, und weil sie
ein bißchen Latein gehabt hatte, lieh sie sich vom Pfarrer eine Grammatik und ein Wörterbuch und einige der leichte-
ren Texte aus: Caesar und Tacitus, Cicero und Virgil, aber
die Oden des Horaz überstiegen ihrer beider Horizont.

Wenn Amos Einwände machen wollte, schnitt sie ihm das
Wort ab: »Nun hör aber auf, du wirst doch wohl einen Bü-
cherwurm in der Familie dulden können?« Aber er zuckte
die Achseln und sagte: »Daraus kann nichts Gutes werden.«
Grundsätzlich hatte er nichts gegen eine Ausbildung einzu-
wenden. Ihn störte nur der Gedanke, daß seine Söhne mit
einer vornehmen Aussprache aufwachsen und den Wunsch
haben könnten, den Hof zu verlassen.

Um des lieben Friedens willen schalt Mary ihren Schüler
häufig: »Benjamin, geh sofort und hilf deinem Vater!« Ins-

geheim platzte sie vor Stolz, wenn er ohne aufzuschauen antwortete: »Mama, bitte! Siehst du nicht, daß ich lese?« Es war eine wundervolle Überraschung, als der Pfarrer sein Wissen prüfte und sagte: »Ich glaube, wir haben einen richtigen Gelehrten unter uns.«

Mit Lewis' Reaktion jedoch hatte keiner gerechnet. Er war übler Laune, schluderte bei der Arbeit, und einmal, es war in den frühen Morgenstunden, hörte Mary ein Geräusch in der Küche und überraschte ihn dabei, wie er, die Augen vom Kerzenlicht gerötet, versuchte, einem der Bücher seines Bruders den Sinn zu entlocken. Schlimmer war, daß die Zwillinge anfingen, sich wegen Geld zu zanken.

Sie bewahrten ihre Ersparnisse in einem Tonschwein auf. Und obwohl es außer Frage stand, daß das Geld in seinem Bauch ihnen beiden gehörte, schüttelte Benjamin den Kopf, als Lewis das Schwein aufbrechen wollte.

Wenige Monate zuvor hatte Lewis vor Beginn eines Fußballspiels sein Taschengeld in den sicheren Gewahrsam seines Bruders gegeben – das Spiel war für einen Kranken zu rauh –, und seither war es Benjamin, der sein Geld verwaltete, Benjamin, der dagegen war, daß er sich eine Wasserpistole kaufte, und der ihm fast nie erlaubte, auch nur einen Viertelpenny auszugeben.

Dann zeigte Lewis völlig unerwartet Interesse am Fliegen.

Im naturwissenschaftlichen Unterricht hatte Miss Clifton den Flug von Monsieur Blériot über den Ärmelkanal erklärt, doch nach ihrer Zeichnung an der Tafel stellten sich die Zwillinge seinen Eindecker wie eine Art mechanischer Libelle vor.

An einem Montag im Juni 1910 kam ein Junge mit dem Namen Alfie Bufton mit einer sensationellen Nachricht aus dem Wochenende in die Schule: Am Samstag hatten ihn seine Eltern zu einer Flugschau bei der Landwirtschaftsausstellung von Worcester und Hereford mitgenommen, und dort hatte er nicht nur den Eindecker Blériots gesehen, sondern auch einem Absturz beigewohnt.

Die ganze Woche lang wartete Lewis ungeduldig auf die nächste Ausgabe der *Hereford Times*, durfte ihre Seiten jedoch nicht öffnen, bis sein Vater sie als erster gelesen hatte. Das tat Amos mit lauter Stimme nach dem Abendessen – es schien eine Ewigkeit zu dauern, bis er zu dem Absturz kam.

Der erste Versuch des Piloten war ein Fiasko gewesen. Die Maschine hatte einige Meter abgehoben und war auf die Erde zurückgesunken. Die Menschenmengen höhnten und verlangten schreiend ihr Eintrittsgeld zurück – woraufhin der Pilot, ein Captain Diabolo, die Polizei feierlich aufforderte, die Rollbahn zu räumen, und ein zweites Mal startete. Wieder stieg die Maschine, diesmal höher, dann kippte sie nach rechts ab und machte unweit des Blumenzelts eine Bruchlandung.

»Der Propeller«, fuhr Amos nach einer dramatischen Pause fort, »der 2700 Umdrehungen pro Minute macht, teilte rechts und links Schläge aus.« Mehrere Zuschauer waren verletzt worden, und eine Mrs. Pitt aus Hindlip war im Krankenhaus von Worcester ihren Verletzungen erlegen.

»Es ist erwähnenswert« – er senkte seine Stimme um eine Oktave –, »daß etwa eine Dreiviertelstunde nach dem Unglück ein Schwan in geringer Höhe über den Schauplatz flog. Sein anmutiger Flug schien die mißglückten Versuche des Piloten zu einer Farce zu degradieren.«

Lewis mußte eine weitere Woche warten, bis er den Artikel mit seiner dünnen Strichumrandung ausschneiden durfte und in sein Sammelalbum kleben konnte, das später ausschließlich Flugzeugkatastrophen gewidmet war und bis zu seinem Tod auf etliche Bände anschwoll. Und wenn jemand die Comet-Abstürze in den fünfziger Jahren oder den Jumbo-Zusammenstoß auf den Kanarischen Inseln erwähnte, schüttelte er den Kopf und murmelte dunkel: »Aber ich erinnere mich noch an die Katastrophe von Worcester.«

Ein anderes denkwürdiges Ereignis des Jahres 1910 war ihre Reise ans Meer.

XIV

Während des ganzen Frühjahrs und Sommers hatte Benjamin ununterbrochen grünen Schleim gehustet, und als er ein bißchen Blut hustete, empfahl Dr. Bulmer eine Luftveränderung.

Reverend Tuke hatte eine Schwester, die in ihrem eigenen Haus in St. David's in Pembrokeshire lebte. Und weil die Zeit für seine alljährlichen Malferien gekommen war, fragte er, ob er seine beiden jungen Freunde mitnehmen dürfe.

Amos tat beleidigt, als Mary das Thema anschnitt: »Ich kenne deine Leute. Alles vornehmes Gerede und Urlaub am Meer.«

»Ach ja?« sagte sie. »Du möchtest wohl, daß dein Sohn die Schwindsucht bekommt.«

»Hm!« Er kratzte sich den faltigen Hals.

»Also einverstanden?«

Am 5. August fuhr Mr. Fogarty, der Küster, die Gruppe hinunter zum Zug nach Rhulen. Der Bahnhof hatte einen frischen braunen Anstrich erhalten, und zwischen den Pfeilern auf dem Bahnsteig hingen Drahtkörbe mit rankenden Geranien. Der Bahnhofsvorsteher hatte gerade Scherereien mit einem Betrunkenen.

Der Mann war ein Waliser, der in dem eingefahrenen Zug den Fahrpreis nicht bezahlt hatte. Er hatte dem Dienstmann einen Hieb versetzt. Der Dienstmann hatte ihm einen

Kinnhaken gegeben, und nun lag er in einem zerrissenen braunen Tweedmantel mit dem Gesicht auf dem Pflaster. Blut rann aus seinem Mund. Sein Uhrglas war zersplittert, und die höhnischen Zuschauer zerrieben die Scherben mit ihren Stiefelabsätzen.

Der Dienstmann legte seinen Mund an das Ohr des Betrunkenen und brüllte: »Steh auf, Waliser!«

»Aua! Au!« stöhnte der Verletzte.

»Mama, warum tun die ihm weh?« piepste Benjamin, als er durch den Kreis glänzender brauner Gamaschen spähte.

Der Betrunkene versuchte aufzustehen, fiel dann aber wieder in die Knie, und diesmal griffen ihm zwei Dienstmänner unter die Achseln und stellten ihn auf die Füße. Sein Gesicht war grau. Seine Pupillen rollten in seinen Schädel zurück, und das Weiß seiner Augen war rot.

»Was hat er denn getan?« fragte Benjamin beharrlich.

»Was ich getan habe?« krächzte der Mann. »Nix hab' ich getan!« – und er riß den Mund auf und ließ eine lange Kette von Obszönitäten vom Stapel.

Die Menge wich zurück. Jemand rief: »Holt einen Schutzmann!« Der Dienstmann versetzte ihm noch einen Haken, und wieder floß Blut an seinem Kinn entlang.

»Verfluchte Angelsachsen«, kreischte Benjamin. »Verfluchte Angel–«, doch Mary drückte ihm eine Hand auf den Mund und zischte: »Noch ein Pieps von dir, und du gehst sofort nach Hause.«

Sie zog die Zwillinge ans Ende des Bahnsteigs, wo sie beobachten konnten, wie die Lokomotive anhielt. Es war ein heißer Tag, und der Himmel war tiefblau. Die Schienen glitzerten, wo sie den Rand der Kiefernschonung umrundeten. Es war das erste Mal, daß sie mit einem Zug fuhren.

»Ich will aber wissen, was er gemacht hat.« Benjamin hüpfte auf und ab.

»Psst, willst du wohl still sein!« Und in diesem Augen-

blick ging mit einem »Klonk« das Signal herunter, und der
Zug kam dampfend um die Kurve. Die Lokomotive hatte
rote Räder, und der Kolben bewegte sich hin und her, immer langsamer, bis sie schnaufend stehenblieb.

Mary und Mr. Fogarty halfen dem Geistlichen, das Ge-
päck ins Abteil zu tragen. Ein Pfiff ertönte, die Tür wurde
zugeschlagen, und die Zwillinge standen am Fenster und
winkten. Mary winkte mit einem Taschentuch, lachte und
weinte bei dem Gedanken an Benjamins Unerschrocken-
heit.

Der Zug fuhr durch gewundene Täler mit weißgekalkten
Höfen auf den Bergen. Sie beobachteten, wie die Telegra-
phendrähte im Fenster auf und ab tanzten, sich kreuzten
und überschnitten und dann über dem Dach davonsausten.
Bahnhöfe zogen vorbei, Tunnel, Brücken, Kirchen, Gas-
werke und Aquädukte. Die Sitze im Abteil erinnerten sie an
die Beschaffenheit von Schilfkolben. Dicht über dem Fluß
sahen sie einen Reiher.

Weil der Zug Verspätung hatte, verpaßten sie den An-
schluß in Carmathen und verpaßten den letzten Omnibus
von Haverfordwest nach St. David's. Glücklicherweise fand
der Pfarrer einen Bauern, der sie in seinem Break hinfahren
wollte.

Es war dunkel, als sie über den Kamm von Keeston Hill
kamen. Eines der Trittbretter löste sich, und während der
Kutscher herunterkletterte, um es festzuhaken, standen die
Zwillinge da und starrten auf die St.-Bride's-Bucht hinunter.

Ein sanfter Seewind strich ihnen über die Gesichter. Der
Vollmond glitzerte auf dem schwarzen Wasser. Ein Fischer-
boot glitt wie auf Fledermausflügeln vorbei und verschwand. Sie hörten, wie die Wellen an den Strand spülten,
das Stöhnen einer Glockenboje. Zwei Leuchttürme, einer
auf Skomer, der andere auf Ramsey Island, ließen ihre

Strahlen aufblitzen. Die Straßen von St. David's waren verlassen, als der Break über das Kopfsteinpflaster rumpelte, an der Kathedrale vorbeifuhr und vor einem großen weißen Tor anhielt.

Während der ersten Tage flößten die Damen, die dort lebten, und der »künstlerische« Stil des Hauses den Zwillingen Furcht ein.

Die Künstlerin war Miss Catherine Tuke, eine hübsche zierliche Frau mit einer wolkengrauen Ponyfrisur, die in einem geblümten Kimono von einem Zimmer ins andere huschte und nur selten lächelte. Ihre Augen hatten die Farbe ihrer russischblauen Katze, und in ihrem Atelier hatte sie ein Arrangement aus Treibholz und Sanddisteln aufgestellt.

Miss Catherine verbrachte jeden Winter in der Bucht von Neapel, wo sie sehr viele Ansichten des Vesuvs und Szenen aus der klassischen Mythologie malte. Im Sommer malte sie Seelandschaften und kopierte die alten Meister. Manchmal sagte sie mitten in einer Mahlzeit: »Ah!«, und eilte davon, um an einem Bild zu arbeiten. Die Leinwand, die Benjamin am meisten faszinierte, zeigte einen wunderschönen jungen Mann, nackt vor einem blauen Himmel, der am ganzen Körper von Pfeilen durchbohrt war und lächelte.

Miss Catherines Gefährtin hieß Miss Adela Hart.

Sie war sehr viel größer, eine kummervolle Dame mit einem nervösen Temperament. Sie verbrachte fast den ganzen Tag in der Küche und kochte Gerichte, die sie in Italien gelernt hatte. Sie trug immer dieselbe hellila Kleidung, ein Mittelding zwischen einem Kleid und einem Umhang. Sie trug eine Halskette aus Bernsteinperlen, und sie weinte viel.

Sie weinte in der Küche, und sie weinte bei den Mahlzeiten. Sie schneuzte ununterbrochen in ihr Taschentuch und nannte ihre Freundin »Geliebtes!« oder »Mein Kätzchen!« oder »Püppi« – worauf Miss Catherine die Stirn in Falten legte, als wollte sie sagen: »Doch nicht vor Gästen!« Aber das machte es nur noch schlimmer, denn sie brach in eine regelrechte Tränenflut aus: »Ich kann nicht anders«, weinte sie, »ich kann nicht!« Dann schürzte Miss Catherine die Lippen und sagte: »Geh bitte in dein Zimmer.«

»Warum nennt sie sie Kätzchen?« fragte Benjamin den Pfarrer.

»Das weiß ich nicht.«

»Miss Hart sollte Kätzchen heißen. Sie hat einen Schnurrbart.«

»Sei nicht herzlos gegen Miss Hart.«

»Sie haßt uns.«

»Sie haßt euch nicht. Sie ist es nicht gewohnt, kleine Jungen im Haus zu haben.«

»Ich möchte jedenfalls nicht, daß mich einer Kätzchen nennt.«

»Niemand wird dich Kätzchen nennen«, sagte Lewis.

Sie gingen durch eine weiße Straße zum Meer. In der Bucht waren weiße Schaumkronen, und die goldenen Gerstenähren rauschten im Wind nach hier, nach dort. Der Geistliche klammerte sich an seinen Panamahut und an seine Staffelei. Benjamin trug den Malkasten, und Lewis, der ein Krabbennetz hinter sich herzog, ließ eine Spur wie von einer Ringelnatter im Staub zurück.

Sobald sie die Bucht erreichten, stellte der alte Mann seine Staffelei auf, und die Zwillinge tobten davon, um in den Felsentümpeln zu spielen.

Sie fingen Krabben und Schleierfische, drückten ihre Finger in Seeanemonen und strichen mit der Hand über Seetang, der sich wie glitschiger Pelz anfühlte. Die sanften Wellen brachen eine nach der andern auf dem Kieselstrand, wo ein paar Hummerfischer ihr Boot abdichteten.

Bei Ebbe kamen die Austernfischer herbeigeflogen und stachen mit flammenden Schnäbeln nach Schalentieren. In der Einfahrt lag das Wrack eines wie ein Klipper gebogenen

Schoners; Algen zierten seine Spanten, die mit einer Kruste aus Miesmuscheln und Krebsen überzogen waren.

Die Zwillinge freundeten sich mit einem der Hummerfischer an, der in einem weißgedeckten Cottage wohnte und früher einmal zu der Mannschaft des Schoners gehört hatte.

Als junger Mann hatte er auf Schiffen gearbeitet, die Kap Hoorn umsegelten. Er hatte die Riesenpatagonier und die Mädchen von Tahiti gesehen. Wenn Lewis seinen Geschichten zuhörte, sperrte er vor Staunen den Mund auf und ging dann allein davon, um mit offenen Augen zu träumen.

Er malte sich aus, wie er im Krähennest eines voll getakelten Schiffes stand und den Horizont nach einer palmengesäumten Küste absuchte. Oder er lag inmitten von Strandnelken, blickte zu den Klippen hoch, wo Möwen, ähnlich den Flecken des Sonnenlichts, umherwanderten, während grüne Brecher an den darunter liegenden Felsen abprallten und Gischtschleier in die Luft jagten.

An einem windstillen Tag nahm der alte Seemann die beiden zum Makrelenfang in seinem Lugger mit. Sie segelten bis hinter den Guillemot-Felsen hinaus, und kaum hatten sie den Blinker fallen lassen, fühlten sie ein Zerren an der Leine und sahen etwas Silbernes im Kielwasser aufglitzern. Die Finger des Seemanns bluteten, als er den Fisch endlich vom Angelhaken löste.

Gegen zehn Uhr morgens waren die Bilgen voll mit Fischen, die zuckten und sich herumwarfen und in ihrem Todeskampf schillerten: Ihre scharlachroten Kiemen erinnerten die Jungen an die Nelken in Mr. Farnshaws Treibhaus. Miss Hart kochte die Makrelen zum Abendessen, und von da an waren sie alle gute Freunde.

Am Tag ihrer Abreise schenkte ihnen der Seemann ein Schiff in der Flasche, dessen Rahnocks aus Streichhölzern und dessen Segel aus einem Taschentuch gemacht waren.

Und als der Zug in den Bahnhof von Rhulen einfuhr, lief
Benjamin über den Bahnsteig und rief: »Seht mal, was wir
haben. Ein Schiff in der Flasche!«

Mary konnte es kaum glauben, daß dieser lächelnde, son-
nengebräunte Junge der kranke Sohn sein sollte, den sie
weggeschickt hatte. Weder sie noch Amos achteten besonders auf Lewis, der mit dem Krabbennetz zu ihnen kam und
leise und nachdrücklich sagte: »Wenn ich groß bin, werde
ich Seemann.«

XV

Der Herbst war grausam. Am 5. November, dem Guy-Faw-
kes-Tag, blickte Mary auf das trübe gelbe Licht über dem
Berg und sagte: »Es sieht nach Schnee aus.«

»Noch zu früh für Schnee«, sagte Amos, aber es war
Schnee.

Der Schnee fiel über Nacht und schmolz und ließ lange
weiße Streifen auf den Geröllhängen zurück. Dann schneite
es wieder, es war ein heftiger Schneefall diesmal, und obwohl sie eine große Anzahl Schafe aus den Wehen hervor-
gruben, hatten die Raben ein Festessen, als das Tauwetter
einsetzte.

Und Sam war krank.

Zuerst war etwas mit seinen Augen nicht in Ordnung gewesen. Beim Aufwachen lag eine Schleimkruste auf seinen
Augenlidern, und Mary mußte sie mit warmem Wasser weg-
waschen. Sein Geist begann, sich zu verwirren. Er erzählte
immer wieder dieselbe Geschichte von einem Mädchen in
einer Apfelweinschenke in Rosgoch, wo er in einer Nische
neben dem Kamin eine Hornschale versteckt hatte.

»Ich möchte die Schale haben«, sagte er.

»Ich bin sicher, daß sie noch da ist«, antwortete sie. »Und eines Tages gehen wir und holen sie.«

Es war Ende November, als sie merkten, daß ihnen Hühner abhanden kamen.

Lewis hatte eine Lieblingshenne, die ihm die Weizenkörner aus der Hand pickte, und eines Morgens, als er den Riegel des Hühnerhauses öffnete, stellte er fest, daß sie verschwunden war. Eine Woche später zählte Mary sechs fehlende Hühner. Zwei weitere verschwanden in derselben Nacht. Sie suchte nach Spuren und fand weder Blut noch Federn, wohl aber den Abdruck eines Kinderstiefels im Matsch.

»O je«, stöhnte sie, als sie die Eier abwischte und in den Ständer stellte. »Ich fürchte, wir haben hier einen menschlichen Fuchs.« Sie verschwieg Amos ihren Verdacht, bis sie einen Beweis hätte. Er war ohnehin sehr schlechter Laune.

Nach dem Schneefall hatte er die Hälfte der Herde vom Berg heruntergetrieben und sie zum Grasen auf das Stoppelfeld gebracht. Ein von Dorngestrüpp ersticktes und von Dachsbauten durchlöchertes Dickicht säumte das obere Ende des Haferfelds, und an der gegenüberliegenden Seite befand sich eine verwilderte Hecke, die die Grenze zwischen The Vision und The Rock bildete. Eines Nachmittags ging Mary Schlehen sammeln und kam mit der Nachricht zurück, daß Watkins' Schafe durchgebrochen waren und sich mit ihren Schafen vermischt hatten.

Rasend vor Zorn, weniger über den Verlust von Futter als über die Räudegefahr – denn Watkins machte sich selten die Mühe, seine Schafe zu dippen –, suchte Amos die verirrten Tiere aus und befahl dem kleinen Jim, sie über den Weg zurückzubringen.

»Sei ein braver Junge«, sagte er. »Bring deinen Vater dazu, daß er seine Tiere bei sich behält.«

Eine Woche ging vorbei, und die Schafe brachen wieder

durch. Doch diesmal erkannte Amos, als er die Hecke untersuchte, an den frischen weißen Kerben, daß jemand einen Durchgang gehackt hatte.

»Damit wäre der Fall geklärt«, sagte er.

Er nahm eine Axt und zwei Hippen, rief die Zwillinge und machte sich daran, die Hecke selbst zu lichten.

Der Boden war hart. Der Himmel war blau. Über die gelben Stoppeln verstreut lagen angefressene orangene Mangoldbüschel, um die sich die verdreckten weißen Schafe drängten. Ein rauchiger Schleier von Bocksbart breitete sich über dem Dorngestrüpp aus. Sie hatten kaum den ersten Dornbusch gefällt, als Watkins in Person über die Weide gehumpelt kam, eine Schrotflinte in den Händen.

Vor Zorn hatte es ihm die Sprache verschlagen. Er stand mit dem Rücken zur untergehenden Sonne, und sein Zeigefinger zuckte am Abzug.

»Mach, daß du wegkommst, Amos Jones«, brach er das Schweigen. »Dies Land gehört uns« – und er ließ eine Schimpftirade vom Stapel.

Nein, antwortete Amos. Das Land gehörte zum Gut, und er hatte eine Karte, mit der er das beweisen konnte.

»Nein! Nein!« schrie Watkins. »Das Land gehört uns.«

Sie schrien sich weiter an, aber Amos sah, daß es gefährlich war, ihn noch weiter zu reizen. Er beruhigte ihn, und die beiden Männer vereinbarten, sich am Markttag im Roten Drachen in Rhulen zu treffen.

In der Schankstube des Roten Drachens war es ein bißchen zu heiß. Amos setzte sich weit weg vom Kamin und spähte durch die schmutzigen Tüllvorhänge auf die Straße. Der Wirt wischte die Theke ab. Ein paar Pferdehändler in gehobener Stimmung tranken mit kräftigen Zügen aus ihren Krügen und spuckten ihren Speichel auf den mit Sägemehl bestreuten Fußboden; von einem anderen Tisch drang das

Klappern von Dominosteinen und betrunkenes Lachen herüber. Der Himmel draußen war grau und grimmig, und es fror stark. Nach der Uhr hatte der alte Watkins zwanzig Minuten Verspätung. Auf der Straße wanderte ein steifer schwarzer Hut vor dem Schankstubenfenster auf und ab.

»Ich gebe ihm noch zehn Minuten.« Amos sah wieder auf die Uhr.

Sieben Minuten später wurde die Tür aufgestoßen, und Watkins schob sich in den Raum. Er nickte mit dem Kopf wie ein geistlich erbauter Mann in einer Gebetsstunde. Den Hut nahm er nicht ab, auch setzte er sich nicht hin.

»Was trinkst du?« fragte Amos.

»Nichts«, sagte Watkins, schlug die Arme übereinander und sog die Wangen ein, so daß die Haut über seinen Bakkenknochen glänzte.

Amos zog ein Exemplar seines Pachtvertrags für The Vision aus der Tasche. Das Bierglas hatte einen feuchten Ring auf dem Tisch hinterlassen. Er wischte ihn mit dem Ärmel auf, bevor er die Karte ausbreitete. Sein Fingernagel blieb auf einem kleinen rosa Zipfel mit der Inschrift »½ Morgen« liegen.

»Hier!« sagte er. »Sieh her!«

Nach dem Gesetz gehörte das Stück Buschland eindeutig zu Gut Lurkenhope.

Watkins verdrehte beim Anblick dieses Labyrinths von Linien, Buchstaben und Zahlen die Augen. Sein Atem pfiff durch die Zähne. Er zitterte am ganzen Körper, als er die Karte zusammendrückte und durch den Raum in den Kamin warf.

»Haltet ihn!« rief Amos, doch bis er das versengende Papier gerettet hatte, war Watkins bereits durch die Tür gestürzt. Am selben Abend blieb der kleine Jim aus.

Am nächsten Morgen nach dem Füttern zog Amos seinen Sonntagsanzug an und sprach beim Verwalter der Bickertons vor. Der Verwalter ließ ihn ausreden; er hielt das Kinn in die Hände gestützt und zog ab und zu eine Augenbraue hoch. Die Grenzen des Guts waren bedroht: Handeln war geboten!

Vier Männer wurden abgeordnet, zwischen beiden Höfen eine Mauer zu bauen, und ein Polizist ging nach Craig-y-fedw und warnte die Watkins, auch nur einen Stein anzurühren.

In jedem Jahr war die Woche vor Weihnachten in The Vision dem »Rupfen« der Enten und Gänse vorbehalten.

Amos drehte ihnen den Hals um und band sie eine nach der andern an ihren Schwimmhäuten an einem Balken in der Scheune fest. Wenn es Abend wurde, sah es in dem Raum aus wie im Schneesturm. Klein-Rebecca nieste ununterbrochen, während sie die Daunen in einen Sack stopfte. Lewis sengte die toten Tiere mit einer Wachskerze ab, und Benjamin war kein bißchen zimperlich, wenn es darum ging, die Eingeweide auszunehmen.

Sie brachten die ausgeweideten Tiere in der Milchkammer unter, die angeblich rattensicher war. Amos verteilte Stroh auf dem Karren und schickte danach alle ins Bett, damit sie um vier Uhr wieder auf den Beinen waren, um die Käufer aus Birmingham rechtzeitig abzufangen.

Die Nacht war wolkenlos, und das Mondlicht hinderte Mary am Schlafen. Kurz nach Mitternacht glaubte sie, im Hof ein Tier zu hören. Sie ging auf Zehenspitzen ans Fenster und spähte nach draußen. Die Lärchen schleiften ihr schwarzes Haar über den Mond. Die Gestalt eines kleinen Jungen huschte in den Schatten des Kuhstalls. Ein Riegel quietschte. Die Hunde bellten nicht.

»Aha«, hauchte sie. »Der Fuchs.«

Sie weckte ihren Mann, der einen Mantel überzog und Jim mit bereits fünf Gänsen im Sack in der Milchkammer erwischte. Die Zugpferde wieherten, als sie die Schreie hörten.

»Ich hoffe, du hast ihm nicht zu weh getan«, sagte Mary, als Amos ins Bett stieg.

»Schmutzige Diebe!« sagte er und drehte ihr den Rücken zu.

Im Morgengrauen des Heiligabends begann es in Rhulen wieder zu schneien. Draußen vor dem Schlachterladen in der Broad Street baumelten Hasen, Truthähne und Fasanen im Wind. Schneeflocken glitzerten auf Ilex- und Efeukränzen, und wenn die Käufer im Licht der Gaslampen dahingingen, wurde eine Tür aufgerissen, ein hellerer Lichtstreifen fiel auf das Pflaster, und eine fröhliche Stimme rief: »Und ein frohes Weihnachtsfest euch allen! Kommt zu einem Glas Grog herein!«

Ein Kinderchor sang Weihnachtslieder, und die Schneeflocken zischten, wenn sie auf ihre Sturmlaternen trafen.

»Sieh mal!« Benjamin stieß seine Mutter an. »Mrs. Watkins!«

Aggie Watkins kam die Straße entlanggelaufen mit einem Hut aus schwarzen Bändern und einem braunkarierten Umhängetuch. Unter dem Arm trug sie einen Korb mit Eiern:

»Frische Eier! Frische Eier!«

Mary stellte ihren eigenen Korb auf den Boden und ging mit einem ernsten Lächeln auf sie zu:

»Aggie, es tut mir leid wegen Jim, aber —«

Sie wich zurück, als ein Speichelstrahl aus dem Mund der alten Frau geschossen kam und auf ihrem Rocksaum landete.

»Frische Eier! Frische Eier!« Aggies heisere Stimme schwoll an. Sie humpelte um die Uhr herum und wieder zurück: »Frische Eier! Frische Eier!« Ein Mann hielt sie an, aber sie blickte mit verdrehten, glasigen Augen auf die Gaslaterne: »Frische Eier! Frische Eier!« Und als der Käufer

97

aus Hereford ihr den Weg versperrte – »Nun kommen Sie schon, Mutter Watkins! Es ist Weihnachten! Was soll ich Ihnen für den Korb geben?« –, hob sie wütend den Arm, als wollte er ihr ihr Kind wegnehmen: »Frische Eier! Frische Eier!« Dann verlor sie sich im Schneegestöber und in der Dunkelheit.

»Armes Ding«, sagte Mary. Sie war in den Einspänner gestiegen und breitete eine dicke Wolldecke über die Kinder. »Ich fürchte, sie ist ein bißchen übergeschnappt.«

XVI

Drei Jahre später schrieb Mary mit einer dicken Schwellung über ihrem linken Auge an ihre Schwester in Cheltenham und erklärte ihr, warum sie Amos Jones verlassen wollte.

Sie wollte nichts entschuldigen. Noch bat sie um Verständnis. Sie bat ganz einfach um eine Unterkunft, bis sie eine Arbeit gefunden hatte. Doch während sie schrieb, kleksten Tränen auf das Briefpapier, und sie sagte sich, daß ihre Ehe nicht zum Scheitern verurteilt gewesen war, daß sie hätte gutgehen können, daß sie beide verliebt gewesen waren und sich noch immer liebten und daß alle ihre Schwierigkeiten mit dem Feuer begonnen hatten.

Am 2. Oktober 1911, es war gegen elf Uhr abends, hatte Amos seine Schnitzwerkzeuge aus der Hand gelegt und seiner Frau zugesehen, wie sie an einer Stickerei die letzten Stiche machte, als Lewis die Treppe heruntergerannt kam und rief: »Feuer! Da brennt ein Feuer!«

Als Amos die Vorhänge auseinanderschob, sah er die rote Glut hinter dem dunklen Dach des Kuhstalls. In diesem Augenblick schoß eine Säule aus Funken und Flammen aufwärts in die Dunkelheit.

»Es sind die Heuschober«, sagte Amos und rannte nach draußen.

Er hatte zwei Heuschober auf einem ebenen Gelände zwischen den Wirtschaftsgebäuden und dem Obstgarten.

Der Wind blies von Osten und fachte das Feuer an. Brennende Heubündel wirbelten in die Rauchwolke hinauf und sanken herab. Die Tiere, erschrocken über das grelle Licht und das Knistern, brachen in Panik aus. Der Bulle brüllte, die Pferde in ihren Boxen stampften mit den Hufen, und die Tauben, rosa im Flammenlicht, flogen ziellos im Kreis.

Mary bediente den Pumpschwengel, und die Zwillinge trugen die überschwappenden Eimer zu ihrem Vater, der auf einer Leiter stand und verzweifelt versuchte, Wasser auf das Strohdach des zweiten Schobers zu schütten. Doch das brennende Heu fiel in immer dichteren Lagen, und bald war auch dieser Schober ein flammender Schmelztiegel.

Das Feuer war meilenweit zu sehen, und als Dai Morgan mit seinem Knecht kam, waren die Seitenwände beider Heuschober bereits eingestürzt.

»Verschwindet«, fauchte Amos. Auch Mary schüttelte er ab, als sie seinen Arm berühren wollte.

Im Morgengrauen hing eine graue Rauchwolke über den Gebäuden, und Amos war nirgendwo zu sehen. Mit raucherstickter Stimme rief sie ängstlich: »Amos? Amos? Antworte mir. Wo bist du?« – und sie fand ihn, schwarz im Gesicht und niedergeschmettert, zusammengesunken im Mist, mit dem Rücken am Schweinestall lehnend.

»Komm jetzt ins Haus«, sagte sie. »Du mußt schlafen. Du kannst nichts daran ändern.« Er knirschte mit den Zähnen und sagte: »Ich bring' ihn um.«

Offenbar glaubte er an Brandstiftung. Offenbar glaubte er, daß Watkins der Brandstifter war. Doch Mr. Hudson, der mit dieser Angelegenheit beauftragte Polizist, ein sanfter Mensch mit rosigem Gesicht, wollte nicht in einen Streit

99

zwischen Nachbarn verwickelt werden. Er war der Ansicht, das Heu sei feucht gewesen.

»Höchstwahrscheinlich Selbstentzündung«, sagte er, zog den Hut und schwang ein Bein über seine Fahrradstange.

»Selbstentzündung – die werde ich ihm besorgen!« Amos wankte ins Haus, stampfte Dreck auf den Küchenfußboden. Eine Teetasse schwirrte an Marys Kopf vorbei und zerschmetterte eine Scheibe des Porzellanschranks, und sie wußte, daß schlimme Zeiten bevorstanden.

Sein Haar fiel ihm büschelweise aus. Über seine Wangen hatte sich ein Netz aus blauen Adern gezogen, und seine ehemals freundlichen blauen Augen sanken in ihre Höhlen zurück und starrten wie durch einen Tunnel auf eine feindliche Außenwelt.

Er wusch sich nie und rasierte sich selten, obwohl das an sich eine Erleichterung war – denn sobald er sein Rasiermesser schärfte, fuhr ihm ein derart boshafter Ausdruck über das Gesicht, daß Mary den Atem anhielt und sich rückwärts zur Tür bewegte.

Im Bett nahm er sie unsanft. Um ihr Stöhnen zu ersticken, preßte er eine Hand auf ihren Mund. Die Jungen in ihrem Zimmer an der Treppe hörten, wie sie sich wehrte, und klammerten sich aneinander.

Er schlug die Zwillinge wegen der geringsten Vergehen. Er schlug sie sogar, weil sie eine vornehme Aussprache hatten. Sie gewöhnten es sich an, ihre Gedanken wieder im Dialekt von Radnorshire zu formulieren.

Er schien jetzt nur noch Interesse für seine Tochter zu haben, ein eigensinniges Kind mit boshaften Augen, das Gefallen daran fand, Spinnen die Beine auszureißen. Sie hatte einen Kopf voll flammender Haare, die bis auf ihre Schultern züngelten. Er ließ sie auf seinen Knien reiten und gurrte: »Du bist die einzige, die mich liebt! Stimmt's? Stimmt's?« Und Rebecca, die Marys mangelnde Zuneigung spürte, sah ihre Mutter und ihre Brüder mit funkelnden Augen an, als wären sie Stammesfeinde.

Nach und nach blühte der Krieg mit The Rock zu einem Ritual von Angriff und Gegenangriff auf: Es war unter der Würde der kriegführenden Parteien, das Gesetz anzurufen. Auch gab es keine Strategien – hier ein gehäutetes Lamm, dort ein totes Kalb oder ein Gänserich, der an einem Ast baumelte, um daran zu erinnern, daß die Fehde weiterging.

Mary war die Zornesausbrüche ihres Mannes seit langem gewohnt, sie kamen und gingen mit den Jahreszeiten. Sie hieß sie sogar willkommen wie ein Gewitter, denn nach dem Gewitter kam ihre alte Liebe immer wieder zum Vorschein.

In anderen Jahren hatten sie einen unausgesprochenen Pakt miteinander geschlossen: Der Sturm würde Ostern vorbei sein. Während der ganzen Karwoche beobachtete sie, wie er mit seinen Dämonen kämpfte. Am Karsamstag gingen sie im Wald spazieren und kamen mit einem Korb voll Primeln und Veilchen zurück, aus denen sie ein Blumenkreuz für den Kirchenaltar von Lurkenhope wanden.

Nach dem Abendessen breitete sie die Blumen auf dem Tisch aus, legte die Veilchen für die Buchstaben INRI beiseite und fädelte die Primelstengel in einen Rahmen aus Kupferdraht. Er stand hinter ihr, streichelte ihren Nacken. Und wenn der letzte Buchstabe fertig war, nahm er sie in seine Arme und trug sie zu Bett.

Doch in diesem Jahr, dem Jahr des Feuers, machte er keinen Spaziergang. Er rührte sein Abendessen nicht an. Und als sie bangen Herzens die Primeln ausbreitete, stürzte er sich darauf und schlug auf sie ein, als wären es Fliegen, und zermalmte sie zu einem grünlichen Brei.

Sie gab einen erstickten Schrei von sich und lief in die Nacht hinaus.

Dann kam der Sommer, in dem das Heu verfaulte und die Schafe ungeschoren blieben.

Amos hinderte Mary daran, die wenigen Freunde, die sie hatte, zu besuchen. Er schlug sie, wenn sie eine zweite Prise Tee in die Kanne gab. Er verbot ihr, die Tuchhandlung Albion zu betreten, weil sie Geld für Seidenstickerei verschwenden könnte. Und als die Nachricht vom Tod von Reverend Tuke kam – er war an Lungenentzündung gestorben, nachdem er in einen Lachsteich gefallen war –, hielt er sie davon ab, Blumen zum Begräbnis zu schicken.

»Er war mein Freund«, sagte sie.

»Er war ein Heide«, sagte er.

»Ich werde dich verlassen«, sagte sie – doch wohin sollte sie gehen? Und Sam, ihr anderer Freund, lag im Sterben.

Den ganzen Frühling über hatte er sich über »Geschwüre« an seiner linken Seite beklagt und war zu schwach gewesen, um seine Mansarde zu verlassen. Er lag unter der schmierigen Steppdecke, starrte auf die Spinnweben oder ließ sich in den Schlaf sinken. Einmal, als Benjamin ihm sein Essen auf einem Tablett brachte, sagte er:

»Ich möchte meine Schale haben. Sei ein guter Junge! Lauf rüber nach Rosgoch und sieh zu, daß sie dir die Schale gibt.«

Im Juni wurde ihm der Schmerz, den das Leben verursachte, zuviel.

Er litt Marys wegen, und in einem lichten Augenblick versuchte er, seinen Sohn zur Vernunft zu bringen.

»Kümmere dich um deine eigenen Angelegenheiten«, sagte Amos. »Du dummer alter Narr!«

Am Markttag, als sie allein im Haus waren, überredete Sam seine Schwiegertochter, Aggie Watkins einen Besuch zu machen:

»Sag ihr von mir adieu! Sie ist ein gutes altes Mädchen. Eine nette, anständige Person, die nie etwas Böses im Sinn hatte.«

Mary zog sich ein paar Gamaschen über und watete über die sumpfige Weide. Der Wind strich über das Feld. Die Grasspitzen glitzerten wie Elritzenschwärme, und es gab purpurrote Orchideen und hellroten Sauerampfer in voller Blüte. Zwei Kiebitze flogen schreiend davon, und ihre Mutter ließ sich auf dem Schilfrohr nieder und streckte einen »gebrochenen« Flügel aus. Mary sprach ein stilles Gebet, als sie das Gatter nach Craig-y-fedw öffnete.

Die Hunde heulten, und Aggie Watkins kam an die Tür. Ihr Gesicht war ohne jede Regung, ohne jeden Ausdruck. Sie beugte sich vor und ließ einen schwarzen Bastard los, der neben der Regentonne angebunden war.

»Faß«, sagte sie.

Der Hund duckte sich und fletschte die Zähne, doch als Mary sich zum Gatter umdrehte, machte er einen Satz und grub seine Zähne in ihre Hand.

Amos sah den Verband und ahnte den Grund. Achselzuckend sagte er: »Geschieht dir recht!«

Am Sonntag war die Wunde vereitert. Am Montag beklagte sie sich über eine geschwollene Drüse in der Achselhöhle. Zähneknirschend bot er an, sie zur Abendsprechstunde zu bringen – zusammen mit Klein-Rebecca, die Halsschmerzen hatte.

Die Zwillinge kamen von der Schule zurück und sahen, wie ihr Vater die Radnaben der Kutsche einfettete. Mary, den Arm in einer Schlinge, saß bleich, aber lächelnd in der Küche.

»Wir haben auf euch gewartet«, sagte sie. »Macht euch keine Sorgen. Macht eure Hausaufgaben und habt ein Auge auf Großvater.«

Als die Sonne unterging, waren die Zwillinge sprachlos vor Schmerz, und der alte Sam war seit zwei Stunden tot.

Um fünf Uhr nachmittags hatten die Jungen am Küchentisch ihre Rechenaufgaben gelöst, als ein Knarren am Geländer sie aufhorchen ließ. Ihr Großvater tastete sich langsam die Treppe hinunter.

»Psst!« sagte Benjamin und zog seinen Bruder am Ärmel.

»Er sollte im Bett sein«, sagte Lewis.

»Psst!« wiederholte er und zog ihn in die Hinterküche.

Der alte Mann humpelte durch die Küche und ging nach draußen. Der Himmel war hoch und windig, und die Schwänze der Stuten schienen mit den Lärchen zu tanzen. Er trug seinen Hochzeitsanzug, sein bestes Stück, Gehrock und Hose, und glänzende Lacklederschuhe. Ein rotes Taschentuch, um seinen Hals geknotet, ließ ihn wieder jung aussehen, und er hatte Fiedel und Bogen in der Hand.

Die Zwillinge spähten hinter der Gardine hervor.

»Er muß wieder ins Bett«, flüsterte Lewis.

»Still«, zischte Benjamin. »Er spielt.«

Ein hartes Krächzen platzte aus dem uralten Instrument. Doch der zweite Ton war süßer, und die darauffolgenden Töne waren noch süßer. Er stand mit hocherhobenem Kopf da. Sein Kinn ragte grimmig über den Resonanzkasten heraus, und seine Füße tappten im Takt über die Steinplatten.

Dann hustete er, und die Musik hörte auf. Schritt um Schritt zog er sich die Treppe hoch. Er hustete wieder und wieder, und danach war es still.

Die Jungen fanden ihn ausgestreckt auf der Steppdecke, die Hände über der Fiedel gefaltet. Auf seinem Gesicht, aus dem alle Farbe gewichen war, lag ein Ausdruck belustigter Herablassung. Eine Hummel, die vor dem Fenster gefangen war, summte und prallte an der Scheibe ab.

»Weint nicht, meine Kleinen!« Mary legte ihren gesunden Arm um sie, als sie schluchzend die Nachricht hervorstießen. »Bitte, weint nicht! Er mußte irgendwann sterben. Und er ist auf wunderschöne Weise gestorben.«

Amos ließ sich das Begräbnis etwas kosten und bestellte einen messingbeschlagenen Sarg bei Lloyds in Presteigne.

Der Leichenwagen wurde von einem Paar glänzender
schwarzer Pferde gezogen, und an allen vier Dachecken
standen schwarze, mit gelben Rosen gefüllte Urnen. Die
Trauergemeinde ging zu Fuß hinterher, bahnte sich behutsam einen Weg durch Pfützen und Radfurchen. Mary trug
eine Halskette aus Gagatperlen, die sie von einer Tante ge-
erbt hatte.

Mr. Earnshaw hatte einen Kranz aus Aronstab für den
Sargdeckel geschickt. Doch als die Sargträger ihn im Altarraum abstellten, warteten dort Berge weiterer Kränze, die
um den Sarg herum aufgestellt wurden.

Die meisten stammten von Leuten, die Mary fremd waren, die aber sicher den alten Sam gekannt hatten. Sie kannte kaum jemanden. Sie sah sich in der Kirche um und wunderte sich, woher in Gottes Namen all diese alten Glucken
kamen, die in ihre Taschentücher schneuzten. Er kann doch
unmöglich so viele Flammen gehabt haben, dachte sie.

Amos stellte Rebecca auf die Bank, damit sie das Geschehen beobachten konnte.

»Tod, sei nicht stolz . . .« Der neue Pfarrer begann seine
Ansprache. Und obwohl es wunderschöne Wörter waren,
obwohl die Stimme des Pfarrers volltönend und angenehm
war, schweiften Marys Gedanken immer wieder zu den beiden Jungen ab, die neben ihr saßen.

Wie groß sie geworden waren! Bald werden sie sich rasieren müssen, dachte sie. Aber wie dünn sie waren, wie müde
sie aussahen! Wie anstrengend es war, von der Schule nach
Hause zu kommen und dann auf dem Hof arbeiten zu müssen! Und wie unbeholfen sie in diesen abgetragenen Anzügen aussahen! Wenn sie nur Geld hätte – sie würde ihnen
hübsche neue Anzüge kaufen! Und Stiefel! Es war so ungerecht, sie in Stiefeln gehen zu lassen, die zwei Nummern zu
klein waren! Ungerecht auch, daß sie nicht wieder ans Meer
durften! Sie waren so gesund und glücklich gewesen im ver-

gangenen Sommer. Und da, Benjamin hustete schon wieder! Sie mußte ihm für den Winter einen neuen Schal stricken, aber woher sollte sie die Wolle nehmen?

»Asche zu Asche, Staub zu Staub ...« Die Erdklumpen fielen dumpf auf den Sargdeckel. Sie gab dem Totengräber einen Sovereign und ging mit Amos zum Friedhofstor, wo sie stehenblieben und die Trauergäste verabschiedeten.

»Vielen Dank, daß Sie gekommen sind«, sagte sie. »Vielen Dank ... Nein, er ist ganz friedlich gestorben ... Es war ein Segen ... Ja, Mrs. Williams, der Herr sei gelobt! Nein, dieses Jahr werden wir nicht kommen. Zu viel zu tun! ...« – sie nickte, seufzte, lächelte und reichte all diesen freundlichen, mitfühlenden Menschen die Hand, einem nach dem anderen, bis ihre Finger schmerzten.

Und später, zu Hause, als sie ihre Hutnadeln herausgenommen hatte und ihr Hut wie eine Schnecke auf dem Küchentisch lag, drehte sie sich mit einem innigen sehnsüchtigen Blick zu Amos herum, doch er wandte sich von ihr ab und sagte spöttisch: »Ich hab' fast den Eindruck, du hättest nie einen eigenen Vater gehabt.«

XVII

In jenem Oktober kam ein neuer Besucher nach The Vision.

Mr. Owen Gomer Davies, Prediger der Kongregationalisten, war vor kurzem von Bala nach Rhulen gezogen und hatte die Gemeinde in Maesyfelin übernommen. Er wohnte mit seiner Schwester in Jubilee Terrace Nr. 3 und hatte ein Vogelbad in seinem Garten und eine Yucca.

Er war ein umfangreicher Mann mit unangenehm weißer Haut, einer Speckrolle über seinem Kragen und Gesichtszügen in Form eines griechischen Kreuzes. Sein spitzer Mund wurde noch spitzer, wenn er zufällig einmal lächelte. Er hatte einen eiskalten Händedruck und besaß eine melodische Singstimme.

Eine seiner ersten Handlungen seit Betreten der Grafschaft hatte darin bestanden, sich mit Tom Watkins wegen eines Sargpreises anzulegen. Das genügte Amos als Empfehlung, Mary hingegen fand ihn grotesk.

Seine Ansichten über die Bibel waren kindisch. Die Transsubstantiationslehre war zu abstrus für seinen prosaischen Kopf, und die scheinheilige Art, mit der er eine Saccharintablette in seine Teetasse warf, weckte in ihr den Verdacht, daß er eine Schwäche für klebrige Kuchen hatte.

Einmal, als sie gerade Tee tranken, legte er feierlich die Fäuste auf den Tisch und verkündete, die Hölle sei »heißer als Ägylypten oder Jamaiko« – und Mary, die die ganze Woche kaum einen Grund zum Lachen gehabt hatte, mußte ihr Gesicht hinter einer Serviette verbergen.

Sie war eine Provokation für ihn, weil sie ungewöhnlich viel Schmuck trug. »Ah! Isebels Sünde!« sagte er.

Er zuckte demonstrativ zusammen, sobald sie den Mund öffnete, als sei sie allein durch ihren englischen Akzent zu ewiger Verdammnis verurteilt. Es war ganz offensichtlich seine Absicht, ihr den Ehemann zu entfremden, und Amos war leicht zu verführen.

Die Fehde mit Watkins hatte an seiner Seele gezehrt. Er hatte Gott um Rat angefleht. Hier war endlich ein Mann Gottes bereit, seine Partei zu ergreifen. Mit wild entschlossener Konzentration las er sich durch die Berge von Broschüren, die der Prediger auf dem Teetisch hinterließ. Er trat aus der Kirche Englands aus und nahm die Zwillinge von der Schule. Er ließ Benjamin getrennt von seinem Bruder auf dem Heuboden schlafen, und wenn er den Jungen dabei erwischte, wie er mit dem Schiff in der Flasche die Leiter hinaufschlich, beschlagnahmte er es.

Zehn Stunden, zwölf Stunden – die Zwillinge mußten den ganzen Tag arbeiten, bis sie zusammenbrachen, außer natürlich am Sonntag, wenn die Familie nichts tat als beten.

Die Kapelle von Maesyfelin war eine der ältesten nonkonformistischen Freikirchen im Land.

Sie war ein längliches Steinhaus und schmucklos, wenn man einmal von einer Sonnenuhr über der Tür absah, und lag zwischen dem Fluß und der Landstraße, umgeben von einem Windschirm aus portugiesischem Lorbeer. Neben ihr stand die Versammlungshalle, eine Wellblechbaracke mit grünem Anstrich.

Die Innenwände der Kapelle waren weiß getüncht. Es gab eichenes Kirchengestühl und einfache Eichenbänke, und an die Kanzel waren die Namen aller bisherigen Prediger geschrieben – die vielen Parrys, Williams, Vaughans und Jones' – bis zurück in die Tage der Commonwealth-Regierung. An der Ostseite stand der Abendmahlstisch, in den die Jahreszahl 1682 gemeißelt war.

In Indien hatte Mary das Verhalten nonkonformistischer Missionare beobachtet, und für sie war das Wort »Kapelle« gleichbedeutend mit Härte, Verkrampftheit und Intoleranz. Doch sie verheimlichte ihre Gefühle und willigte ein, mitzugehen. Mr. Gomer Davies war ein so offensichtlicher Betrüger, daß es fraglos am besten war, zuzusehen, wie er Amos an der Nase herumführte, da dieser doch sicher eines Tages wieder zur Besinnung kommen würde! Sie schickte dem Pfarrer eine kurze Mitteilung, in der sie ihre Abwesenheit erklärte. »Eine vorübergehende Phase«, fügte sie als Postskriptum hinzu: Sie konnte das einfach nicht ernst nehmen.

Wie sollte sie ein ernstes Gesicht bewahren, wenn Mrs. Reuben Jones die Chorāle von William Williams aus dem schnaufenden Harmonium heraustrommelte? Oder angesichts der zwitschernden Stimmen und wackelnden Federhütchen? Oder angesichts der Männer – die Woche über vernünftige Bauern –, die jetzt schwitzten und schwankten und »Halleluja!« und »Amen!« und »Ja, Herr, jaaah!« tönten? Und als Mrs. Griffiths Cwm Cringlyn beim 150. Psalm nach ihrer Handtasche griff und eine Schellentrommel herauszog, mußte Mary wieder die Augen schließen und die Versuchung zu kichern unterdrücken.

Und waren die Predigten nicht absoluter Unsinn?

An einem Sonntag zählte Mr. Gomer Davies alle Tiere der Arche auf, und beim Abendgottesdienst übertraf er sich selbst. Er stellte fünf brennende Kerzen auf den Rand der Kanzel, so daß, wenn er der Gemeinde mit erhobenem Finger drohte, fünf getrennte Schatten seines Unterarms an die Decke geworfen wurden. Dann begann er mit tiefer Stimme: »Ich sehe eure Sünden wie Katzenaugen in der Nacht . . .«

Trotzdem kam die Zeit, als sie der Gedanke, daß sie sich über diese strengen Zeremonien lustig gemacht hatte, beschämte, eine Zeit, in der sie den Eindruck hatte, als ließen Gottes Worte die Wände erzittern. Und dann kam der besondere Augenblick, in dem sie von der Wortgewalt eines durchreisenden Predigers überwältigt wurde:

»Er ist ein schwarzes Lamm, mein geliebtes Lamm, schwarz wie ein Rabe und Haupt unter tausend. Mein geliebtes Lamm ist ein weißes Lamm, ein rosiges Lamm und Haupt unter zehntausend. Er ist ein rotes Lamm. Wer ist der, der von Edom kommt, mit roten Kleidern von Bozra? Ist es nicht ein wunderbares Lamm, meine Brüder und Schwestern? O meine Brüder und Schwestern, strebt danach, dieses Lamm zu ergreifen! Strebt danach! Strebt danach, ein Glied dieses Lamms zu ergreifen . . .«

Nach der Predigt lud der Geistliche die Gläubigen zum Abendmahl ein. Sie setzten sich auf die Bänke, die Männer ihren Frauen gegenüber. Über den Tisch war eine lange schmale Decke aus frisch gewaschenem Leinen ausgebreitet.

Der Prediger schnitt das Brot in große Würfel, segnete sie und reichte sie auf einem Zinnteller herum. Dann segnete er den Wein in einem Zinnkelch. Mary nahm den Kelch aus der Hand ihrer Nachbarin entgegen, und als ihre Lippen den Rand berührten, überfiel sie eine blitzartige Erkenntnis: Dies *war* das Mahl des Herrn, dies *war* das Obergemach, und alle großen Kathedralen waren nicht so sehr zur Ehre Gottes als aus menschlicher Eitelkeit erbaut worden, und Päpste und Bischöfe waren Caesaren und Prinzen. Und wenn ihr nach diesem Erlebnis jemand vorwarf, der anglikanischen Kirche untreu geworden zu sein, senkte sie den Kopf und sagte schlicht: »Die Gemeinde gibt mir großen Trost.«

Doch Amos tobte und jammerte wie zuvor und litt unter Migräne und Schlaflosigkeit. Nie war Mary einem solchen Fanatismus begegnet – nicht einmal unter Fakiren und Flagellanten. Abends überanstrengte er seine Augen im Lampenlicht, wenn er die Bibel nach Stellen durchkämmte, die ihm recht gaben. Er las das Buch Hiob: »Des Nachts bohrt es in meinem Gebein, und die Schmerzen, die an mir nagen, schlafen nicht . . .«

Er drohte, fortzuziehen, wollte einen Bauernhof in Carmathenshire im Herzen von Wales kaufen. Aber sein Bankkonto war leer, und sein Rachedurst ließ ihn wie angewurzelt an Ort und Stelle verharren.

Im März 1912 erwischte er Watkins dabei, wie er ein Gatter zerhackte. Es kam zum Kampf: Er wankte mit einer klaffenden Wunde an der Schläfe nach Hause. Eine Woche später fand der Postbote Watkins' Maulesel am Wegrand liegen; das Tier atmete noch, die Eingeweide quollen aus ihm heraus ins Gras. Am ersten April wachte Amos auf und fand seinen Lieblingsschäferhund tot auf dem Misthaufen, und er brach zusammen und schluchzte wie ein Kind.

Mary konnte kein Ende des Unglücks absehen. Sie betrachtete sich im Spiegel: ein Gesicht, das grauer und zersprungener war als die fleckige Oberfläche des Spiegels. Sie wollte sterben, wußte aber, daß sie für die Zwillinge weiterleben mußte. Um sich zu zerstreuen, las sie die Romane, die sie als junges Mädchen geliebt hatte, versteckte sie vor Amos, der sie in seiner gegenwärtigen Stimmung verbrannt hätte. An einem winterlichen Nachmittag sank sie, schläfrig vom Feuer, mit einem auf ihren Knien geöffneten Exemplar von *Sturmhöhe* in den Schlaf. Er kam ins Zimmer, weckte sie unsanft und schlug ihr die Kante des Buchdeckels ins Auge.

Sie sprang auf. Sie hatte genug. Ihre Angst war verflogen, und sie fühlte sich wieder stark. Sie versteifte den Rücken und sagte: »Du dummer Narr!«

Er stand mit halb geöffnetem Mund neben dem Klavier, am ganzen Körper zitternd – und dann war er fort.

Jetzt blieb ihr nur noch eine Möglichkeit: ihre Schwester in Cheltenham! Ihre Schwester, die ein Haus und ein Auskommen hatte! Sie zog zwei Blatt Papier aus ihrer Briefschatulle. »Nichts«, so endete der letzte Absatz, »kann einsamer sein als die Einsamkeit in einer Ehe . . .«

Vor dem Frühstück am nächsten Morgen rollte Amos das Butterfaß aus der Milchkammer und sah, wie sie dem Postboten den Umschlag gab. Er glaubte, jede einzelne Zeile des Briefes zu kennen. Er versuchte, zu den Zwillingen freundlich zu sein, aber sie wiesen seine Annäherungsversuche mit eiskalten Blicken zurück.

Als ihr blaues Auge abklang und sich in ein gelbliches Purpurrot verwandelte, fühlte sich Mary immer beschwingter. Die Narzissen blühten. Sie begann, ihm zu verzeihen, und sie las in seinen schuldbewußten Blicken, daß er ihre Bedingungen akzeptierte. Sie widerstand der Versuchung, zu triumphieren. Der Brief aus Cheltenham kam. Er war schrecklich nervös, als er beobachtete, wie sie ihn aufschlitzte.

Ihre Augen tanzten über die altjüngferliche Handschrift, und sie warf den Kopf in den Nacken und lachte.

›Vater hat immer gesagt, daß Du eigensinnig und impulsiv bist . . . Niemand kann behaupten, daß ich Dich nicht gewarnt hätte . . . Aber eine Ehe bleibt eine Ehe, ein bindendes Sakrament . . . und Du mußt Deinem Mann durch dick und dünn folgen . . .‹

Sie sagte: »Ich werde dir nicht einmal sagen, was drinsteht.« Sie warf ihm eine Kußhand zu. Ihre Lippen zitterten vor Zärtlichkeit, als der Brief im Feuer aufloderte.

XVIII

Sechs Monate später war Benjamin in die Höhe geschossen und sieben Zentimeter größer als Lewis.

Zunächst wuchs ihm ein schmächtiger schwarzer Schnurrbart, und über seine Wangen und das Kinn breitete sich Flaum aus. Dann brachen Pickel überall in seinem Gesicht hervor, und er war kein schöner Anblick. Es beschämte und bestürzte ihn, daß er so viel größer war als sein Bruder.

Und Lewis war neidisch, neidisch auf seinen Stimmbruch, neidisch sogar auf die Pickel, und er hatte Angst, daß er nie so groß werden würde. Sie vermieden es, sich anzusehen, und bei den Mahlzeiten fiel kein einziges Wort.

An dem Morgen, als Benjamin sich zum erstenmal rasierte, stampfte Lewis aus dem Haus. Mary holte einen Toilettenspiegel und stellte eine Schüssel mit warmem Wasser auf den Küchentisch. Amos schärfte das Rasiermesser an einem ledernen Streichriemen und zeigte ihm, wie er es halten mußte. Aber Benjamin war so nervös und seine Hand so zittrig, daß sein Gesicht, als er den Schaum abgewischt hatte, mit hundert blutenden Schnitten bedeckt war.

Zehn Tage später rasierte er sich wieder, diesmal allein.

Wenn in der Vergangenheit einer der Zwillinge sich irgendwo erblickte – in einem Spiegel, einem Fenster oder sogar auf einer Wasseroberfläche –, dann kam es oft vor, daß er das eigene Spiegelbild mit seiner anderen Hälfte verwechselte. Und jetzt, als Benjamin sein Rasiermesser angriffsbereit hielt und in den Spiegel hochblickte, hatte er das Gefühl, Lewis die Kehle durchzuschneiden.

Danach weigerte er sich hartnäckig, sich zu rasieren, bis Lewis so groß war wie er und einen Bart hatte. Mary beobachtete ihre beiden Söhne und ahnte, daß sie eines Tages in die alte, vertraute Abhängigkeit zurückfallen würden. Unterdessen flirtete Lewis mit den Mädchen, und weil er geschmeidig und anziehend war, kokettierten die Mädchen mit ihm.

Er flirtete mit Rosie Fifield. Hinter einem Heuhaufen gaben sie sich einen atemlosen Kuß, und bei einem Chorabend hielten sie sich zwanzig Minuten bei den Händen. An einem mondlosen Abend, als er über die Landstraße nach Lurkenhope schlenderte, begegnete er ein paar Mädchen in weißen Kleidern, die Glühwürmchen in der Hecke suchten. Er hörte Rosies Lachen klar und kalt durch die Dunkelheit perlen. Er legte seine Hand um ihre Seidenschärpe, und sie gab ihm einen Klaps:

»Mach, daß du wegkommst, Lewis Jones! Und nimm deine große Nase aus meinem Gesicht!«

Benjamin liebte seine Mutter und seinen Bruder, und Mädchen mochte er nicht. Sobald Lewis aus dem Zimmer ging, blieb sein Blick in der Türöffnung hängen, und die Iris in seinen Augen bewölkte sich mit einem dunkleren Grauschatten. Wenn Lewis zurückkam, leuchteten seine Pupillen.

Sie gingen nie wieder zur Schule. Sie arbeiteten auf dem Hof, und wenn sie die Arbeit zu zweit verrichteten, arbeiteten sie für vier. Mußte Benjamin allein Kartoffeln ausgraben oder Kohlrüben einstampfen, schwanden seine Kräfte im Nu, und er keuchte und hustete und fühlte sich matt. Das war ihrem Vater aufgefallen, und mit seinem bauernschlauen Blick für Tüchtigkeit wußte er, daß es sinnlos war, sie zu trennen: Es dauerte weitere zehn Jahre, bis die Zwillinge zu einer Arbeitsteilung gefunden hatten.

Lewis träumte noch immer von Reisen in die weite Welt, doch hatte sich sein Interesse auf Flugzeuge verlegt. Wenn ein Bild von einem Zeppelin in der Zeitung erschien oder Graf Zeppelins Name erwähnt wurde, dann schnitt er den Artikel aus und klebte ihn in sein Sammelalbum.

Benjamin behauptete, Zeppeline sähen aus wie Gurken.

Er dachte nie an andere Länder. Er wollte immer und ewig mit Lewis zusammenleben, dasselbe Essen essen, die gleichen Kleider tragen, ein Bett mit ihm teilen und die Axt in der gleichen Bahn schwingen. Es gab vier Pforten, die nach The Vision führten, und für ihn waren es die vier Pforten zum Paradies.

Er liebte die Schafe, und in der freien Luft wurde er wieder kräftiger. Mit sicherem Instinkt erkannte er sofort, wenn eine schwammige Niere oder ein Uterusvorfall vorlag. Wenn die Schafe lammten, ging er um die Herde, einen Schürhaken in der Hand, und untersuchte die Euter der Mutterschafe, um sich zu vergewissern, daß die Milch floß.

Er war außerdem sehr fromm.

Als er eines Abends die Viehweide überquerte, beobachtete er, wie die Schwalben dicht über die Pusteblumen dahinschossen und die Schafe sich gegen den Sonnenuntergang abhoben: Jedes einzelne hatte eine goldene Aureole. Und da verstand er, warum das Gotteslamm einen Heiligenschein hatte.

Er verbrachte viele Stunden damit, seine Vorstellungen von Sünde und Vergeltung in ein umfassendes theologisches System einzuordnen, das eines Tages die Welt erretten würde. Und wenn der winzige Druck seine Augen ermüdete – beide Zwillinge waren ein bißchen astigmatisch –, vertiefte er sich in Amos' Farbdruck »Der breite und der schmale Pfad«.

Es war ein Geschenk von Mr. Gomer Davies. Er hing neben dem Kamin in seinem geschnitzten gotischen Rahmen.

Auf der linken Seite schlenderten Damen und Herren in Grüppchen auf den »Weg des Verderbens« zu. Zu beiden Seiten der Pforte standen Statuen von Venus und dem trunkenen Bacchus, und hinter ihnen waren weitere elegante Menschen, die tranken, tanzten, um Geld spielten, in Theater gingen, ihren Besitz verpfändeten und am Sonntag Zugreisen machten.

Weiter oben auf dem Weg waren ähnliche Menschen zu sehen, die raubten, mordeten, Sklaven quälten und in den Krieg zogen. Und schließlich waren da – über ein paar flammenden Zinnen schwebend, die ein bißchen an Schloß Windsor erinnerten – die Knechte des Teufels, die die Seelen der Sünder wogen.

Auf der rechten Bildseite war der »Weg der Erlösung«, und hier waren es unverwechselbar walisische Häuser. Tatsächlich wurde Benjamin durch das Bethaus, die Sonntagsschule und das Diakonissenheim, die alle hohe Giebel und Schieferdächer hatten, an eine illustrierte Broschüre über Llandrindod Wells erinnert.

Nur die niederen Klassen waren auf diesem schmalen und schwierigen Weg zu sehen, sie begingen unzählige fromme Handlungen, bis auch sie sich einen Hang hinauf schleppten, der genauso aussah wie der Schwarze Berg. Und dort oben auf dem Gipfel waren das neue Jerusalem, das Lamm vom Berge Sion und die Engelschöre mit den Trompeten!

Dieses Bild geisterte ständig in Benjamins Kopf herum.

Und er war felsenfest überzeugt, daß die Straße zur Hölle die Straße nach Hereford war, wohingegen die Straße zum Himmel in die Radnor-Berge hinaufführte.

XIX

Dann kam der Krieg.

Jahrelang hatten die Kaufleute in Rhulen behauptet, daß es Krieg mit Deutschland geben würde, wenn auch niemand wußte, was Krieg bedeuten würde. Seit Waterloo hatte es keinen richtigen Krieg mehr gegeben, und alle waren der Meinung, daß der Krieg mit Eisenbahnen und modernen Kanonen entweder schrecklich oder sehr schnell vorbei sein würde.

Am 7. August 1914 mähten Amos Jones und seine Söhne Disteln, als ihnen ein Mann über die Hecke zurief, die Deutschen seien in Belgien einmarschiert und hätten Englands Ultimatum abgelehnt. Ein Rekrutierungsbüro sei im Rathaus geöffnet worden, sagte er. Ungefähr zwanzig Jungen aus der Gegend hätten sich gemeldet.

»Dummköpfe!« Amos zuckte die Achseln und starrte nach Herefordshire hinunter.

Alle drei mähten weiter, doch die Jungen wirkten sehr nervös, als sie zum Abendessen ins Haus kamen.

Mary hatte rote Bete eingelegt, und ihre Schürze war voll purpurroter Flecken.

»Macht euch keine Sorgen«, sagte sie. »Ihr seid viel zu jung zum Kämpfen. Außerdem ist es Weihnachten wahrscheinlich schon vorbei.«

Der Winter kam, und der Krieg nahm kein Ende. Mr. Gomer Davies begann, patriotische Predigten zu halten, und an einem Freitag schickte er eine Nachricht nach The

Vision, in der er sie aufforderte, sich um fünf Uhr in der Halle der Kongregationalisten zu einem Lichtbildervortrag einzufinden.

Der Himmel verdunkelte sich von Karmesinrot zu Stahlgrau. Auf der Landstraße waren zwei Limousinen geparkt, und eine Gruppe von Bauernjungen, alle in ihren Sonntagsanzügen, schwatzte mit den Chauffeuren oder starrte durch die Fenster auf die Fellmatten und Ledersitze. Die Jungen hatten solche Automobile noch nie aus der Nähe gesehen. Nicht weit entfernt brummte ein Generator in einem Schuppen.

Mr. Gomer Davies stand im Vestibül und begrüßte alle Ankommenden mit einem Händedruck und einem trüben Lächeln. Der Krieg, sagte er, sei ein Kreuzzug für Christus.

In der Halle brannte ein Koksofen, und die Fenster waren beschlagen. Eine Reihe Glühbirnen warf einen gelben Lichtschleier auf die holzverschälten lackierten Wände. Es waren viele Union Jacks aufgehängt worden und ein Porträt von Lord Kitchener.

Die Laterna magica stand in der Mitte des Gangs. Ein weißes Laken war als Leinwand aufgehängt worden, und ein Major in einer Khakiuniform, einen Arm in der Schlinge, übergab der Vorführerin seine Schachtel mit Glaslichtbildern.

In Zigarrenrauch gehüllt, hatte der Hauptredner, Colonel Bickerton, bereits seinen Platz auf der Bühne eingenommen und plauderte mit einem Veteranen des Burenkriegs. Er streckte dem Publikum sein lahmes Bein entgegen. Ein Zylinder lag auf dem grünen Boftisch, neben einer Karaffe und einem Wasserglas.

Zahlreiche Gottesmänner, die in einem Auflodern von Patriotismus ihre Meinungsverschiedenheiten begraben hatten, gingen nach vorn, um dem Squire ihre Aufwartung zu machen und sich nach seinem Ergehen zu erkundigen.

»Nein, ich sitze recht bequem, vielen Dank.« Der Colonel sprach jede einzelne Silbe vollendet aus. »Danke Ihnen, daß Sie sich so nett um mich kümmern. Ziemlich viel Publikum, wie ich sehe. Höchst ermutigend, was?«

Die Halle war voll. Jungen mit frischen, wettergegerbten Gesichtern verstopften die Bänke oder drängten sich nach vorn, um Bickertons Tochter Miss Isobel besser sehen zu können – eine Brünette mit feuchten roten Lippen und feuchten Haselnußaugen, die gelassen lächelnd in einem silbrigen Fuchspelzcape vor dem Podium saß. Von ihrem hübschen Hut schoß eine graurosa, in Glyzerin getauchte Pfauenfeder in die Luft. Gleich neben ihr hockte ein junger Mann mit Karottenhaar und aufgesperrtem Mund.

Es war Jim the Rock.

Die Jones nahmen auf einer Bank im Hintergrund Platz. Mary fühlte ihren Mann neben sich verkrampft und zornig. Sie fürchtete, er könnte eine Szene machen.

Der Pfarrer von Rhulen eröffnete die Veranstaltung, indem er Mr. Gomer Davies für die Inanspruchnahme der Halle und der Elektrizität im Namen aller danksagte.

Ein Grummeln von »Hört! Hört!«-Rufen tönte durch den Raum. Er fuhr fort und erklärte in großen Zügen die Ursachen des Kriegs.

Wenige der Bergbauern verstanden, warum die Ermordung eines Großherzogs auf dem Balkan die Invasion Belgiens nach sich gezogen haben sollte, doch als der Pfarrer von der »Gefahr für unser geliebtes Weltreich« sprach, wurden die Leute hellhörig.

»Es kann nicht eher geruht werden«, schwoll seine Stimme an, »bis dieses Krebsgeschwür aus der europäischen Gesellschaft herausgerissen ist. Die Deutschen werden winseln wie alle Schinder, wenn sie in die Enge gedrängt worden sind. Aber es darf keinen Kompromiß geben, keinen Händedruck mit dem Teufel. Es ist sinnlos, einen Alligator moralisch bessern zu wollen. Tötet ihn!« Die Zuhörer applaudierten, und der Geistliche setzte sich hin.

Als nächstes war der Major an der Reihe, der, wie er sagte, bei Mons verwundet worden war. Er begann mit einem Witz über den »Rheinwein« – worauf der Colonel den Hals vorstreckte und sagte: »Habe persönlich nie was für Rheinweine übrig gehabt. Zu fruchtig, was?«

Der Major hob sein Offiziersstöckchen.

»Licht aus!« rief er, und das Licht erlosch.

Nacheinander blitzten verschwommene Bilder über die Leinwand: Tommys in einem Lager, Tommys bei der Parade, Tommys auf einem Kanalfährschiff, Tommys in einem französischen Café, Tommys in Schützengräben, Tommys mit aufgepflanzten Bajonetten und Tommys, die »über die Deckung sprangen«. Einige der Lichtbilder waren so undeutlich, daß man den Schatten von Miss Isobels Feder und die Detonationen der Granaten nur schwer auseinanderhalten konnte. Das letzte Bild zeigte ein absurdes, glotzäugiges Gesicht mit Krähenflügeln auf der Oberlippe und einem goldenen Adler auf dem Helm.

»Das«, sagte der Major, »ist euer Feind. Kaiser Wilhelm II. von Deutschland.«

Rufe wie »Hängt ihn auf!« und »Schießt ihn in blutige Fetzen« wurden laut – und nun setzte sich auch der Major.

Colonel Bickerton hievte sich dann auf die Füße und bat, die Unpäßlichkeit seiner Frau zu entschuldigen.

Sein eigener Sohn, sagte er, kämpfe in Flandern. Und nach den aufregenden Szenen, denen sie soeben beigewohnt hätten, hoffe er, daß es in der Grafschaft nur wenig Drückeberger geben werde.

»Wenn dieser Krieg vorüber ist«, sagte er, »wird es zwei Sorten von Menschen in diesem Land geben. Es wird jene geben, die tauglich erklärt wurden, Soldat zu werden, und sich weigerten ...«

»Schande!« schrillte eine Frau mit einem blauen Hut.

»Ich bin Nummer eins!« rief ein junger Mann und hob die Hand.

Aber der Colonel streckte der Menge seine Manschettenknöpfe entgegen, und die Menge verstummte.

». . . und es wird jene geben, die tauglich waren und nach vorn getreten sind, um ihrem König, ihrem Land und ihren Frauen gegenüber ihre Pflicht zu tun . . .«

»Ja!« – »Ja!« Wieder hoben sich seine Hände in einer fließenden Gebärde, und wieder verstummte die Menge.

»Die letztgenannte Sorte, das muß ich nicht eigens hinzufügen, wird zur Aristokratie dieses Landes gehören – ja wirklich, zur einzigen wahren Aristokratie dieses Landes, und sie werden an ihrem Lebensabend das tröstliche Wissen besitzen, getan zu haben, was England von jedem Mann verlangt, nämlich, seine Pflicht zu tun . . .«

»Und was ist mit Wales?« Eine monotone Stimme war rechts von Miss Bickerton zu hören, doch Jims Ruf ging im allgemeinen Spektakel unter.

Freiwillige eilten nach vorn, um dem Major ihre Namen aufzudrängen. Es wurde »Hipp! Hipp! Hurra!« gerufen. Andere Stimmen brachen in ein Lied aus: »For they are jolly good fellows . . .« Die Frau mit dem blauen Hut gab ihrem Sohn eine Ohrfeige und kreischte: »Und ob du willst!«, und ein Ausdruck kindlicher Heiterkeit legte sich auf das Gesicht des Colonels.

Er fuhr mit hinreißenden Worten fort: »Wenn Lord Kitchener also sagt, er braucht euch, dann meint er EUCH. Denn ein jeder von euch mutigen jungen Männern ist einmalig und unentbehrlich. Vor einem Augenblick habe ich zu meiner Linken eine Stimme rufen hören: ›Und was ist mit Wales?‹«

Man hätte eine Stecknadel fallen hören.

»Glaubt mir, dieser Ruf ›Und was ist mit Wales?‹ ist ein

120

Ruf, der mich mitten ins Herz trifft. Denn in meinen Adern fließen walisisches und englisches Blut in gleichen Mengen. Und deshalb . . . deshalb haben meine Tochter und ich heute abend zwei Automobile mitgebracht. Diejenigen von euch, die sich zu unserem geliebten Herefordshire-Regiment melden wollen, können mit mir fahren . . . Doch diejenigen von euch, treue Waliser, die es vorziehen, sich dem anderen, höchst tapferen Regiment anzuschließen, den South Wales Borderers, können mit meiner Tochter und Major Llewellyn-Smythe nach Brecon fahren . . .«

Und so kam es, daß Jim the Rock in den Krieg zog: um von zu Hause fortzukommen und wegen einer jungen Dame mit feuchten roten Lippen und feuchten Haselnußaugen.

XX

In Indien hatte Mary einmal die Ulanen in den Hindukusch reiten sehen, und ein Hornsignal jagte ihr Gänseschauer über den Rücken. Sie glaubte an die Sache der Verbündeten. Sie glaubte an den Sieg, und auf Mrs. Bickertons Bitte um Stricksachen verbrachten sie und Rebecca ihre freie Zeit damit, Handschuhe und Wollmützen für die Frontsoldaten zu stricken.

Amos haßte den Krieg und wollte nichts mit ihm zu tun haben.

Er versteckte seine Pferde vor den Remonteoffizieren. Er ignorierte den Befehl des Ministeriums, auf einem nach Norden gelegenen Hang Weizen anzubauen. Sein Stolz als Mann und als Waliser ließ es nicht zu, daß seine Söhne für die Engländer kämpften.

Beim Lesen der Bibel suchte er krampfhaft nach einer Bestätigung seiner Überzeugungen. War nicht der Krieg die Strafe Gottes für die Städte der Ebene? Waren nicht all die Dinge, die man in den Zeitungen las – die Granaten, die Bomben, die U-Boote und das Senfgas –, Instrumente seiner Rache? Vielleicht war der Kaiser ein neuer Nebukadnezar? Vielleicht würde es eine siebzigjährige Gefangenschaft für die Engländer geben? Und vielleicht würde ein Rest ausgespart bleiben – ein Rest wie die Rechabiten, die keinen Wein tranken, nicht in Städten lebten, sich nicht vor Götzen verbeugten und dem lebendigen Gott gehorchten?

Diese Ansichten legte er Mr. Gomer Davies auseinander, der ihn anstarrte, als wäre er verrückt, und ihn des Verrats beschuldigte. Daraufhin beschuldigte er den Prediger, das sechste Gebot falsch auszulegen, und stellte seine Besuche im Bethaus ein.

Im Januar 1916, nachdem der Wehrpflichterlaß Gesetz geworden war, erfuhr er, daß ein Arbeiterhilfsverein der Rechabiten regelmäßig Versammlungen in Rhulen abhielt, und kam auf diese Weise mit Kriegsdienstverweigerern in Berührung.

Er nahm die Zwillinge zu ihren Treffen auf einem zugigen Dachboden über einem Schustergeschäft in der South Street mit.

Die meisten Mitglieder waren Handwerker oder Arbeiter, doch befand sich ein vornehmer Mann unter ihnen, ein schmächtiger junger Bursche mit einem großen Adamsapfel, der abgewetzte Tweedhosen trug und die Sitzungsberichte in gehobener Prosa verfaßte.

Die Rechabiten hielten Tee für ein sündiges Stimulans: daher beschränkte sich die Erfrischungen auf Brombeersaft und einen Teller mit dünnen Pfeilwurzplätzchen. Einer nach dem andern bekannten sich die Redner zu ihrem Glauben an eine friedliche Welt und äußerten sich zum Schicksal ihrer Kameraden, von denen viele auf das Urteil des Kriegsgerichts warteten oder im Gefängnis waren. Einer aus ihren Reihen, ein Steinbrecher, war in den Hungerstreik getreten, als ihn die Sergeanten in der Strafbaracke von Hereford zwingen wollten, die Versorgung des Regiments mit Rum zu übernehmen. Er war nach der Zwangsernährung an Lungenentzündung gestorben. Ein Gemisch aus Milch und Kakao, das ihm durch die Nasenlöcher eingespritzt wurde, war in seine Lungen gedrungen.

»Armer Tom!« sagte der Schuster und verkündete drei Schweigeminuten.

Die Versammelten standen auf – ein Bogen kahler Köpfe senkte sich im Kegel des Lampenlichts. Dann faßten sie einander an den Händen und sangen ein Lied – den Text kannten alle, nicht aber die Melodie:

Nation mit Nation und Land mit Land
sollen ohne Waffen als freie Kameraden leben.
In jedem Herz und Hirn soll schlagen
der Puls der wahren Brüderlichkeit.

Anfangs fiel es Mary schwer, das gewalttätige Temperament ihres Mannes mit seinem Pazifismus in Einklang zu bringen; nach den Nachrichten von der Somme gab sie zu, daß er recht haben könnte.

Zweimal in der Woche ging sie zu Fuß nach Lurkenhope, um für Betty Palmer, eine arme Witwe, die ihren einzigen Sohn auf dem Schlachtfeld verloren hatte und nicht mehr essen wollte, eine Mahlzeit zu kochen. Und dann, im Mai 1917, legte sie ihren Streit mit Aggie Watkins bei.

Sie sah eine einsame Gestalt in Schwarz, die zwischen den Marktbuden herumstrich und sich mit dem Ärmel die Tränen abwischte.

»Es ist sicher wegen Jim«, sagte sie.

Aggies Gesicht war fleckig vom Weinen, und ihre Haube

saß schief auf ihrem Kopf. Es fiel ein sanfter Regen, und die Straßenverkäufer bedeckten ihre Waren und suchten unter den Rathausbögen Schutz.

»Es is Jim«, schluchzte Aggie. »Er war in Frankreich un hatte was mit Eseln zu tun. Un nun kommt diese Karte hier, und da steht, Jim is tot.«

Sie stocherte mit arthritischen Fingern in ihrem Eierkorb, zog eine zerknitterte Karte hervor und gab sie Mary.

Es war eine der Standardfeldpostkarten, die Frontsoldaten nach einer Schlacht nach Hause schicken durften.

Mary legte die Stirn in Falten, als sie versuchte, sie zu entziffern, und dann entspannte sich ihr Gesicht zu einem Lächeln.

»Er ist ja gar nicht tot, Aggie. Es geht ihm gut. Sieh doch! Das soll das Kreuz bedeuten. Es sagt: ›Mir geht's gut.‹«

Ein Zucken fuhr über das Gesicht der alten Frau. Mit ungläubigem Blick grapschte sie nach der Karte. Doch als sie Marys ausgebreitete Arme sah und die Tränen in ihren Augen, ließ sie ihren Korb fallen, und die beiden Frauen fielen sich um den Hals und küßten sich.

»Nun sieh bloß, was du gemacht hast«, sagte Mary und zeigte auf das Eigelb, das auf den glänzenden Pflastersteinen klebte.

»Eier!« sagte Mrs. Watkins voller Verachtung.

»Und sieh mal!« sagte Mary und nahm die Karte wieder an sich. »Da steht eine Adresse für Pakete. Wir wollen ihm einen Kuchen schicken!«

Am selben Nachmittag backte sie einen Fruitcake voller Rosinen und Nüsse und kandierter Kirschen. Sie schrieb den Namen JIM THE ROCK in geschälten Mandeln auf die Kruste und ließ ihn auf dem Tisch stehen, damit Amos ihn sah.

Er zuckte die Achseln und sagte: »So einen Kuchen hätte ich auch gern.« Ein paar Tage später begegnete er Tom

Watkins auf der Landstraße. Sie nickten sich zu – und gingen davon aus, daß der Waffenstillstand geschlossen war.

Doch die Meldungen aus dem großen Krieg waren schlimmer denn je.

Hilflos saßen die Mütter in den Küchen der Cottages und warteten auf das Klopfen des Postboten. Kam der Brief vom König, dann tauchte eine schwarzumrandete Karte in einem der Fenster auf. In einem Cottage an der Landstraße nach Rhulen sah Mary zwei Karten vor den Tüllvorhängen stecken. Nach Passchendaele kam eine dritte Karte dazu.

»Ich halte das nicht aus«, schluchzte sie und klammerte sich an Amos' Ärmel, als sie vorbeifuhren. »Doch nicht alle drei!« Die Zwillinge wurden im August achtzehn und wehrpflichtig. Den ganzen Winter hindurch hatte sie einen immer wiederkehrenden Traum: Benjamin stand unter einem Apfelbaum, mit einem roten Loch in der Stirn und einem vorwurfsvollen Lächeln.

Am 21. Februar – ein Datum, an das sich Mary mit Schaudern erinnerte – kam Mr. Arkwright, der Notar von Rhulen, mit einem Motorfahrzeug nach The Vision gefahren. Er war eines der fünf Mitglieder des örtlichen Musterungsausschusses, ein lebhafter kleiner Mann mit eiskalten Augen und einem sandgelben, wächsernen Schnurrbart, und er trug einen grauen Homburg und einen Überzieher aus grauem Serge; auf dem Beifahrersitz saß seine rote Hündin, ein Setter.

Er begann mit der Frage, warum in Gottes Namen die Zwillinge ihre Personalausweise nicht beantragt hätten. Wußten sie oder wußten sie nicht, daß sie das Gesetz gebrochen hatten? Dann notierte er sich hastig ein paar nähere Angaben zum Landbesitz, zum Viehbestand und zu den Gebäuden, wobei er aufpaßte, daß er Gamaschen und Schuhe nicht beschmutzte, und schloß feierlich wie ein Richter bei der Urteilsverkündung, The Vision sei ein zu kleiner Hof, um die Freistellung von mehr als einem Sohn zu rechtfertigen.

»Natürlich gefällt es keinem von uns, die Burschen vom Land wegzuholen«, fügte er hinzu. »Lebensmittelknappheit und so weiter. Aber das Gesetz ist Gesetz!«

»Es sind Zwillinge«, stammelte Amos.

»Ich weiß, daß es Zwillinge sind. Mein lieber guter Mann, wenn wir anfangen, Ausnahmen zu machen . . .«

»Wenn man sie trennt, werden sie sterben.«

»Ich bitte Sie! Gesunde Jungen wie die beiden! Noch nie solchen Unsinn gehört . . .! Maudie! . . . Maudie!« Die rote Hündin stand bellend vor einem Kaninchenloch in der Hekke. Sie trottete zu ihrem Herrn zurück und setzte sich wieder auf den Beifahrersitz. Mr. Arkwright ließ den Motor aufheulen und lockerte die Handbremse. Die Reifen ließen die Eispfützen platzen, als der Wagen durch den Hof davonschwenkte.

»Gemeiner Menschenschinder!« Amos ballte die Faust und blieb allein in einer Wolke blauer Auspuffgase zurück.

XXI

Am nächsten Markttag sprach Amos den Verwalter einer großen Farm in der Nähe von Rhydspence an, der angeblich Arbeitskräfte suchte. Der Mann war einverstanden, Lewis als Pflüger einzustellen und für ihn zu bürgen, wenn sein Fall vor den Ausschuß kam.

Benjamin wurde bei der Nachricht fast ohnmächtig.

»Mach dir keine Sorgen«, versuchte Mary, ihn zu trösten. »Er kommt zurück, wenn der Krieg vorbei ist. Außerdem ist es nur zehn Meilen von hier, und er kommt uns bestimmt jeden Sonntag besuchen.«

»Das verstehst du nicht«, sagte er.

Lewis machte ein tapferes Gesicht, als die Zeit des Abschieds kam. Er band ein paar Kleidungsstücke zu einem Bündel zusammen, küßte seine Mutter und seinen Bruder und sprang neben Amos in die Kutsche. Der Wind riß an Benjamins Jackenärmeln, als er beobachtete, wie sie auf der Landstraße verschwanden.

Er begann, sich zu grämen.

Er aß zwar sein Essen, doch der Gedanke, daß Lewis anderes Essen aß von anderen Tellern an einem anderen Tisch, machte ihn immer trauriger, und bald wurde er dünn und schwach. Nachts streckte er den Arm aus, um seinen Bruder zu berühren, aber seine Hand blieb auf einem kalten glatten Kopfkissen liegen. Er wusch sich nicht mehr aus Angst, daran erinnert zu werden, daß Lewis sich im gleichen Augenblick das Handtuch mit einem anderen teilen könnte.

»Nur Mut«, sagte Mary. Sie sah, daß die Trennung über seine Kräfte ging.

Er suchte all die Stellen wieder auf, an denen sie als Kinder gespielt hatten. Manchmal rief er den Schäferhund: »Mott! Mott! Komm her, laß uns den jungen Herrn suchen! Wo ist er? Wo ist er?« Und der Hund sprang auf und wedelte mit dem Schwanz, und sie kletterten den Geröllhang vom Schwarzen Berg hinauf, bis die Wye zu sehen war – nur ein Glitzern in der Wintersonne – und das frisch gepflügte braune Land um Rhydspence, wo Lewis vielleicht gerade pflügte.

In anderen Augenblicken ging er allein in die Schlucht und beobachtete, wie das torfige Wasser durch ihre frühere Badestelle sprudelte. Überall sah er Lewis' Gesicht – in einer Viehtränke, im Milchkübel, sogar in den Pfützen von flüssigem Dung.

Er haßte Lewis dafür, daß er fortgegangen war, und hatte

ihn im Verdacht, seine Seele gestohlen zu haben. Als er eines Tages in den Rasierspiegel blickte, sah er, wie sein Gesicht immer verschwommener wurde, als verschlinge das Glas sein Spiegelbild, bis es schließlich ganz und gar in einem Kristallnebel verschwand.

Lewis kam gewöhnlich sonntags zum Mittagessen, das Gesicht gerötet von dem zehn Meilen weiten Weg quer über die Felder, mit schlammbedeckten Gamaschen und vertrockneten Kletten an den Bundhosen.

Er amüsierte sie alle mit Geschichten vom Leben auf einem großen Hof. Ihm gefiel seine Arbeit. Ihm gefiel es, an den neumodischen Maschinen herumzubasteln, und er hatte einen Traktor gesteuert. Ihm gefiel es, sich um die Hereforder Rinder zu kümmern. Ihm gefiel der Verwalter, der ihn in die Geheimnisse des Herdbuchs einweihte, und er hatte sich mit einem der Milchmädchen angefreundet. Er verabscheute den irischen Viehhüter, der ein »verdammter versoffener Wilder« war.

An einem Mittwoch, es war Ende April, wurde er vom Verwalter zusammen mit einigen Stück Magervieh mit dem Zug nach Hereford geschickt, wo die Tiere auf einer Auktion versteigert werden sollten. Da sie um elf Uhr an die Reihe kamen, hatte er den Rest des Tages frei.

Es war ein ausgesprochen düsterer Tag, und die Wolken fegten dicht über den Turm der Kathedrale hinweg. Hagelkörner klatschten in grauen Schnüren auf das Pflaster und prasselten auf die Wachstuchdächer der Pferdedroschken. In der Oberstadt standen die armen Droschkenpferde aufgereiht neben dem angeschwollenen Rinnstein, und unter einem grüngestrichenen Vordach wärmten sich ein paar Kutscher die Hände über einer Kohlenpfanne.

»Komm rein, Kleiner!« winkte ihm einer, und Lewis setzte sich zu ihnen.

Ein Militärfahrzeug fuhr vorbei, und ein paar Sergeanten stolzierten in Regencapes vorüber.

»Schlechter Tag für ein Begräbnis«, sagte ein Mann mit käsiger Gesichtsfarbe.

»Ja, schlecht«, stimmte ihm ein anderer zu.

»Und wie alt bis du, Kleiner?« fuhr der erste Mann fort und schürte mit einem Feuerhaken in den Kohlen.

»Siebzehn«, sagte Lewis.

»Und dein Geburtstag?«

»August.«

»Paß bloß auf, Kleiner! Paß auf, daß sie dich nicht erwischen!«

Lewis rutschte unruhig auf der Bank hin und her. Als der Hagel aufhörte, bummelte er durch das Straßenlabyrinth hinter der Brauerei Watkins. Er blieb im Eingang eines Böttcherladens stehen und sah die nagelneuen Fässer zwischen den gelben Spanhaufen. Er hörte eine Blaskapelle in einer anderen Straße spielen und ging auf sie zu.

Vor dem Hotel zum Grünen Drachen hatte sich ein Knäuel Zuschauer versammelt, um den Leichenzug vorbeigehen zu sehen.

Der Tote war ein Colonel des Hereforder Regiments, der seinen Kriegsverwundungen erlegen war. Die Ehrengarde marschierte vorbei, die Augen fest auf die Spitzen ihrer nackten Schwertklingen gerichtet. Der Trommler trug ein Leopardenfell. Der Marsch war der »Trauermarsch« aus *Saul.*

Die Räder der Lafette knarrten auf dem Asphalt, und der mit einem Union Jack drapierte Sarg zog durch die standhaften Blicke der Damen. Es folgten vier schwarze Automobile – mit der Witwe, dem Bürgermeister und den Trauergästen. Dohlen stoben vom Kirchturm auf, als die Glocken zu läuten begannen. Eine Frau in einem Fuchspelz hielt Lewis am Arm fest und rief mit schriller Stimme:

»Und du, junger Mann, schämst du dicht nicht, dich in
Zivil sehen zu lassen?«

Er verdrückte sich in eine Gasse, die zum Marktplatz
führte.

Der Duft von Kaffeebohnen ließ ihn vor einem Erkerfen-
ster stehenbleiben. Auf den Regalen standen kleine Bastkör-
be, die mit konischen Teehaufen gefüllt waren: Die Namen
auf den Etiketten – Darjeeling, Keemun, Lapsang Sou-
chong, Oolong – entführten ihn in einen geheimnisvollen
Osten. Die Kaffeesorten standen auf den unteren Brettern,
und in jeder warmen braunen Bohne sah er die warmen
braunen Lippen einer Negerin.

Er träumte gerade mit offenen Augen von Rattanhütten
und reglosen Meeren, als ein Schlachterkarren vorbeirollte;
der Fuhrmann rief: »Aufgepaßt, Junge!«, und schmutziges
Wasser spritzte hoch und befleckte seine Bundhosen.

In der Eign Street blieb er stehen, um eine Mütze aus
Houndstooth-Tweed zu bewundern, die im Fenster der Firma
Parberry und Williams, Herrentrikotagen, ausgestellt war.

Mr. Parberry persönlich stand im Türeingang, ein Mann
mit einem überhängenden Bauch, um dessen Schädel sich
fettige schwarze Haarsträhnen rankten.

»Komm herein, mein Junge!« flötete er sanft. »Ansehen
kostet nichts. Und was findet an diesem schönen Frühlingsmorgen in deinen Augen Gefallen?«

»Die Mütze«, sagte Lewis.

Das Geschäft roch nach Ölhäuten und Kerosin. Mr. Parberry nahm die Mütze aus dem Fenster, fingerte an dem
Etikett herum, setzte den Preis auf fünf Schilling und Sixpence fest und sagte dann: »Den Sixpence erlaß ich dir.«

Lewis fuhr mit dem Daumennagel über die aufgerauhten
Kanten der Zweischillingmünzen in seiner Tasche. Er hatte
gerade seinen Lohn ausbezahlt bekommen. Er besaß Silber
im Wert von einem Pfund.

Mr. Parberry stülpte die Mütze auf Lewis' Kopf und drehte ihn mit dem Gesicht zum Wandspiegel. Es war die richtige Größe. Es war eine sehr schicke Mütze.

»Ich nehme zwei davon«, sagte Lewis. »Eine für meinen Bruder.«

»Um so besser für dich!« sagte Mr. Parberry und befahl seinem Angestellten, eine ovale Hutschachtel herunterzuholen. Er breitete die Mützen auf dem Ladentisch aus, aber nicht zwei waren identisch, und als Lewis darauf bestand: »Nein, es müssen die gleichen sein«, wurde der Mann wütend und platzte heraus: »Fort mit dir, du Gernegroß! Fort mit dir, und stiehl mir nicht meine Zeit!«

Um ein Uhr betrat Lewis das City-and County-Speisehaus, um sich ein Essen zu spendieren. Die Kellnerin sagte, sie hätte im Nu einen Tisch für ihn, er solle fünf Minuten warten. Von der Speisentafel wählte er eine Nierentasche mit Hackfleisch und als Nachspeise einen Marmeladenpfannkuchen.

Stoppelbärtige Bauern schlangen große Mengen Nierenfett und Blutwurst hinunter, und ein vornehmer Herr fuhr die Kellnerin an, weil sie ihn nicht bediente. Ab und zu wurde das Stimmengewirr von Tellerklirren übertönt, und durch das Schiebefenster zur Küche drang eine Flut von Flüchen. Bratfett- und Tabakdünste füllten den Raum. Eine getigerte Katze strich zwischen den Beinen der Gäste hin und her, und auf dem Fußboden verstreut lag Sägemehl, aufgequollen von Bier.

Die schlampige Kellnerin kam zurück, grinste, stemmte die Hände in die Hüften und sagte: »Komm, Hübscher!« – und Lewis suchte das Weite.

Bei einem Straßenverkäufer kaufte er eine Pastete, und weil er sich sehr niedergeschlagen fühlte, suchte er im Eingang eines Modegeschäfts für Damen Zuflucht.

Schaufensterpuppen in Nachmittagskleidern starrten mit

blauen Glasaugen auf die verregnete Straße, und neben dem König und der Königin war ein Bild von Clemenceau.

Er wollte gerade in die Pastete beißen, als er zu zittern begann. Er sah auf seine Finger, die immer weißer wurden. Er wußte, sein Bruder war in Gefahr, und lief zum Bahnhof.

Der Zug nach Rhulen wartete auf Bahnsteig eins.

Im Abteil war es heiß und stickig, und die Fenster hatten sich beschlagen. Er klapperte noch immer mit den Zähnen. Er spürte, wie seine Gänsehaut an seinem Hemd scheuerte.

Ein Mädchen mit glühenden Wangen kam herein, stellte seinen Korb ab und setzte sich in die entgegengesetzte Ecke. Sie nahm ihr grobes Wolltuch und ihren Hut ab und legte sie auf den Sitz. Es war ein sehr dunkler Nachmittag. Die Lichter gingen an. Der Zug setzte sich mit einem Pfiff und einem Ruck in Bewegung.

Er wischte mit seinem Ärmel über das beschlagene Fenster und sah auf die Telegraphenmasten hinaus, die einer nach dem anderen über das rosige Spiegelbild des Mädchens blitzten.

»Du hast Fieber«, sagte sie.

»Nein«, sagte er. Er drehte sich nicht um. »Mein Bruder friert.«

Er wischte wieder über das Fenster. Die Furchen eines gepflügten Ackers sausten wie Radspeichen vorbei. Er sah die Schonung auf dem Cefn-Berg und den schneebedeckten Schwarzen Berg. Er wartete sprungbereit in der geöffneten Tür, als der Zug in Rhulen einfuhr.

»Kann ich dir helfen?« rief ihm das Mädchen nach.

»Nein«, rief er zurück und rannte den Bahnsteig hinunter.

Es war nach vier, als er The Vision erreichte, und Rebecca war allein in der Küche und stopfte mit verstörtem Gesicht eine Socke.

»Sie sind draußen und suchen Benjamin«, sagte sie.

»Und ich weiß, wo er ist«, sagte er.

Er ging auf die Veranda hinaus und wechselte sein nasses Cape gegen ein trockenes aus. Er zog sich einen Südwester tief ins Gesicht und ging in den Schnee hinaus.

Gegen elf an diesem Morgen hatte Amos nach Westen geblickt und gesagt: »Die Wolken da drüben gefallen mir nicht. Besser, wir holen die Schafe vom Berg.«

Die Lammzeit war in vollem Gang, und die Mutterschafe und die ersten Lämmer waren auf dem Berg. Zehn Tage lang war das Wetter wunderschön gewesen. Die Drosseln bauten sich Nester, und die Birken in der Schlucht waren grün bestäubt. Mit Schnee hatte keiner mehr gerechnet.

»Nein«, wiederholte Amos. »Die gefallen mir nicht.«

Er spürte ein Frösteln in der Brust, und seine Beine und sein Rücken waren steif. Mary holte seine Stiefel und Gamaschen und sah ganz plötzlich, daß er alt war. Er bückte sich, um die Schnürsenkel zu binden. Etwas verrenkte sich in seinem Rückgrat, und er sank auf den Stuhl zurück.

»Ich gehe schon«, sagte Benjamin.

»Mach schnell!« sagte sein Vater. »Bevor es zu schneien anfängt.«

Benjamin pfiff den Hund zu sich und ging querfeldein nach Cock-a-loftie. Von dort nahm er einen steileren Pfad die Böschung hinauf. Er erreichte den Kamm, und ein Rabe flog krächzend von einem Dornbusch auf.

Dann kam die Wolke herunter, und die Schafe, soweit er sie sehen konnte, waren kleine dampfende Bündel. Und dann begann es zu schneien.

Der Schnee fiel in dichten wolkigen Flocken. Der Wind wurde stärker und trug Wehen über den Weg. Er sah etwas Dunkles in der Nähe: Es war der Hund, der sich den Schnee vom Rücken schüttelte. Eisige Tropfen rannen ihm über den Nacken, und er merkte, daß er seine Mütze verloren hatte. Seine Hände steckten in den Taschen, aber fühlen konnte er sie nicht. Seine Füße waren so schwer, daß es ihm kaum der Mühe wert schien, den nächsten Schritt zu machen – und in diesem Augenblick wechselte der Schnee die Farbe.

Der Schnee war nicht mehr weiß, sondern ein weiches Goldrosa. Es war nicht mehr kalt. Die Schilfgrasbüschel waren nicht scharf, sondern weich und flaumig. Und er wünschte sich jetzt nichts anderes, als sich in diesen schönen, warmen, behaglichen Schnee zu legen und zu schlafen.

Seine Knie wurden weich, und er hörte, wie sein Bruder ihm ins Ohr brüllte:

»Du mußt weitergehen. Du darfst nicht stehenbleiben. Wenn du einschläfst, werde ich sterben.«

Also ging er weiter, schleppte sich Schritt um Schritt voran, zurück zu den Felsen am Abgrund entlang. Und das war wirklich der Platz, um sich im Windschatten mit dem Hund zusammenzurollen und einzuschlafen.

Es war weiß, als er aufwachte, und er brauchte eine Zeitlang, bis er begriff, daß das Weiß kein Schnee, sondern Bettwäsche war. Lewis saß an seinem Bett, und die stechende Frühlingssonne strömte durch das Fenster.

»Wie fühlst du dich?« fragte er.

»Du hast mich verlassen«, sagte Benjamin.

XXII

Benjamins rechte Hand war erfroren. Eine Zeitlang sah es so aus, als würde er einen oder zwei Finger verlieren, und bis er genesen war, blieb Lewis an seiner Seite. Er war seinem Arbeitsplatz eine Woche ferngeblieben, und als er nach

Rhydspence zurückkam, wurde der Verwalter wütend, sagte, sein Hof sei kein Aufenthaltsort für Drückeberger, und setzte ihn an die Luft.

Beschämt und mit wunden Füßen kam Lewis zur Abendessenzeit nach Hause, setzte sich auf seinen Platz und vergrub den Kopf in den Händen.

»Tut mir leid, Vater«, sagte er, nachdem er seine Geschichte beendet hatte.

»Hm!« Amos stellte die Glocke wieder auf den Käseteller.

Zwanzig Minuten verstrichen, still bis auf das Klimpern des Eßbestecks und das Ticken der Standuhr.

»Es ist nicht deine Schuld«, sagte er und griff nach seinem Tabakbeutel. Er stand vom Tisch auf, legte die Hand auf die Schulter des Jungen und setzte sich dann an den Kamin.

Die ganze darauffolgende Woche machte ihm der Ausschuß Sorgen, er gab sich die Schuld, gab Lewis die Schuld und fragte sich, was er als nächstes tun solle. Schließlich beschloß er, Mr. Arkwright ins Vertrauen zu ziehen.

Der Notar war sehr verschwiegen, was seine Vergangenheit betraf, doch war bekannt, daß er in Chester gelebt hatte, bevor er 1912 das Büro in Rhulen übernahm. Den »unteren Schichten« gegenüber nahm er eine unnachgiebige Haltung ein, doch in der Gegenwart eines Squire blühte er auf. Er wohnte mit seiner kränklichen Frau in einer nachgemachten Tudorvilla, die »Die Zedern« hieß, und rühmte sich seines Rasens, der frei von Löwenzahn sei. Es gab Stimmen, die sagten, daß »an dem Kerl etwas faul« sei.

Ein Messingschild mit seinem in römischen Großbuchstaben eingravierten Namen glänzte an der Häuserwand seines Büros in der Broad Street Nr. 14.

Der Lehrling führte Amos die Treppe hinauf in ein Zimmer mit einer knubbligen beigen Tapete, in dem sich schwarze Blechschachteln mit Urkunden stapelten und ein Bücherregal mit Bänden des *Law Society Annual* vollgestopft war. Der Teppich hatte ein blaues Blumenmuster, und auf dem grauen Schiefersims stand eine Carriage-Uhr.

Ohne sich auch nur von seinem Schreibtisch zu erheben, lehnte sich der Notar in seinem Ledersessel zurück und zog an seiner Pfeife, während Amos ihm mit hochrotem Gesicht aufgeregt auseinanderlegte, warum seine Söhne nicht zwei, sondern eine einzige Person seien.

»Schon in Ordnung!« Mr. Arkwright strich sich übers Kinn. Nachdem er sich die Geschichte vom Schneesturm angehört hatte, sprang er auf die Füße und schlug seinem Besucher auf den Rücken.

»Vergessen Sie die Angelegenheit!« sagte er. »Eine einfache Sache. Ich werde das mit meinen Kollegen regeln.«

»Wir sind keine Menschenfresser, müssen Sie wissen«, fuhr er fort, streckte Amos eine kalte trockene Hand entgegen und führte ihn auf die Straße hinaus.

Es war herrliches Sommerwetter an dem Tag, als der Ausschuß tagte, und vier seiner fünf Mitglieder waren in gehobener Stimmung. Die Morgenzeitungen hatten Meldungen vom »Durchbruch« der Alliierten in Frankreich gebracht. Major Gattie, der das Militär vertrat, verlangte »zur Feier des Tages einen verdammt guten Lunch«. Mr. Evenjobb, der mit landwirtschaftlichen Produkten handelte, stimmte zu. Der Pfarrer stimmte zu, und Mr. Arkwright gestand, er persönlich habe »einen Bärenhunger«.

Also spendierten sich die Ausschußmitglieder ein Gipfelessen im Roten Drachen, kippten drei Flaschen Claret hinunter, nahmen dösig im Sitzungsraum des Rathauses Platz und warteten auf den Vorsitzenden, Colonel Bickerton.

Der Raum stank nach Desinfektionsmitteln und war so heiß und stickig, daß nicht einmal die Fliegen um das Oberlicht brummten. Mr. Evenjobb nickte ein. Reverend Pile beseelte der Gedanke an Jugend und Opfertod, während die auf Freistellung hoffenden Einberufenen draußen in einem düsteren grünen Korridor auf Bänken hockten und von einem Polizisten bewacht wurden.

Der Colonel kam mit leichter Verspätung von seiner eigenen Lunchgesellschaft in Lurkenhope. Mit gerötetem Gesicht, eine Rosenknospe im Knopfloch, war er durchaus nicht zu weiteren Freistellungen aufgelegt, da er in der vorausgehenden Sitzung seine beiden Jagdhüter und seinen Kammerdiener freigestellt hatte.

»Dieser Ausschuß muß gerecht sein«, eröffnete er die Verhandlung. »Den Anforderungen der Landwirtschaft der Gemeinde muß Rechnung getragen werden. Doch haben wir einen starken und barbarischen Feind vor uns, der vernichtet werden muß. Und um ihn zu vernichten, braucht die Armee Männer!«

»Sekundiert!« sagte Major Gattie und unterwarf seine Fingernägel einer kritischen Musterung.

Als erster wurde Tom Philips hereingerufen, ein junger Schäfer aus Mousecastle, der etwas von einer kranken Mutter murmelte und daß niemand da sei, der sich um die Schafe kümmern könne.

»Sprich lauter, mein Junge«, unterbrach ihn der Colonel. »Verstehe kein Wort von dem, was du sagst.«

Doch Tom konnte sich auch jetzt nicht verständlich ausdrücken, und der Colonel verlor die Geduld. »In fünf Tagen in der Hereforder Kaserne melden!«

»Ja, Sir!« sagte er.

Der Ausschuß hörte sich als nächtes den Fall eines bleichen Jugendlichen an, der lauthals verkündete, er sei Sozialist und Quäker. Nichts, betonte er, könne ihn zwingen, militärische Disziplin mit seinem Gewissen zu vereinbaren.

»In diesem Fall«, sagte der Colonel, »gebe ich dir den guten Rat, früh ins Bett zu gehen und früh aufzustehen, dann wird dich dein Gewissen so schnell nicht mehr quälen! Antrag abgelehnt! In fünf Tagen in der Hereforder Kaserne melden!«

Die Zwillinge hatten auf ein Lächeln des Colonels gehofft: Er kannte sie schließlich, seit sie drei waren. Sein Gesicht war ausdruckslos, als sie in der Tür erschienen.

»Immer nur einer, meine Herren! Immer nur einer! Du dort links, bitte nähertreten! Der andere Herr ziehe sich bitte zurück!«

Die Dielen knarrten, als Lewis sich dem Ausschuß näherte. Er hatte den Mund noch nicht geöffnet, als Mr. Arkwright aufstand und dem Colonel ins Ohr flüsterte. Der Colonel nickte: »Aha!«, und sagte, als erteile er den Segen: »Freistellung bewilligt! Der nächste bitte!«

Aber als Benjamin zögernd in den Raum kam, sah Major Gattie ihn prüfend von Kopf bis Fuß an und sagte mit affektierter Stimme: »Diesen Mann brauchen wir!«

Hinterher erinnerte sich Benjamin nur verschwommen an den Ablauf der Ereignisse. Doch wußte er noch, daß der Pfarrer sich vornüber gebeugt und ihn gefragt hatte, ob er an die heilige Sache der Alliierten glaube oder nicht. Und er hörte seine eigene Stimme antworten: »Und Sie, glauben Sie an Gott?«

Der Kopf des Pfarrers schoß wie ein aufgescheuchtes Huhn in die Höhe.

»So eine grobe Unverschämtheit! Bist du dir im klaren, daß ich Geistlicher bin?«

»Glauben Sie denn an das sechste Gebot?«

»Das sechste Gebot?«

»›Du sollst nicht töten!‹«

»Verdammte Frechheit, was?« Major Gattie zog eine Augenbraue hoch.

»Verdammenswürdige Frechheit!« erschallte das Echo

von Mr. Arkwright. Und selbst Mr. Evenjobb rührte sich aus seiner Bewußtlosigkeit, als der Colonel die Standardformel aussprach:

»Dieser Ausschuß erklärt sich nach sorgfältiger Prüfung des Falles nicht in der Lage, eine Freistellung vom Dienst bei den königlichen Streitkräften zu bewilligen. In fünf Tagen in der Hereforder Kaserne melden!«

Mary wärmte Bienenwachs auf, um ein paar Gläser mit Brombeermarmelade zu versiegeln. Der Duft von kochenden Früchten erfüllte die Küche. Sie hörte Hufe im Hof klappern. Als sie Lewis' fleckiges Gesicht sah, zuckte sie zusammen und wußte, was mit seinem Bruder geschehen war.

»Ich geh' hin, Mama«, sagte Benjamin ruhig. »Der Krieg ist jetzt so gut wie vorbei.«

»Ich kann es nicht glauben«, sagte sie.

Es war ein schwüler, stickiger Abend. Mückenschwärme umschwirrten ein paar Färsen. Sie hörten Kuhfladen aufklatschen und Gänse im Obstgarten gackern. Der Schäferhund kam mit eingeklemmtem Schwanz den Weg hochgeschlichen. Alle Blumen im Garten – die Kokardenblumen, die Fuchsien, die Rosen – blühten violett oder gelb oder rot. Mary kam überhaupt nicht der Gedanke, daß Benjamin lebend zurückkommen könnte.

Sie glaubte, Amos hätte ihren schwächeren Sohn, ihren Lieblingssohn, geopfert. Sie glaubte, Mr. Arkwright hätte ihm die Wahl gelassen. Er hatte Lewis gewählt, den Zwilling, der aus eigener Kraft überleben würde.

Amos hängte seine Mütze in der Veranda auf. Er stammelte Entschuldigungen, doch sie drehte sich herum und schrie: »Lüg mich nicht an, du Ungeheuer!«

Sie wollte ihn schlagen, ihm ins Gesicht spucken. Er starrte durch das dunkel werdende Zimmer, wie erschlagen von ihrem Zorn.

Sie nahm einen Wachsstock, um die Lampe anzuzünden. Der Docht flammte auf, und als sie die grüne Glasblende zurückschob, fiel ein Streifen Licht über den Rahmen ihrer Hochzeitsfotografie. Sie riß das Bild vom Haken, schmiß es zu Boden und verschwand nach oben.

Amos bückte sich.

Der Rahmen war gespalten, das Glas zersplittert und das Passepartout verbogen, doch das Foto selbst war unversehrt. Er fegte die Glassplitter mit einer Kehrichtschaufel zusammen. Dann hob er den Rahmen auf und machte sich daran, die einzelnen Teile zusammenzufügen.

Mary zog sich nicht aus und verbrachte eine schlaflose Nacht auf der Strohmatratze des alten Sam, und die Wolken zogen über den Mond. Zur Frühstückszeit hatte sie sich in der Milchkammer eingeschlossen – sie wollte jeder neuen Konfrontation aus dem Weg gehen. Benjamin fand sie, wie sie mechanisch das Butterfaß kurbelte.

»Sei nicht hart gegen Papa«, sagte er und berührte sie am Ärmel. »Es war nicht seine Schuld. Es war meine Schuld, wirklich.«

Sie drehte die Kurbel weiter und sagte: »Davon verstehst du nichts.«

Lewis bot sich als Ersatz an. Niemand würde den Unterschied jemals bemerken, sagte er.

»Nein«, antwortete Benjamin, »ich werde selbst gehen.«

Er war sehr mutig und packte seine Sachen ordentlich in eine Segeltuchtasche. Am Morgen seines Aufbruchs blinzelte er in die aufgehende Sonne und sagte: »Ich bleibe hier, bis sie kommen und mich holen.«

Amos spielte mit dem Gedanken, beide Söhne an einer geheimen Stelle hoch oben im Radnorwald zu verstecken, doch Mary sagte spöttisch: »Ich nehme an, du hast noch nie etwas von Bluthunden gehört.«

Am 2. September kamen die Polizeibeamten Crimp und

Bannister nach The Vision gefahren und durchsuchten mit viel Getue die Scheune. Sie konnten ihre Enttäuschung kaum verbergen, als Benjamin aus dem Haus kam, bleich, mit einem leisen Lächeln um den Mund, und seine Arme den Handschellen entgegenstreckte.

Nach einer Nacht in der Zelle wurde er dem Richter von Rhulen vorgeführt, der ihn für wehrfähig erklärte und ihn mit einer Geldstrafe von zwei Pfund Sterling belegte, weil er nicht zum Dienst angetreten war. Ein Unteroffizier brachte ihn mit dem Zug nach Hereford.

In The Vision warteten alle auf eine Nachricht, aber es kam keine. Einen Monat später erkannte Lewis an bestimmten Warnzeichen, daß die Armee es aufgegeben hatte, seinen Bruder auszubilden, und Gewalt anwendete.

Der Schmerz in seinem Steißbein sagte Lewis, wenn die Unteroffiziere Benjamin auf allen vieren um den Paradeplatz kriechen ließen, der Schmerz an den Handgelenken, wenn sie ihn ans Bettgestell fesselten, ein Hautausschlag auf der Brust, wenn sie seine Brustwarzen mit Säure einrieben. Eines Morgens hatte Lewis Nasenbluten, und seine Nase blutete, bis die Sonne untergegangen war: Das war der Tag, an dem sie Benjamin in einen Boxring stellten und ihm ein paar linke Haken versetzten.

Dann, an einem nieseligen Novembermorgen, war der Krieg zu Ende. Der Kaiser und seine Mannschaft waren »wie Kegel umgefallen«. Die Welt war ein sicherer Hort für die Demokratie.

In den Straßen Herefords spielten Schotten auf Dudelsäcken, die Marmeladenfabrik ließ ihre Sirenen heulen, Lokomotiven pfiffen, und Waliser zogen Mundharmonika spielend durch die Gegend oder sangen »Land unserer Väter«. Ein seit den Dardanellen taubstummer Soldat gewann, als er den Union Jack über dem Zeitungsbüro wehen sah, zwar nicht das Gehör, aber doch die Sprache zurück.

In der Kathedrale las der Bischof in einem golddurch-
wirkten Chormantel am Altar aus dem Alten Testament vor:
»Singen will ich dem Herrn, denn hocherhaben ist er! Roß
und Wagen warf er ins Meer . . .«

Im fernen London trat der König auf den Balkon des
Buckingham Palace, begleitet von Königin Mary in einem
Umhang aus Zobelpelz.

Unterdessen lag Benjamin Jones im Lazarett der Strafbaracke von Hereford und rang nach Luft.

Er hatte die spanische Grippe.

Draußen vor dem Tor verlangte Lewis Jones, eingelassen
zu werden. Eine Wache mit Bajonett hielt ihn zurück.

XXIII

In den drei Monaten, die auf seine »unehrenhafte Entlassung« folgten, weigerte sich Benjamin, den Hof zu verlassen. Er schlief lange, ging nicht vor die Tür, und hin und
wieder machte er ein paar kleinere Arbeiten im Haus.
Scharfe Falten liefen quer über seine Stirn, und er hatte
dunkle Ringe unter den Augen. Sein Gesicht war von einem
Zucken entstellt. Er schien in seine Kindheit zurückgeglit-
ten zu sein und wollte nichts anderes, als seinem Bruder Kuchen backen -- oder lesen.

Mary seufzte tief auf, wenn sie ihn zusammengesunken
und unrasiert auf der Bank sitzen sah: »Könntest du heute
nicht mal nach draußen gehen und den anderen helfen? Es
ist ein wunderschöner Tag, und die Schafe lammen, das
weißt du doch.«

»Ich weiß, Mutter.«

»Du bist doch sonst immer so gern beim Lammen dabei-
gewesen.«

»Ja.«

»Bitte, bitte! Sitz doch nicht so tatenlos herum.«

»Bitte, Mutter, ich lese« – aber er las nur die Anzeigen in der *Hereford Times*.

Mary gab sich die Verantwortung für seine trübselige Stimmung. Sie fühlte sich schuldig, weil sie ihn hatte weggehen lassen, und weit schuldiger noch wegen des Tages, an dem er zurückgekommen war.

Es war ein nebliger Morgen gewesen, und der Zug aus Hereford hatte Verspätung. Eiszapfen hingen wie ein Fries vom Bahnhofsvordach herab, und die geschmolzenen Tropfen klatschten auf die Steinplatten. Sie hatte neben dem Bahnhofsvorsteher gestanden, in einen Wintermantel gehüllt, die Hände in einem Pelzmuff. Als der Zug einfuhr, waren die beiden letzten Waggons nicht zu sehen in dem Nebel. Türen öffneten sich und wurden zugeschlagen. Die Passagiere – graue Silhouetten, die auf dem Bahnsteig Gestalt annahmen – gaben ihre Fahrkarten ab und gingen hintereinander durch die Sperre. Ungeduldig zog sie ihren rechten Arm aus dem Muff und lächelte, bereit, ihn um Benjamins Hals zu legen. Da stürzte Lewis auf einen hageren, kurzgeschorenen Mann zu, der einen Seesack an einer Schnur hinter sich her zog.

Laut rief sie: »Das ist doch nicht Benj–.« Es war Benjamin. Er hatte sie gehört. Sie lief ihm entgegen: »O mein armer Liebling!«

Er wollte die Strafbaracke vergessen – zwang sich, sie zu vergessen –, doch selbst das Quietschen der Sprungfedern erinnerte ihn an den Schlafsaal in der Nissenhütte, selbst Amos' Schuhnägel an den Korporal, der beim Wecken kam, um ihn »sich vorzuknöpfen.«

Weil er sich nicht in der Öffentlichkeit sehen lassen wollte, blieb er zu Hause, wenn die anderen zum Gottesdienst gingen. Nur am Karfreitag konnte Mary ihn zum Mitgehen überreden: Er saß zwischen ihr und Lewis, gab beim Singen keinen Laut von sich und blickte nicht einmal bis zur Vorderbank auf.

Glücklicherweise war Mr. Gomer Davies nach Bala zurückgegangen, und der neue Prediger, ein Mr. Owen Nantlys Williams, war viel netter als er; er stammte aus dem Rhymney-Tal und hatte pazifistische Ansichten.

Sobald die Gebetsstunde vorbei war, nahm er Benjamin beim Arm und ging mit ihm um den hinteren Teil des Gebäudes herum.

»Nach allem, was ich höre«, sagte er, »sind Sie ein sehr mutiger junger Mann. Ein Beispiel für uns alle! Aber jetzt müssen Sie ihnen verzeihen. Sie wußten nicht, was sie taten!«

Der Frühling kam. Die Apfelbäume waren mit Blüten überhangen. Benjamin machte Spaziergänge und sah allmählich etwas besser aus. Doch eines Abends, als Mary aus dem Haus kam, um ein bißchen Petersilie abzuschneiden, fand sie ihn, wie er auf allen vieren in den Nesseln lag und mit dem Kopf gegen die Wand hämmerte.

Zuerst glaubte sie, er habe einen epileptischen Anfall. Sie bückte sich und sah, daß seine Augen und seine Zunge normal aussahen. Sie wiegte seinen Kopf in ihrem Schoß und sagte sanft: »Sag's mir. Sag mir, was ist! Du kannst deiner Mutter alles sagen.«

Er stand vom Boden auf, schüttelte den Sand von seinen Sachen und sagte: »Es ist nichts.«

»Nichts?« fragte sie eindringlich, aber er kehrte ihr den Rücken und ging davon.

Seit einiger Zeit war ihr sein grollender Blick aufgefallen, wenn sein Bruder vom Feld zurückkam. Nach dem Abendessen ließ sie Lewis eine Fleischschüssel in die Waschküche tragen und fuhr ihn scharf an: »Du wirst mir sagen, was mit Benjamin los ist!«

»Was weiß ich«, stammelte er.

Das ist es also, dachte sie. Ein Mädchen!

Amos hatte das Weiderecht für zwei angrenzende Felder gepachtet, und nachdem er beschlossen hatte, den Bestand seiner Rinder zu vergrößern, schickte er Lewis zu einem Hof in der Nähe von Glan Ithon, um sich einen Hereforder Zuchtbullen anzusehen.

Auf dem Heimweg kürzte Lewis seinen Weg durch den Park von Lurkenhope ab. Er ging am See entlang und betrat dann den Schlund, der zur Mühle führte. Der Himmel war dunstig, und an den Blutbuchen platzten die Knospen auf. Über dem Pfad war die Grotte, in der es von Fledermäusen wimmelte und in der, so erzählte man sich, ein Vorfahr der Bickertons einen Eremiten gegen Bezahlung einen Schädel anstarren ließ.

Zu seinen Füßen spülte das Wasser über die Felsblöcke in der Mitte des Flusses, und große Forellen schwangen träge ihre Flossen auf dem tiefen grünen Grund. Tauben gurrten, und er hörte das Tock-Tock eines Spechts.

An manchen Stellen hatte das Winterhochwasser den Pfad überspült: Er mußte achtgeben, wohin er trat. Reisig und totes Geäst hatten sich in den Büschen am Ufer verfangen. Er stieg eine Felswand hinauf. Auf dem Hang ragten einzelne Maiglöckchen aus dem Moosteppich hervor. Er setzte sich hin und schaute durch die Zweige auf das Wasser.

Flußaufwärts befand sich ein Dickicht aus jungen, noch blattlosen Eschen, und unter ihnen breitete sich ein Teppich aus Glockenblumen und Knoblauchkraut und Wolfsmilch mit spitzen grünen Blüten aus.

Plötzlich hörte er, lauter als das rauschende Wasser, eine Frauenstimme singen. Es war eine junge Stimme, und es war ein langsames trauriges Lied. Ein Mädchen in Grau lief durch die Glockenblumen flußabwärts am Ufer entlang. Er rührte sich nicht, bis sie den Felsen heraufgeklettert kam. Als ihr Kopf auf der Höhe seiner Füße angelangt war, rief er: »Rosie!«

»O je, hast du mich aber erschreckt!« Atemlos setzte sie sich neben ihn auf den Boden. Er breitete seine Jacke auf dem feuchten Moos aus. Er trug schwarze Hosenträger und ein gestreiftes Wollhemd.

»Ich bin auf dem Weg zur Arbeit«, sagte sie, und ihr Gesicht bekam einen kummervollen Ausdruck: Er wußte bereits von ihren zwei tragischen Jahren.

Ihre Mutter war im Winter 1917 an Tuberkulose gestorben. Ihr Bruder war in Ägypten dem Fieber erlegen. Dann, als der Krieg zu Ende ging, war Bobbie Fifield von der spanischen Grippe weggerafft worden. Als Mrs. Bickerton hörte, daß sie kein Zuhause mehr hatte, gab sie ihr eine Stelle als Zimmermädchen. Aber das große Haus machte ihr Angst: Ein Löwe stand auf dem Treppenabsatz. Die anderen Dienstboten machten ihr das Leben schwer, und der Butler hatte sie in der Speisekammer bedrängt.

Mrs. B. sei ganz in Ordnung, sagte sie. Eine Dame! Aber der Colonel sei ein richtiger grober Kerl ... und erst Miss Nancy! So schrecklich durcheinander, weil sie ihren Mann verloren hatte! Hatte ununterbrochen was auszusetzen. Immer am Meckern! Und ihre Hunde! So was Entsetzliches! Immer am Kläffen!

Sie schwatzte weiter, und ihre Augen blitzten verschmitzt wie früher, während die Sonne unterging und die Eschen lange Schatten über den Fluß warfen.

Und Mr. Reginald! Sie wußte wirklich nicht, was sie mit Mr. Reggie anfangen sollte. Wußte nicht, wo sie hinsehen sollte! Hatte sein Bein im Krieg verloren ... aber das hinderte ihn nicht! Nicht einmal beim Frühstück! Sie brachte ihm das Frühstückstablett hinein, und er versuchte, sie auf sein Bett zu ziehen –.

»Psst!« Lewis legte einen Finger auf seine Lippen. Ein
Paar Wildenten war zu ihren Füßen gelandet. Das Männ-
chen bestieg das Weibchen in einem Strudel unter einem
Felsen. Es hatte einen wunderschönen leuchtendgrünen
Kopf.

»Oh! Ist der schön!« Sie klatschte in die Hände und verscheuchte so die Vögel, die davonstoben und den Fluß hin-
aufflogen.

Sie erinnerte ihn an die Spiele, die sie als Kinder hier gespielt hatten.

Er grinste: »Weißt du noch, wie du uns bei der Badestelle
überrascht hast?«

Mit einem kehligen Lachen warf sie den Kopf in den
Nacken: »Erinnerst du dich noch an die Nachtkerze?«

»Wir könnten wieder eine suchen, Rosie!«

Sie blickte sekundenlang in sein angespanntes, verwirrtes
Gesicht: »Das geht nicht.« Sie drückte seine Hand. »Noch
nicht. Das geht noch nicht.«

Sie stand auf und schlug sich ein vertrocknetes Blatt vom
Rocksaum. Sie verabredete sich mit ihm für den Freitag.
Dann streifte sie flüchtig seine Wange und lief davon.

Danach trafen sie sich einmal in der Woche draußen bei
der Grotte und machten lange Spaziergänge durch den
Wald.

Benjamin beobachtete das Kommen und Gehen seines
Bruders, sagte nichts und wußte alles.

Mitte Juli vereinbarten Lewis und Rosie, sich während
der nationalen Friedensfeier in Rhulen zu treffen: In der
Pfarrkirche sollte ein Dankgottesdienst, im Park von Lurkenhope ein Sportfest stattfinden.

»Du brauchst nicht mitzukommen«, sagte Lewis, als er
seine Krawatte vor einem Spiegel zurechtrückte.

»Ich komme mit«, sagte Benjamin.

XXIV

Der Morgen des Feiertags begann mit herrlichem Sonnenschein. Seit den frühen Stunden hatten die Einwohner der Stadt ihre Bürgersteige gescheuert, ihre Türklopfer poliert und ihre Fenster mit Fähnchen geschmückt. Gegen neun tauchte Mr. Arkwright auf, der rührige Geist hinter den Festlichkeiten; sein Vogelhals steckte in einem doppelt gestärkten Kragen, und er hastete geschäftig hin und her, um sich zu überzeugen, daß alles planmäßig verlief. Sah er einen Unbekannten, dann legte er die Hand an die Krempe seines Homburgs und wünschte ihm ein schönes Fest.

Unter seinen umsichtigen Blicken war die Rathausfassade mit Fähnchen und Wimpeln verziert worden. Erst eine Woche zuvor war ihm der Gedanke gekommen, zu Füßen der Rathausuhr ein patriotisches Beet aus Salbei, Lobelien und Margeriten zu pflanzen, und war das Ergebnis auch ein bißchen mager ausgefallen – sein Kollege Mr. Evenjobb erklärte es zu einem »Geniestreich«.

Am unteren Ende der Broad Street, an der Stelle, die für das Kriegerdenkmal vorgesehen war, stand ein schlichtes Holzkreuz, dessen Fuß unter einem Berg künstlicher Mohnblumen halb verdeckt war. Ein Glaskasten enthielt eine pergamentene Schriftrolle mit den Namen der »Tapferen 32«, die »das höchste Opfer« gebracht hatten.

Der Gottesdienst war schon zu Ende, als die Zwillinge die Kirche betraten. Eine Kapelle ehemaliger Soldaten spielte ein Potpourri aus der Operette »Das Bergfräulein«, und der Triumphzug nach Lurkenhope nahm zusehends Form an.

Die Bickertons waren mit ihrer Begleitung bereits in einem Auto vorgefahren.

In einer »spontanen großzügigen Geste« – die Worte stammten von Mr. Arkwright – hatten sie »der Bevölkerung

ihre Pforten und Herzen geöffnet« und die heimgekehrten
Helden, deren Frauen und Verlobte sowie alle Gemeinde-
mitglieder über siebzig zu einem Mittagessen eingeladen,
das im Sitzen eingenommen wurde.

Alle anderen Gäste waren in der Suppenküche willkommen; die Wettkämpfe und der Umzug waren für drei Uhr
angesetzt.

Den ganzen Morgen waren die Bauern mit ihren Familien in die Stadt geströmt. Demobilisierte Soldaten stolzierten wie Pfauen umher, Mädchen am Arm und Medaillen an
der Brust. Einzelne »weibliche Wesen im Backfischalter« –
auch dieser Ausdruck stammte von Mr. Arkwright – waren
»unschicklich gekleidet«. Die Bauersfrauen trugen blumen-
geschmückte Hüte, kleine Mädchen Spitzenhäubchen und
ihre Brüder Matrosenanzüge und Wollmützen.

Die erwachsenen Männer waren düsterer gekleidet, wenn
auch hin und wieder ein Panamahut oder ein gestreifter
Blazer die Monotonie schwarzer Jacken und steifer Hüte
durchbrachen.

Die Zwillinge trugen gleiche Anzüge aus blauem Serge.

Draußen vor der Drogerie schossen ein paar Knirpse mit
ihren Pusterohren Erbsen auf einen belgischen Flüchtling:
»Märssi bokuh, Mössiöh! Bongschur, Mössiöh!«

»Sie glauben, sie 'ätten was zu lachen!« Der Mann schüttelte die Faust. »Abär bald wärdän sie weinän!«

Benjamin hielt es für unklug, sich in der Öffentlichkeit
sehen zu lassen, und wollte von der Bildfläche verschwinden. Vergebens – denn Lewis drängte sich nach vorn und
suchte überall nach Rosie Fifield. Beide Brüder versuchten,
sich zu verstecken, als Polizist Crimp aus der Menge her-
austrat und sich zu ihnen herunterbeugte:

»Haha! Die Jones-Zwillinge!« dröhnte er, wischte sich
den Schweiß von der Stirn und knallte eine Hand auf Lewis'
Schulter. »Wer von euch beiden ist denn nun Benjamin?«

»Ich«, antwortete Lewis.

»Glaub bloß nicht, du könntest mir entwischen, Bürsch-chen«, lachte der Polizist in sich hinein und drückte den Jungen an seine silbernen Knöpfe. »Freu mich, daß du so gesund und munter aussiehst! Bist doch nicht nachtragend, oder? Sind 'n Haufen verfluchter Rowdys in Hereford!«

Ganz in der Nähe war Mr. Arkwright in ein Gespräch mit einem Offizier des Frauenhilfskorps verwickelt, einer imposanten Frau in einer Khakiuniform, die sich über die Reihenfolge des Umzugs beschwerte: »Nein, Mr. Arkwright! Ich versuche nicht, die Rotkreuzschwestern nach *hinten* zu verdrängen. Ich bestehe schlicht und einfach auf der Geschlossenheit der Streitkräfte . . .«

»Sehen Sie die beiden dort?« unterbrach sie der Notar. »Drückeberger! Erstaunlich, daß sie den Mut haben, sich sehen zu lassen! Manche Leute sind wirklich ganz schön frech . . .«

»Nein!« Sie beachtete sie nicht. »Entweder marschieren meine Mädchen *hinter* den Soldaten oder *vor* ihnen . . . In jedem Falll müssen sie gemeinsam marschieren!«

»Ganz richtig!« nickte er zweideutig. »Aber unsere Schirmherrin, Mrs. Bickerton, hat als Vorsitzende des Roten Kreuzes von Rhulen —«

»Mr. Arkwright, Sie haben mich nicht verstanden. Ich —«

»Entschuldigen Sie mich einen Augenblick!« Sein Blick war auf einen alten Soldaten gefallen, der, auf Krücken ab-gestützt, an der Kirchhofmauer lehnte. »Der Überlebende von *Rorke's Drift!*« murmelte er. »Entschuldigen Sie mich vielmals! Ich muß ihm meine Anerkennung ausspre-chen . . .«

Der Überlebende, Hauptfeldwebel Gosling, Träger des Victoria-Ordens, war ein beliebtes Original von Rhulen, der solche Anlässe nutzte, um in der scharlachroten Paradeuni-form der South Wales Borderers frische Luft zu schöpfen.

Mr. Arkwright schlängelte sich bis zu dem Veteranen durch, senkte seinen Schnurrbart an dessen Ohr und gab eine Floskel über »das Feld von Flandern« von sich.

»Äh?«

»Ich sagte, das Feld von Flandern.«

»Ja, ja, und man muß sich einmal vorstellen, daß sie ihnen ein Schlachtfeld gegeben haben!«

»Dummer alter Trottel«, flüsterte er und flitzte dem weiblichen Offizier hinterher.

Unterdessen hatte Lewis Jones alle und jeden gefragt: »Habt ihr Rosie Fifield gesehen?« Sie war nirgendwo zu finden. Einmal glaubte er, sie am Arm eines Matrosen zu erkennen, aber das Mädchen, das sich umdrehte, war Cissie Pantall the Beeches.

»Ich bitte Sie, Mr. Jones«, sagte sie entrüstet, während sein Blick auf das Bulldoggengesicht ihres Begleiters fiel.

Um zwanzig nach zwölf blies Mr. Arkwright dreimal in seine Pfeife, die Menge applaudierte, und der Zug setzte sich auf der Landstraße nach Lurkenhope in Bewegung.

An seiner Spitze gingen die Chorsänger, die Pfadfinder und Pfadfinderinnen und die Insassen des Heims für junge Arbeiter. Ihnen folgten die Feuerwehrmänner, die Eisenbahnarbeiter, die zur Landarbeit abgeordneten Mädchen mit Hacken über den Schultern und die Mädchen aus der Munitionsfabrik, die sich die Köpfe nach Piratenart mit Union Jacks umwickelt hatten. Die Gesellschaft wohltätiger Freimaurer hatte eine kleine Delegation abgesandt, und die Rotkreuzführerin trug ein Banner mit einer Stickerei, die Schwester Edith Clavell und ihren Hund darstellte. Danach kamen die Offiziere des Frauenhilfskorps, die nach einer giftigen Auseinandersetzung den ihnen gebührenden Platz im Umzug eingenommen hatten. Es folgten die Blaskapelle und die heldenhaften Krieger.

Ein offener Kremser bildete die Nachhut. Auf seinen Bänken drängten sich Rentner und ein Dutzend Kriegsbeschädigte, die in himmelblauen Anzügen und scharlachroten Krawatten der Menge mit ihren Krücken zuwinkten. Einige trugen Augenklappen. Einigen fehlten Augenbrauen oder Augenlider, anderen Arme oder Beine. Die Zuschauer strömten hinter dem Fahrzeug zusammen, als es durch die Castle Street tuckerte.

Sie waren auf der Höhe des Bickerton-Denkmals angekommen, als jemand in Mr. Arkwrights Ohr brüllte: »Wo ist der Kanonier?«

»Oh, mein Gott, was denn sonst noch alles?« explodierte er. »Sie haben den Kanonier vergessen!«

Kaum hatte er die Worte ausgesprochen, als zwei Schuljungen mit Bommelmützen in Richtung Kirche davonrannten. Zwei Minuten später kamen sie zurückgerannt und schoben mit halsbrecherischer Geschwindigkeit einen Korbsessel auf Rädern, der eine verkrümmte Gestalt in Uniform enthielt.

»Platz für den Kanonier!« rief einer der beiden.

»Platz für den Kanonier!« – und die Menge spaltete sich vor dem Held von Rhulen, der in Passchendaele einem Offizier seine Gasmaske gegeben hatte. Das militärische Verdienstkreuz war vorn an seiner Felduniform angebracht.

»Es lebe der Kanonier!«

Seine Lippen waren purpurrot, und seine aschgraue Gesichtshaut war gespannt wie ein Paukenfell. Ein paar Kinder überschütteten ihn mit Konfetti, und seine Augen verdrehten sich vor Entsetzen.

»Hrrh! Hrrh!« Ein schwammiges Röcheln ertönte in seiner Kehle, als er versuchte, aus dem Korbsessel zu gleiten.

»Armer alter Knabe!« hörte Benjamin jemanden sagen. »Er glaubt immer noch, der verdammte Krieg geht weiter.«

Kurz nach eins erblickten die Anführer des Umzugs den steinernen Löwen über dem Pförtnerhaus am Nordeingang des Schlosses.

Mrs. Bickerton hatte das Mittagessen ursprünglich im Speisesaal geben wollen. Mit dem Widerstand ihres Butlers konfrontiert, hatte sie es in die ausgediente Reithalle verlegt; im Rahmen der kriegsbedingten Sparmaßnahmen hatte der Colonel die Zucht von Araberhengsten eingestellt.

Außerdem hatte sie mit ihrer Familie und ihren Hausgästen dabeisein wollen, aber der Ehrengast, Brigadegeneral Vernon-Murray, mußte noch am selben Abend nach Umberslade zurückfahren und war unter keinen Umständen bereit, den ganzen Tag an den Pöbel zu verschwenden.

Gleichviel, es war eine wahrhaft königliche Mahlzeit!

Zwei Tische auf Böcken, von weißem Damast schimmernd, nahmen die gesamte Länge des Gebäudes ein, und neben jedem Tischgedeck standen ein Strauß Wicken sowie ein Schälchen mit Pralinen und Dattelpflaumen für die Leckermäuler. Zinnkrüge waren mit Sellerie vollgestopft, es gab Majonnaisen, Gläser mit Gewürzgurken, Ketchup-Flaschen und rund jeden Meter eine Pyramide aus Orangen und Äpfeln. Ein dritter Tisch bog sich unter dem Gewicht des Buffets, wo eine Schar freiwilliger Helfer darauf wartete, tranchieren und servieren zu dürfen. Zwei Schinken trugen hübsche Papierkrausen am Schienbein. Es gab gewürzte Rinderrouladen, kalten Truthahn, Bologneser Würstchen, Schweinskopfsülze, Schweinefleischpastetchen und drei Lachse aus der Wye, von denen jeder einzelne auf Salatherzen ruhte und mit einem Glissando aus Gurkenscheibchen an den Seiten verziert war.

Ein Topf mit Kalbsfußsülze war für den Kanonier bereitgestellt worden.

An der hinteren Wand hingen Porträts von Araberhengsten – Hassan, Mokhtar, Mahmud und Omar –, früher einmal der ganze Stolz des Stalls von Lurkenhope. Über ihnen hing ein Banner mit einer roten Inschrift: VIELEN DANK JUNGENS.

Mädchen, Krüge mit Bier und Apfelwein in den Händen, sahen zu, daß die Gläser der Helden immer randvoll waren, und das Lachen war bis an den See zu hören.

Lewis und Benjamin holten sich in der Suppenküche eine Schüssel Mulligatawnysuppe, schlenderten zwischen den Büschen hin und her, blieben von Zeit zu Zeit stehen und redeten mit Bekannten, die picknickten. Die Luft hatte sich abgekühlt. Frauen fröstelten unter ihren Wolltüchern und schauten auf die tintenschwarzen Wolken, die sich über dem Schwarzen Berg zusammenballten.

Lewis entdeckte einen der Gärtner und fragte ihn, ob er Rosie Fifield gesehen hätte.

»Rosie?« Der Mann kratzte sich am Kopf. »Nehme an, sie serviert drinnen.«

Lewis ging den Weg zur Reithalle zurück und schob sich durch die Menschentrauben, die sich in den Doppeltüren drängten. Die Tischreden sollten gerade beginnen. Die Portkaraffen leerten sich schnell.

Von seinem Platz in der Mitte des Tisches hatte Mr. Arkwright bereits einen Toast auf die Familie Bickerton *in absentia* ausgebracht und wollte gerade zu seiner Rede ansetzen.

»Nun, da das Schwert wieder in der Scheide steckt«, begann er, »frage ich mich, wie viele unter uns sich an jene sonnigen Sommertage von 1914 erinnern, als eine Wolke, kaum größer als eine Menschenhand, am politischen Himmel Europas erschien.«

Bei dem Wort »Wolke« reckten sich ein paar Gesichter zum Oberlicht, durch das noch vor einer Minute die Sonne gefallen war.

»Eine Wolke, die über beinahe den ganzen europäischen

Kontinent Tod und Vernichtung bringen sollte, ja sogar über alle vier Enden des Weltballs . . .«

»Ich geh' nach Hause.« Benjamin stieß seinen Bruder in die Rippen.

Ein Unteroffizier – einer seiner Folterer aus der Hereforder Strafbaracke – saß da und starrte ihn durch eine Zigarrenrauchwolke unverfroren an.

Lewis flüsterte: »Noch nicht!«, und Mr. Arkwright ließ seine Stimme zu einem vibrierenden Bariton anschwellen:

»Eine ungeheure Militärmacht übte immer mehr Gewalt aus, vergaß ihr heiliges Versprechen, die Grenzen schwächerer Nationen zu respektieren, und stürmte durch das Land Belgien . . .«

»Wo ist der alte Belgier?« rief eine Stimme.

» . . . brannte seine Städte und Dörfer nieder, marterte ihre tapferen Bewohner . . .«

»Den da aber nicht!« – jemand schob den Flüchtling nach vorn, der stehenblieb und mit kurzsichtigen Augen unter seiner Baskenmütze hervorglotzte.

»Der gute alte Belgier!«

»Doch hatten die Hunnen nicht mit dem Gerechtigkeitssinn und Ehrgefühl gerechnet, die das britische Volk auszeichnen . . . und die Stärke britischer Redlichkeit ließ das Pendel gegen sie ausschlagen . . .«

Die Augen des Unteroffiziers hatten sich zu einem Paar gefährlicher Schlitze verengt.

»Ich gehe«, sagte Benjamin und schob sich rückwärts auf den Ausgang zu.

Der Sprecher räusperte sich und fuhr fort: »Für einen armen Zivilisten ist dies nicht der Augenblick, den Ablauf der Ereignisse nachzuerzählen. Es ist nicht nötig, die glorreichen Wenigen zu erwähnen, das Expeditionsheer, das sich gegen einen so schändlichen Feind wehrte, für das der Sinn des Lebens in der Auseinandersetzung mit dem Tod lag . . .«

Mr. Arkwright blickte über den Rand seiner Brille, um sich davon zu überzeugen, daß auch jeder Zuhörer die ganze Würze seines Bonmots genossen hatte. Die Reihen ausdrucksloser Gesichter überzeugten ihn, daß dies nicht der Fall war. Er schaute wieder auf seine Notizen:

»Es ist nicht nötig, den Mahnruf Lord Kitcheners zu erwähnen, denn Männer, und immer mehr Männer . . .«

Eine junge Serviererin in Grau stand neben Lewis, einen Apfelweinkrug in der Hand. Er fragte, ob sie Rosie Fifield gesehen hätte.

»Schon den ganzen Morgen nicht«, flüsterte sie zurück.

»Wahrscheinlich ist sie mir Mr. Reggie unterwegs.«

»Ach so!«

»Es ist nicht nötig, sich die Enttäuschungen in Erinnerung zu rufen, all die Monate, die sich zu Jahren ausdehnten, und noch immer war keine offene Stelle im Schild des Feindes zu entdecken . . .«

»Hört! Hört!« rief der Unteroffizier.

»Alle in diesem Saal werden sich daran erinnern, wie der Kriegsteufel unsere vielsprechendsten Männer verschlang, und das Ungeheuer gedieh immer weiter . . .«

Offenbar wurde die Phantasie des Unteroffiziers durch die letzte Bemerkung angeregt. Er schüttelte sich vor Lachen, entblößte sein Zahnfleisch und starrte Benjamin unverwandt an. Ein Donner ließ das Gebäude erzittern. Regentropfen klatschten auf das Oberlicht, und die Menschen kamen vom Picknick im Freien durch die Türen hereingestürzt und schubsten die Zwillinge in die unmittelbare Nähe der Redner.

Der Sturm ließ Mr. Arkwright ungerührt, und er fuhr fort: »Männer und noch mehr Männer lautete der Ruf, und während die Unterseebootpiraten jene mit dem Hungertod bedrohten, deren Los es war, im Lande zu bleiben . . .«

»Dich ausgenommen«, murmelte eine Frau in der Nähe,

die die Schwarzmarktsünden des Notars aus erster Hand gekannt haben mußte.

»Psst!« – und die Frau verstummte, denn er schien jetzt den Höhepunkt anzusteuern: »Und so haben Redlichkeit und Gerechtigkeit schließlich den Sieg davongetragen, und mit Gottes Hilfe wurde ein verräterischer und unmenschlicher Feind zu Boden geworfen.«

Der Regen schmetterte auf das Dach. Er hob die Hände, um sich für den Beifall zu bedanken, aber fertig war er *nicht:* »Zu diesem glorreichen Ende haben alle hier Anwesenden ehrenvoll beigetragen. Oder sollte ich sagen«, er unterbrach sich, nahm die Brille ab und heftete seinen stählernen Blick auf die Zwillinge, »fast alle hier Anwesenden?«

Blitzschnell erkannte Benjamin, was sich anbahnte. Er griff seinen Bruder am Handgelenk und wand sich zum Ausgang durch. Mr. Arkwright beobachtete, wie sie weggingen, und schnitt dann das tückische Thema der Spenden für den Kriegerdenkmalfonds an.

Die Zwillinge standen unter der Libanonzeder, allein, im Regen.

»Wir hätten nicht herkommen sollen«, sagte Benjamin.

Sie blieben im Schutz des Baums stehen, bis sich der Regen gelegt hatte. Benjamin wollte nach wie vor gehen, aber Lewis bummelte herum, und schließlich blieben sie zur Kostümschau.

Vier Tage hatten Mr. Arkwright und sein Komitee »Himmel und Hölle in Bewegung gesetzt«, um den Festplatz für das Nachmittagsprogramm vorzubereiten. Hürden waren errichtet worden, und das Podium vor dem Zielpfosten war mit einer Zeltplane überdeckt, damit die Honoratioren vor Sonne und Regen geschützt waren. Gartenstühle waren für die Helden und Rentner reserviert worden, die anderen mußten dort Platz nehmen, wo sie welchen fanden.

Die Sonne schien unbeständig durch eine wirbelige Wolkenmasse. Neben einer Gruppe von Sequoien am äußersten Ende des Felds legten die Teilnehmer der Kostümschau letzte Hand an ihre Festwagen. Mr. Arkwright blickte besorgt von seiner Uhr zu den Wolken und dann zur Pforte des italienischen Gartens.

»Ich wünschte, sie kämen endlich«, sagte er aufgeregt und fragte sich, was um alles in der Welt die Bickertons aufhalten mochte.

Um sich auf andere Gedanken zu bringen, schoß er in der Gegend herum, pfiff auf seiner Pfeife, begleitete die Rentner und schob mit übertriebenem Eifer den Rollsessel des Kanoniers an den Ehrenplatz.

Endlich ging die Pforte auf, und die Lunchgesellschaft kam durch eine Öffnung in der gestutzten Hecke zum Vorschein – es war wie eine Parade preisgekrönter Tiere bei einer Schau.

Die Menge teilte sich vor Mrs. Bickerton, die in ihrer Rotkreuzuniform den anderen vorausging. Als sie die Zwillinge sah, blieb sie stehen: »Grüßt eure Mutter herzlich von mir. Ich würde mich freuen, wenn sie mich besuchen käme.«

Ihr Ehemann humpelte am Arm von Lady Vernon-Murray herbei; diese war eine stattliche Frau mit einem Hut, von dem sich eine Paradiesvogelfeder herunterbog und ihr den Mundwinkel kitzelte. Ein Kleid aus graublauem Voile rahmte ihre Fußgelenke ein, und sie wirkte ausgesprochen mürrisch. Der Brigadier, eine riesige Erscheinung mit purpurrotem Gesicht, schien sich in einem Netz aus polierten braunen Lederriemen verfangen zu haben. Es folgten Angehörige der Gentry aus der Umgebung und als letzte in Magentarot Mrs. Nancy, die Kriegerwitwe der Bickertons. Ein junger Mann aus London war bei ihr.

Auf halbem Weg zum Podium blieb sie stehen und runzelte die Stirn: »Re-reggie! Re-reggie!« stotterte sie. »W-wo ist er b-bloß hi-hin? Er war no-noch vor einer Sek-kunde da.«

»Komme schon!« rief eine Stimme hinter dem Busch-werk, das in Form von Pfauen gestutzt war, und ein jünge-rer Mann in einem Blazer und weißen langen Hosen trat auf Krücken ins Freie. Sein linkes Bein hörte am Knie auf.

Neben ihm, auffällig wie eine Elster vor dem Immergrün, ging ein Mädchen in einer Dienstbotenuniform mit weißen Volants an den Schultern.

Es war Rosie Fifield.

»Ich hab's dir ja gesagt«, sagte Benjamin, und Lewis be-gann zu zittern.

Die Zwillinge näherten sich dem Podium, wo Mr. Arkwright als Zeremonienmeister das Privileg hatte, die Eh-rengäste zu ihren Plätzen zu führen.

»Ich hoffe, wir werden uns amüsieren«, sagte Lady Ver-non-Murray, als er ihr einen korbgeflochtenen Stuhl unter das Gesäß schob.

»Gewiß doch, meine Dame!« erwiderte er. »Wir haben ein buntes Unterhaltungsprogramm aufgestellt.«

»Nun ja, es ist verflixt kalt«, sagte sie säuerlich.

Reggie hatte sich einen Stuhl ganz links auf dem Podium ausgesucht, und Rosie stand unter ihm. Er kitzelte ihren Rücken mit seiner Schuhspitze.

»Meine Damen und Herren!« Mr. Arkwright gelang es, die Menge verstummen zu lassen. »Gestatten Sie mir, unse-re erlauchten Gäste vorzustellen, den Helden von *Vimmy Ridge* und seine Gattin . . .«

»Bei Gott, ich komme um vor Kälte«, sagte die Gattin, während der Brigadier den Beifall entgegennahm.

Er schickte sich gerade an, den Mund zu öffnen, als zwei Stallburschen mit Strohpuppen angerannt kamen, die den Kaiser und Prinz Ruprecht darstellten, geknebelt und auf

Küchenstühlen festgebunden. Den kaiserlichen Helm krönte ein ausgestopfter, mit goldener Farbe bemalter Kanarienvogel.

Der Brigadier starrte den Feind mit gespielter Grausamkeit an. »Meine Damen und Herren«, begann er, »Soldaten des Königs und ihr beiden ölönden Menschenexemplare, die wir auch bald mit Vergnügen dem Feuer übergeben werden . . .«

Wieder ertönte ein dreifaches Hoch.

»Nun aber örnsthaft.« Der Brigadier hob die Hand, als würde er jetzt zu einem ernsten Thema überwechseln. »Dies ist ein unvergößlicher Tag, ein Tag, der in die Annalen unserer Geschöchte eingehen wird . . .«

»Ich dachte, wir hätten beschlossen, daß keine Reden gehalten werden«, wandte sich Mrs. Bickerton kühl an den Notar.

»Unglöcklicherweise sind heute Mönschen unter uns, die vielleicht glauben, daß sie sich nicht mit uns freuen können, weil sie einen ihrer Lieben verloren haben. Nun, meine Botschaft an sie ist die folgende: Freuen Sie sich mit uns anderen, wo doch die ganze Chose jetzt vorbei ist. Und erönnern Sie sich daran, daß Ihre Männer oder Väter, Brüder oder Schötze alle für eine gute Sache gestorben sönd . . .«

Diesmal war der Beifall schwächer. Mrs. Bickerton biß sich auf die Lippen und starrte auf den Berg. Ihr Gesicht war so weiß wie ihr Schwesternhäubchen.

»Ich . . . ich . . .« Der Brigadier erwärmte sich für sein Thema. »Ich selbst kann mich zu den Glöcklichen zählen. Ich war in *Vimmy* dabei. Ich war in Ypern dabei. Und ich war in Passchendaele dabei. Ich habe entsetzliche Gasbombardements erlebt . . .«

Aller Augen richteten sich auf die Gasopfer, die aufgereiht auf einer Bank saßen und husteten und niesten, als seien sie Musterbeispiele für die Schrecken des Krieges.

»Wir waren in absolut schmutziger Verfassung. Tagelang konnte man die Kleider nicht wechseln, ja sogar wochenlang nicht ein einziges Bad nehmen. Unsere Verluste, vor allem bei den Artölleristen, waren ganz verheerend . . .«

»Ich halte es nicht aus«, murmelte Mrs. Bickerton und bedeckte das Gesicht mit der Hand.

»Oft muß ich an die Zeit zurückdönken, als ich verwundet im Krankenhaus lag. Wir hatten in der Nähe von Reims ein förchterliches Blutbad durchgemacht. Doch zufälligerweise war in unserem Rögiment ein Bursche, der sich als regelrechter Dichter entpuppte. Nun, er schrieb ein paar Zeilen nieder, die ich Ihnen görn vorlesen möchte. Damals jedenfalls waren sie mir ein großer Trost:

>*Wenn ich sterben sollte, dönkt nur dies:*
Daß es ein Feld gibt in der Frömde,
das für immer England ist.<«

»Armer Rupert!« Mrs. Bickerton beugte sich zu ihrem Mann hinüber. »Er würde sich im Grab umdrehen.«

»Herrjeh, ist der Mann ein Langweiler!«

»Wie können wir ihm das Maul stopfen?«

»Und wie steht es um die Zukunft unseres geliebten Landes?« Der Brigadier hatte einen neuen Kurs eingeschlagen. »Oder sollte ich sagen: unserer geliebten Grafschaft? Unser dringendes Anliegen ist es nicht allein, die Menschen dieser Inseln zu ernähren, sondern auch, Vieh zu exportiercn an únscrc Handelspartner in Übersee. Nun, ich habe Hereforder Rönder in der ganzen Welt gesehen. Tatsächlich findct man, wo ömmer man den weißen Mann findet, ebenfalls das Rönd mit dem weißen Maul. Ich weiß, Sie alle sind ungeheuer stolz auf die Hereforder von Lurkenhope . . .«

»Wäre ja noch schöner«, sagte der Colonel und lief rot an.

»Aber es war mir ömmer ein Rätsel, warum, wenn man sich auf dem Land umsieht, so viele minderwertige Tiere zu sehen sind . . . Halbblüter . . . krank . . . verunstaltet . . .«

Die Kriegsbeschädigten, wegen der harten Bänke ohnehin in Pein, wirkten plötzlich verstört und nervös.

»Der einzige Weg in die Zukunft führt über die Eliminierung aller zweitklassigen Tiere, ein für allemal! In Argentinien und Australien zum Beispiel . . .«

Mrs. Bickerton schaute sich hilflos um, und schließlich war es Mr. Arkwright, der die Situation rettete. Es war Zeit für die Kostümschau. Ein weiteres Unwetter in der Farbe dunkler Trauben braute sich über dem Berg zusammen.

Er faßte sich ein Herz und flüsterte Lady Vernon-Murray etwas ins Ohr. Sie nickte, zog ihren Mann an den Rockschößen und sagte: »Henry! Die Zeit ist um!«

»Wie bötte, meine Liebe?«

»Die Zeit ist um!«

Und so verabschiedete er sich hastig von seiner Zuhörerschaft, gab seiner Hoffnung Ausdruck, ihnen allen »während des ganzen Jahres auf dem Jagdfeld« zu begegnen, und setzte sich.

Der nächste Punkt der Tagesordnung war die Überreichung eines silbernen Zigarettenetuis durch Ihre Ladyschaft an alle Kriegsheimkehrer. Lauter Beifall schlug ihr entgegen, als sie die Stufen hinabstieg. Sie hielt dem Kanonier das für ihn bestimmte Etui entgegen, und eine klauenähnliche Hand schoß ihr aus dem Korbsessel entgegen und grapschte danach.

»Hrrh! Hrrh!« Wieder das schwammige Röcheln.

»O nein, es ist zu grausam!« hauchte Mrs. Bickerton.

»Meine Damen und Herren«, rief Mr. Arkwright durch das Megaphon. »Wir kommen jetzt zur Hauptattraktion des Nachmittags: die Prämierung der Festwagen. Hier ist die Nummer eins . . .« Er konsultierte sein Programm. »Die

Lurkenhoper Stalljungen mit dem Thema: Die Schlacht von Omdurman!«

Ein Gespann von Shirezugpferden mit weißen Blessen kam in Sicht, einen Heuwagen hinter sich her ziehend, auf dem sich ein *tableau vivant* befand: Lord Kitchener zwischen Topfpalmen und einem halben Dutzend Jungen, von denen einige Leopardenfelle trugen und andere in Unterhosen waren; alle waren von Kopf bis Fuß mit Ruß geschwärzt, schwangen Speere oder Assagaie, stießen gellende Schreie aus oder schlugen ein Tamtam.

Die Zuschauer schrien zurück, schleuderten Papierpfeile, und der Überlebende von *Rorke's Drift* fuchtelte mit seiner Krücke in der Luft herum: »Diesen Sambos werde ich eins überziehen«, kreischte er, als der Wagen davonfuhr.

Wagen Nummer zwei kam mit »Robin Hood und seinen munteren Männern«. Als nächstes folgten »Die Dominien« mit Miss Bessel vom Froschgrund als Britannia, und an vierter Stelle kam »Die Arbeiterjungen als fahrende Clowns«.

Die Jungen sangen zur Begleitung eines Ragtimepianos, und bei einem Reim, der auf »deutsche Wurst« und »Stuhlgang« anspielte, herrschte plötzlich beklemmendes, eisiges Schweigen – bis auf das Gackern von Reggie Bickerton, der lachte und lachte und anscheinend nicht wieder aufhören konnte. Rosie versteckte ihr eigenes Kichern, indem sie ihr Gesicht mit der Schürze bedeckte.

Unterdessen ging Lewis auf sie zu. Er pfiff, um sie auf sich aufmerksam zu machen, und sie sah lächelnd durch ihn hindurch.

Der vorletzte Festwagen mit dem »Tod von Prinz Llewellyn« reizte eine Gruppe walisischer Nationalisten zum Gesang.

»Genug, meine Herren!« rief Mr. Arkwright. »Genug ist genug! Vielen Dank!« Dann wurden alle durch Hurrarufe von ihren Plätzen gerissen.

Die Männer pfiffen. Frauen reckten die Hälse und gaben sentimentale Kommentare ab: »Ist sie nicht niedlich? Niedlich! Oh! Und seht doch die kleinen Engel!... Die kleinen Herzchen!... Sind sie nicht süß?... Oh, es ist Cis!... Sieh doch! Es ist unsere Cissie!... Oh! Oh! Ist sie nicht wuuunderschön?«

»Miss Cissie Pantall vom Buchenhof«, fuhr Mr. Arkwright mit verzückter Stimme fort, »die uns freundlicherweise mit ihrer Anwesenheit als ›Der Frieden‹ beehrt! Meine Damen und Herren! Hier kommt ›der Frieden‹!«

Weißer Kaliko fiel in fließenden Falten über Wände und Boden des Wagens. Lorbeergirlanden hingen bis zu den Radnaben, und in allen vier Ecken standen Töpfe mit Aronstab.

Ein Engelchor stand im Kreis um den Thron, auf dem ein dickes blondes Mädchen in einer schneeweißen Tunika saß. Sie hielt einen geflochtenen Vogelkäfig in der Hand, in dem eine weiße Taube mit gefärbtem Schwanz hockte. Ihr Haar fiel wie ein Vlies über ihre Schultern, und ihre Zähne klapperten in der Kälte.

Die Damen blickten auf den Regenschauer, der bereits über dem Schwarzen Berg niederging, und sahen sich nach dem nächsten Regenschirm um.

»Laß uns gehen«, sagte Benjamin.

Nach einem kurzen Gespräch mit Mrs. Vernon-Murray gab Mr. Arkwright eilig das unvermeidliche Ergebnis bekannt: Siegerin war Miss Pantall the Beeches! Ihr stolzer Vater führte dann sein Pferdegespann im Kreis herum, so daß Cissie das Podium besteigen und ihren Preis in Empfang nehmen konnte.

Durch den Applaus und das nahende Gewitter aufgeschreckt, brach die Friedenstaube in Panik aus und zerfetzte sich ihre Flügel an den Käfigstangen. Federn flogen, flatterten im Wind und fielen Rosie Fifield vor die Füße. Sie bückte sich und hob zwei auf. Mit gerötetem Gesicht und einem herausfordernden Lächeln stellte sie sich vor Lewis Jones.

»Nett von dir, dich sehen zu lassen!« sagte sie. »Ich habe ein Geschenk für dich.« Und sie reichte ihm eine der Federn.

»Recht herzlichen Dank!« sagte er und lächelte verwirrt. Er nahm die Feder, bevor sein Bruder ihn daran hindern konnte: Er hatte nie gehört, daß eine weiße Feder Feigheit symbolisierte.

»Drückeberger!« höhnte sie. Und Reggie Bickerton lachte, und die Gruppe von Soldaten neben ihr brach ebenfalls in Gelächter aus. Der Unteroffizier stand bei ihnen. Lewis ließ die Feder fallen, und es begann zu regnen.

»Das Sportfest wird vertagt«, rief der Notar durch das Megaphon, als die Menge die Reihen sprengte und auf die Bäume zurannte.

Lewis und Benjamin hockten sich in ein Rhododendrongebüsch, und das Wasser rieselte ihren Nacken entlang. Als der Regen aufhörte, stahlen sie sich davon zum Rand des Buschwerks und weiter auf den Fahrweg. Vier oder fünf Armeetölpel versperrten ihnen den Weg. Alle waren vollkommen durchnäßt und angeheitert.

»Hast es sanft gehabt in Hereford, stimmt's, Kumpel?« Der Unteroffizier ging mit der Faust auf Lewis los, und er duckte sich.

»Lauf weg!« schrie er, und die Zwillinge rannten zum Gebüsch zurück. Aber der Weg war glitschig, Lewis rutschte auf einer Wurzel aus und fiel der Länge nach in den Matsch. Der Unteroffizier ließ sich über ihn fallen und verdrehte ihm den Arm.

Ein anderer Soldat rief: »Drück ihre verdammten Schnauzen in den Mist!« Und Benjamin trat ihm in die Kniekehlen und warf ihn um. Dann begann sich die ganze

Welt um ihn zu drehen, und als nächstes hörte er eine spöttische Stimme: »Ach, laß sie in ihrem Saft schmoren!«

Dann waren sie wieder allein, mit geschwollenen Augen und Blutgeschmack auf den Lippen.

Als sie am Abend den Kamm vom Cefn-Berg erreichten, sahen sie auf dem Croft Ambrey ein Feuer brennen, ein anderes auf dem Clee und in weiter Ferne ein schwaches, düsteres Glimmen über den Malvern-Bergen – sie brannten, wie sie zur Zeit der Armada gebrannt hatten.

Der Kanonier überlebte die Festlichkeiten nicht. Beim Säubern des Parks fand ihn ein Gutsarbeiter in seinem rollenden Korbsessel. Keiner hatte sich seiner erinnert, als alle eilig Schutz vor dem Regen gesucht hatten. Er hatte aufgehört zu atmen. Der Mann war über seinen kräftigen Griff erstaunt, als er die Finger von dem silbernen Zigarettenetui löste.

XXV

Jim the Rock verbrachte den Feiertag in einem Militärkrankenhaus Southhamptons nahe am Kanal.

Er hatte als Maultiertreiber bei den South Wales Borderers gedient, hatte die erste und die zweite Schlacht bei Ypern überlebt und danach die an der Somme. Er kam ohne eine Schramme durch den Krieg, bis er in der letzten Woche von zwei Schrapnellsplittern in die Kniekehlen getroffen wurde. Er bekam eine Blutvergiftung, und eine Zeitlang zogen die Ärzte eine Amputation in Betracht.

Als er schließlich nach langen Monaten der Behandlung wieder nach Hause kam, war er noch immer ziemlich wacklig auf den Beinen, sein Gesicht war von schwarzen Mitessern übersät, und er neigte zu Gereiztheit.

Jim hatte seine Maulesel geliebt, sie gegen Bindehautentzündung und Räude behandelt und sie aus dem Schlamm gezogen, wenn sie bis zu den Fesseln darin versunken waren. Nie hatte er ein verwundetes Maultier erschossen, es sei denn, daß es keine Hoffnung auf Rettung mehr gab.

Der Anblick toter Maulesel hatte ihn weit mehr betrübt als der Anblick toter Soldaten. »Ich hab' se gesehn«, erzählte er im Pub. »Den ganzen Weg lang, und ham irgendwie fürchterlich gestunken. Arme alte Teufel, die nie was Böses getan ham.«

Am meisten haßte er es, wenn die Esel durch Gas umkamen. Bei einem Giftgasangriff überlebte er, während sein gesamter Maultiertroß starb – und das hatte ihn überaus zornig gemacht. Er war zu seinem Leutnant gegangen, hatte ihn mürrisch gegrüßt und hervorgestoßen: »Wenn ich meine Gasmaske ham kann, warum dann nich auch meine Maultiere?«

Dieses logische Denkbeispiel beeindruckte den Leutnant dermaßen, daß er dem General einen Bericht zusandte, und dieser, statt ihn zu ignorieren, schickte ein Empfehlungsschreiben zurück. Um 1918 hatten die meisten britischen Einheiten ihre Pferde und Esel mit Gasmasken ausgestattet, während die Deutschen weiterhin ihren Nachschub verloren. Und obwohl kein Kriegshistoriker Jim the Rock die Erfindung der Pferdemaske zuschrieb, klammerte er sich hartnäckig an die Illusion, er sei es, der den Krieg gewonnen hatte. Sobald es also zu einer weiteren Runde kam – im Roten Drachen in Rhulen, in der Bannut Tree Inn in Lurkenhope oder in der Schäferklause in Upper Brechfa , blickte er seine Trinkkumpanen trotzig an: »Ja, gib uns noch ein Maß. Ich hab' den Krieg gewonnen, ja, ich!« Und wenn sie höhnisch antworteten: »Halt's Maul, du alter Witzbold«, fischte er den Brief des Generals aus seiner Tasche oder das Foto von sich und einem Paar Esel – alle drei mit Gasmasken.

Jims Schwester Ethel war grenzenlos stolz auf ihn und seine glänzenden Medaillen und sagte, er müsse sich »richtig lange ausruhen«.

Sie war zu einer starken grobknochigen Frau herangewachsen, lief in einem ehemaligen Armeemantel herum und starrte unter moosigen Augenbrauen auf die Welt. »Macht gar nix«, sagte sie, wenn Jim wieder einmal eine Arbeit liegenließ. »Ich mach' das schon fertig.« Und wenn er zum Pub ritt, breitete sich ein sanftes Lächeln auf ihrem Gesicht aus. »Dieser Jim!« sagte sie dann. »Er hat so schrecklich gern Leben um sich.«

Auch Aggie war vernarrt in Jim und sah ihn an, als wäre er aus dem Grab wiederauferstanden. Doch Tom der Sargmacher – inzwischen ein unzugänglicher alter Mann mit einem verfilzten Bart und stechendem Blick – hatte dem Jungen verübelt, daß er sich freiwillig gemeldet hatte, und ihm seine Rückkehr noch übler genommen. Wenn er sah, wie der Kriegsheld sich sonnte, schrie er mit heiserer, schrecklicher Stimme: »Ich hab' dich gewarnt. Ich hab' dich gewarnt. Dies ist deine letzte Chance. Mach dich an die Arbeit, oder du bekommst es von mir! Ich geb' dir einen auf die Birne, du nichtsnutziger Lump! Ich werd' dir eins auf deine feiste Fresse geben . . .«

Eines Abends beschuldigte er Jim, eine Trense gestohlen zu haben, und schlug wie auf eine Trommel auf Jims Gesicht ein, worauf Aggie ihn finster ansah und sagte: »Das wär's. Ich habe genug.«

Zur Abendessenzeit mußte ihr Mann feststellen, daß man ihm den Riegel vorgeschoben hatte. Er hämmerte ununterbrochen gegen die Tür, aber sie war aus massiver Eiche, und er ging weg, um seine Knöchel zu schonen. Gegen Mitternacht hörten sie ein angsterregendes Wiehern im Stall. Am Morgen war er fort, und Jims Stute lag tot auf der Erde, einen Nagel im Schädel.

Als nächstes hörten sie, daß der alte Mann mit einer Bauernwitwe im Ithon-Tal lebte und sie geschwängert hatte. Die Leute erzählten sich, er hätte sie mit einem »Teufelsblick« verhext, als er ihr den Sarg für ihren Mann ablieferte.

Ohne das Geld von den Särgen hatte Aggie nicht mehr genug, um »ein ordentliches Haus« zu führen, und auf der Suche nach anderen Einkommensquellen kam ihr der Gedanke, unerwünschte Kinder in Kost zu nehmen.

Ihre erste »Rettung« war ein Baby mit dem Namen Sarah, dessen Mutter, die Frau des Müllers von Brynarian, von einem Saisonscherer verführt worden war. Der Müller hatte sich geweigert, das Kind unter seinem Dach aufzuziehen, war aber bereit, zwei Pfund in der Woche für seinen Unterhalt zu zahlen. Diese Vereinbarung brachte Aggie einen eindeutigen Verdienst von einem Pfund wöchentlich, und im Vertrauen darauf nahm sie zwei weitere uneheliche Kinder auf, Brenda und Lizzie, und konnte so ihren Lebensstandard beibehalten. Die Teedose war voll. Einmal in der Woche aßen sie gepökeltes Lamm. Sie kaufte ein neues weißes Leinentischtuch, und auf dem sonntäglichen Teetisch stand zu ihrem Stolz eine Dose mit Ananasscheiben.

Jim aber spielte sich seinen Frauen gegenüber als Herr im Hause auf, drückte sich vor Arbeit und saß auf dem Berghang und spielte den Braunkehlchen und Steinschmätzern auf seiner Flöte vor.

Er konnte es nicht ertragen, Tiere leiden zu sehen, und wenn er ein Kaninchen in einer Falle oder eine Möwe mit einem gebrochenen Flügel fand, trug er sie nach Hause und verband die Wunde oder legte dem Flügel eine Reisigschiene an. Manchmal siechten mehrere Vögel und andere Tiere in Schachteln beim Kamin vor sich hin, und wenn eines von ihnen starb, sagte er: »Armer alter Teufel! Ich grab 'n Loch und bring ihn unter die Erde.«

Jahrelang sprach er von nichts anderem als dem Krieg, und er hatte es sich zur Gewohnheit gemacht, nach The Vision zu laufen und vor den Zwillingen zu prahlen.

Eines Tages, es war während eines Sonnenuntergangs, mähten sie in Hemdsärmeln, als Jim herbeigehumpelt kam und seine üblichen Sprüche vom Stapel ließ: »Und die Tanks, kann ich euch sagen! Bumm! Bumm!« Die Zwillinge mähten weiter, bückten sich gelegentlich, um die Klingen zu schärfen, und als eine Fliege in Benjamins Mund flog, spuckte er sie aus: »Aach! Diese verdammten Fliegen!«

Jim schenkten sie keine Beachtung, und schließlich wurde er wütend: »Und ihr? Ihr hättet es nich mal 'ne Sekunde im Krieg ausgehalten. Un ihr habt 'n Hof, für den ihr kämpfen konntet! Ich . . . ich hatt nur meine eigne Haut zu retten.«

Seit dem Tag der Friedensfeier war die Welt der Zwillinge auf wenige Quadratmeilen zusammengeschrumpft, auf der einen Seite von der Kapelle in Maesyfelin, auf der anderen vom Schwarzen Berg begrenzt: Sowohl Rhulen als auch Lurkenhope lagen jetzt auf feindlichem Boden.

Absichtlich, als würden sie die Unschuld ihrer frühen Kindheit zurückgewinnen, kehrten sie dem modernen Zeitalter den Rücken, und obwohl die Nachbarn in neue Landwirtschaftsmaschinen investierten, überredeten sie ihren Vater, sein Geld nicht zu verschwenden.

Sie schaufelten den Dung auf die Felder. Sie streuten die Saat aus einem Säkorb aus. Sie benutzten den alten Binder, den alten Handpflug und droschen sogar mit einem Dreschflegel. Trotzdem, das mußte Amos anerkennen, waren die Hecken nie ordentlicher, das Gras nie grüner, die Tiere nie gesunder gewesen. Der Hof warf sogar Geld ab. Er brauchte nur einen Fuß in die Bank zu setzen, und schon kam der Direktor hinter dem Schalter hervor und begrüßte ihn mit einem Handschlag.

Lewis' einziger Luxus war ein Abonnement der *News of the World*, und sonntags nach dem Mittagessen überflog er die Seiten auf der Suche nach einem Flugzeugabsturz, den er in sein Sammelalbum kleben konnte.

»Du hast wirklich eine perverse Phantasie!« Mary tat, als protestiere sie. Ihre Söhne, obgleich sie erst zweiundzwanzig waren, benahmen sich bereits wie verknitterte alte Junggesellen. Aber größere Sorgen bereitete ihr die Tochter.

Jahrelang hatte Rebecca sich in der Zuneigung ihres Vaters gesonnt – neuerdings sprachen sie kaum mehr miteinander. Sie stahl sich nach Rhulen fort, und wenn sie zurückkam, roch ihr Atem nach Zigaretten, und ihr Lippenrot war verschmiert. Sie plünderte Amos' Bargeldkasse. Er nannte sie eine »Hure«, und verzweifelt versuchte Mary, sie miteinander auszusöhnen.

Damit sie aus dem Haus kam, hatte sie ihrer Tochter eine Stelle als Verkäuferin in der ehemaligen Tuchhandlung Albion besorgt, die in einem Anflug von Nachkriegsfrankophilie in »Pariser Haus« umbenannt worden war. Rebecca wohnte in einem Dachzimmer über dem Geschäft und kam am Wochenende nach Hause. An einem Samstagnachmittag, die Zwillinge spülten gerade Milchkannen aus, hörten sie die Rufe und Schreie eines furchtbaren Streits in der Küche.

Rebecca hatte gestanden, daß sie schwanger war – und schlimmer: Der Mann war ein irischer Streckenarbeiter, ein Katholik, der bei der Eisenbahn beschäftigt war. Sie verließ das Haus mit einer blutenden Lippe und fünfzehn goldenen Sovereigns in ihrem Geldbeutel, und ihr durchtriebenes Lächeln und ihre Kaltblütigkeit versetzte alle in Erstaunen.

»Und das ist alles, was sie je von mir bekommt«, wetterte Amos.

Sie hörten nie wieder von ihr. Mit einer Adresse in Cardiff schickte sie ihrem früheren Arbeitgeber eine Postkarte mit der Nachricht von der Geburt eines Mädchens. Mary machte eine Zugreise, um ihre Enkelin zu sehen, aber die Vermieterin sagte, das Paar sei nach Amerika ausgewandert, und schlug ihr die Tür vor der Nase zu.

Und Amos sollte ihr Verschwinden nie verwinden. Im Schlaf rief er immer wieder: »Rebecca!« Eine Gürtelrose trieb ihn an den Rand des Wahnsinns. Und dann wurde zu allem Überfluß auch noch der Pachtzins erhöht.

Die Bickertons waren in finanziellen Schwierigkeiten.

Ihre Treuhänder hatten ein Vermögen in russischen Wertpapieren verloren. Ihre Experimente mit der Pferdezucht hatten die Investitionen nicht ausgeglichen. Der Verkauf alter Meister war ein Mißerfolg, und als die Rechtsanwälte des Colonels das Thema anschnitten, wie die Erbschaftssteuer zu umgehen sei, brauste er auf: »Hören Sie mir mit Erbschaftssteuer auf! Ich bin noch lange nicht tot!«

Ein Rundschreiben seines neuen Verwalters machte alle Pächter auf wesentliche Erhöhungen im kommenden Jahr aufmerksam – ein ungelegener Moment für Amos, der etwas Land kaufen wollte.

Noch in seinem größten Zorn ging Amos davon aus, daß beide Zwillinge heiraten und den Hof weiterführen würden, und da The Vision keinesfalls zwei Familien ernähren konnte, brauchten sie zusätzliches Land.

Seit einigen Jahren hatte er ein Auge auf The Tump geworfen, ein kleiner Besitz von dreiunddreißig Morgen, der von Rotbuchen eingekreist und an hoher Stelle eine halbe Meile von der Landstraße nach Rhulen gelegen war. Der Besitzer war ein alter Einsiedler, ein ehemaliger Priester, hieß es, der allein in gelehrtenhafter Verwahrlosung lebte, bis Ethel the Rock an einem verschneiten Morgen keinen Rauch aus seinem Schornstein aufsteigen sah und ihn auf allen vieren ausgestreckt in seinem Garten fand, eine Christrose in der Hand.

Bei seinen Erkundigungen erfuhr Amos, daß der Besitz versteigert werden sollte. Dann nahm er an einem Donnerstagabend Lewis zur Seite und sagte säuerlich: »Deine alte Freundin Rosie Fifield ist nach The Tump gezogen.«

XXVI

Während Rosie in Lurkenhope arbeitete, hatte eine ihrer Aufgaben darin bestanden, das Badewasser in Reggie Bikkertons Schlafzimmer hinaufzutragen.

Dieser Raum, zu dem nur wenige Menschen Zutritt hatten, lag im Westturm und war eine ideale Junggesellenhöhle. Die Wände waren mit dunkelblauen Tapeten ausgeschlagen. Die Teppichvorhänge an Fenster und Bett waren mit einem Muster heraldischer Tiere grün durchwirkt. Die Sessel und Ottomanen waren mit Chintz bezogen, der Teppich stammte aus Persien, und vor dem Kamin lag ein Vorleger aus Eisbärenfell. Auf dem Kaminsims stand eine Uhr aus vergoldeter Bronze, von Figurinen von Castor und Pollux eingerahmt. Die meisten Bilder hatten orientalische Motive – Basare, Moscheen, Kamelkarawanen und Frauen in vergitterten Räumen. Auf seinen Fotografien von Eton standen junge Athleten mit unerschütterlichem Lächeln in Gruppen zusammen, und die Abendsonne, die durch runde, bunte Glasscheiben sickerte, warf blutrote Lichtflecken auf die Rahmen.

Rosie breitete gewöhnlich die Badematte aus, drapierte ein Handtuch über einen Stuhl und legte Seife und Schwamm bereit. Wenn sie ein Thermometer ins Wasser getaucht hatte, um sicher zu sein, daß der junge Herr sich seinen Stumpf nicht verbrühte, versuchte sie davonzuschleichen, ohne daß er sie zurückrief.

Fast jeden Abend lag er auf der Ottomane, lose in einen gelben seidenen Morgenmantel gehüllt: Manchmal tat er so, als läse er oder als notierte er sich etwas mit seiner tauglichen Hand. Er verfolgte jede ihrer Bewegungen aus den Augenwinkeln.

»Danke, Rosie«, sagte er, wenn sie den Türknopf umdrehte. »Äh . . . äh . . . Rosie!«

»Ja, Sir!« Sie blieb stramm wie bei einem »Stillgestanden!« in der halb geöffneten Tür stehen.

»Nein! Vergiß es! Es ist nicht wichtig!« – und wenn die Tür hinter ihr ins Schloß fiel, griff er nach seiner Krücke.

Eines Abends, er war nackt bis zur Taille, bat er sie, ihm ins Wasser zu helfen.

»Ich kann nicht«, stieß sie hervor und stürzte in den sicheren Flur hinaus.

1914 war Reggie mit einem Kopf voll ritterlicher Vorstellungen von Pflichten gegenüber Stand und Vaterland in den Krieg gezogen. Er war als Krüppel nach Hause gekommen, mit fliehendem Haaransatz, drei fehlenden Fingern an der rechten Hand und den wäßrigen Augen des heimlichen Trinkers. Zunächst nahm er seine Verwundungen mit dem Stoizismus der oberen Klassen hin. Um 1919 war die erste Welle des Mitgefühls abgeklungen, und er war ein »Fall« geworden.

Seine Verlobte hatte seinen besten Freund geheiratet. Andere Freunde fanden die walisische Grenze für häufige Besuche zu weit von London entfernt. Seine Lieblingsschwester Isobel hatte geheiratet und war nach Indien gegangen. Und er war in diesem riesigen düsteren Haus zurückgeblieben, allein mit seinen zänkischen Eltern und der traurigen stotternden Nancy, die ihn mit ungewollter Zuneigung überschüttete.

Er versuchte sich an einem Roman über seine Kriegserlebnisse. Die Anstrengung der Satzkomposition ermüdete ihn: Nach zwanzigminütigen Kritzeleien mit der linken Hand starrte er aus dem Fenster – auf den Rasen, den Regen und den Berg. Er sehnte sich danach, in einem tropischen Land zu leben, und er sehnte sich nach einem Glas Whisky.

An einem Wochenende im Mai war das Haus voller Gäste, und Rosie aß gerade in der Personalküche zu Abend, als die Klingel von Schlafzimmer Drei läutete: Um sein Badewasser hatte sie sich bereits gekümmert.

Sie klopfte.

»Herein!«

Er saß auf der Ottomane, für das Abendessen halb fertig gekleidet, und versuchte, mit seiner invaliden Hand einen goldenen Knopf durch den Hemdeinsatz zu stecken:

»Hier, Rosie! Ob du mir vielleicht dabei helfen könntest?«

Mit dem Daumen suchte sie nach dem Rückenteil des Knopfes, und in dem Augenblick, als er durch das mit Stärke verstopfte Loch rutschte, brachte er sie aus dem Gleichgewicht und zog sie zu sich herunter.

Sie wehrte sich, schüttelte ihn ab und wich zurück. Ihr Hals war hochrot angelaufen, und sie stammelte: »Das wollte ich nicht.«

»Ich wollte es aber, Rosie«, und er gestand ihr seine Liebe.

Er hatte sie schon manchmal gehänselt. Sie sagte, es sei gemein von ihm, sich über sie lustig zu machen.

»Aber ich mache mich nicht lustig über dich«, sagte er in echter Verzweiflung.

Sie sah, daß er es ernst meinte, und schlug die Tür hinter sich zu.

Den ganzen Sonntag gab sie vor, krank zu sein. Am Montag, als die Hausgäste abgereist waren, entschuldigte er sich unter Aufbietung seines ganzen Charmes.

Er brachte sie zum Lachen, indem er ihr das Privatleben aller Gäste beschrieb. Er sprach von einer Reise ans Mittelmeer und von den griechischen Inseln. Er gab ihr Romane, die sie bei Kerzenlicht las. Sie bewunderte die Uhr auf dem Kaminsims:

»Das sind die himmlischen Zwillinge«, sagte er. »Nimm sie. Ich schenke sie dir. Alles hier könnte dir gehören.«

Sie hielt ihn eine weitere Woche in Schach. Er witterte einen Rivalen. Ihr Widerstand machte ihn rasend, und er machte ihr einen Heiratsantrag.

»Oh!«

Langsam und gelassen trat sie an das bleiverglaste Fenster und blickte hinaus auf den Ziergarten und den Wald dahinter. Ein Pfau kreischte. In Gedanken malte sie sich aus, wie der Butler ihr das Frühstückstablett hereinbrachte – und als sich der Abend senkte, schlüpfte sie zwischen die Bettlaken.

Anschließend führten sie ein planmäßiges Täuschungsmanöver durch. Sie fühlte sich erniedrigt, wenn sie ihn um fünf Uhr verlassen mußte, bevor das Haus aufwachte. Als die anderen Dienstboten zu tuscheln begannen, mußten sie noch vorsichtiger sein. Eines Abends mußte sie sich im Kleiderschrank verstecken, während Nancy ihm die Leviten las, damit er die Beziehung abbrach:

»W-wirklich, Re-reggie!« protestierte sie. »Das ga-ganze Dorf kla-klatscht über euch!«

Rosie drängte ihn, mit seinen Eltern zu reden. Er versprach, das sofort nach der Friedensfeier zu tun. Ein weiterer Monat verging. Er kam zur Besinnung, als ihre Regel zum erstenmal ausblieb.

»Ich werde mit ihnen reden«, sagte er. »Morgen, nach dem Frühstück.«

Drei Tage später war seine Mutter nach Südfrankreich abgereist, und er sagte: »Bitte, bitte, bitte, bitte laß mir noch ein bißchen Zeit!«

Die Blätter im Park färbten sich gelb, und aus London kamen Sportsfreunde, die im Schloß wohnten. Am zweiten Samstag der Fasanenjagd trug ihr der Butler auf, der Jagdgesellschaft des Colonels ein Picknick in den Tanhouse-Wald zu bringen. Ein Bursche fuhr sie mit den Eßkörben durch den Park zurück. Sie sah ein blaues Auto zum Westeingang rasen.

Reggie hatte seine Koffer gepackt und sich ins Ausland abgesetzt.

Sie weinte nicht. Sie brach nicht zusammen. Sie war nicht einmal ausgesprochen überrascht. Indem er sich wie ein Feigling davonschlich, hatte er ihre Meinung von Männern bestätigt. Auf ihrem Bett fand sie einen Brief, den sie voller Verachtung in Fetzen riß. In einem zweiten Brief wurde ihr nahegelegt, einen Mr. Arkwright, Notar in Rhulen, aufzusuchen.

Sie machte sich auf den Weg. Das Angebot betrug fünfhundert Pfund.

»Sagen wir sechshundert«, antwortete sie Mr. Arkwright mit einem noch eisigeren Blick.

»Sechshundert«, stimmte er zu, »und keinen Penny mehr!« Sie ging mit dem Scheck davon.

In diesem Winter nahm sie ein möbliertes Zimmer in einer Molkerei. Sie kam für ihren Unterhalt auf, indem sie Käse machte. Als ihr Sohn geboren war, ließ sie ihn bei einer Amme und nahm eine Stelle außer Haus an.

Sie hatte immer Probleme mit den Bronchien gehabt und liebte die reine Luft der Berge. An einem Sommerabend, die Mauersegler sausten dicht über ihren Kopf hinweg, wanderte sie vom Adlerstein über den Kamm und blieb stehen, um mit einem alten Mann zu sprechen, der sich auf einem roten Felsbrocken ausruhte.

Er nannte ihr die Namen der umliegenden Klippen; sie wollte wissen, wie der Felsen hieß, auf dem sie saßen.

»Bickertons Buckel«, sagte er und war verwirrt über das Hohngelächter, mit dem sie seine Antwort aufnahm.

Der alte Einsiedler war lahm und steif. Er zeigte auf sein Cottage weit unten in einem Kreis von Buchen. Sie begleitete ihn den Hang hinunter, blieb bis zum Einbruch der Dunkelheit bei ihm sitzen, während er ihr seine Gedichte vortrug. Sie machte es sich zur Gewohnheit, ihm seine Lebensmittel zu bringen. Er starb zwei Winter später, und sie war imstande, seinen Besitz zu kaufen.

Sie kaufte eine kleine Schafherde und ein Pony, und nachdem sie ihren Sohn zu sich genommen hatte, schloß sie sich von der Welt aus. Sie verbrannte den Plunder des Dichters, bewahrte jedoch seine Schriften und Bücher auf. Ihr einziger Schutz waren eine quietschende Tür und ein Hund.

Eines Tages war Lewis auf der Jagd nach einem entlaufenen Widder. Er kam bei einem Haselnußgehölz an einen Fluß, wo das Wasser über einen Felsen schäumte und das Winterhochwasser haufenweise gebleichte Knochen heruntergespült hatte. Er spähte durch das Blätterwerk und sah Rosie Fifield, die in einem blauen Kleid am anderen Ufer der Schlucht saß. Sie hatte ihre Wäsche zum Trocknen auf die Ginsterbüsche gelegt und war in ein Buch vertieft. Ein kleiner Junge rannte zu ihr und hielt ihr eine Butterblume unters Kinn.

»Bitte, Billy!« Sie strich ihm übers Haar. »Jetzt sind es genug!« – und das Kind setzte sich hin, um einen Blumenkranz zu winden.

Lewis beobachtete sie zehn Minuten lang, regungslos, als beobachtete er eine Füchsin beim Spielen mit ihren Jungen. Dann ging er zurück nach Hause.

XXVII

Am zweiten Weihnachtstag 1924 trafen sich die Treiber bei Fiddler's Ellbow und machten sich daran, das Dickicht von Cefn Wood zu durchstöbern. Gegen elf Uhr dreißig wurde Colonel Bickerton von seinem Jagdpferd abgeworfen und von einem dazukommenden Pferd ins Rückgrat getreten. Den Kindern wurde für die Beerdigung schulfrei gegeben. Im Pub brachten die Männer einen Toast in Erinnerung an den alten Squire auf und sagten: »So einen Tod hätte er sich gewünscht!«

Seine Witwe kam für drei Tage und kehrte nach Grasse zurück.

Da sie mit dem Rest der Familie zerstritten war, hatte sie es vorgezogen, in Frankreich zu leben und in einem kleinen provenzalischen Haus zu malen und im Garten zu arbeiten. Mrs. Nancy lebte in Lurkenhope weiter, um »die Festung zu halten« für Reggie, der auf seiner Kaffeeplantage in Kenia war. Den meisten Dienstboten wurde gekündigt. Im Juli kam Amos Jones das Gerücht zu Ohren, daß die Berghöfe verkauft werden sollten, damit die Erbschaftssteuer bezahlt werden könne.

Auf diesen Augenblick hatte er sein Leben lang gewartet.

Er suchte den Gutsverwalter auf, der ihm im Vertrauen bestätigte, daß alle, die seit zehn oder mehr Jahren Pächter waren, ihren Hof zu einem »gerechten Schätzpreis« kaufen könnten.

»Und wie hoch würde ein gerechter Schätzpreis sein?«

»Für The Vision? Kann ich nicht genau sagen! Zwischen zwei- und dreitausend, vermute ich.«

Amos suchte als nächstes den Bankdirektor auf, der keine Schwierigkeiten sah, ihm einen Kredit zuzusichern.

Die Aussicht, einen eigenen Hof zu besitzen, gab Amos das Gefühl, wieder jung zu sein. Er schien seine Tochter zu vergessen. Er sah mit den Augen eines Neuverliebten über das Land, träumte davon, moderne Maschinen zu kaufen, und hielt Moralpredigten über den Untergang der Gentry.

Gottes Hand, sagte er, habe ihm und seinem Samen das Land übergeben; und wenn er von »Samen« sprach, wurden die Zwillinge beide rot und senkten den Blick. Eines Tages, zur Zeit der Auerhahnjagd, versteckte er sich zwischen den Lärchen und beobachtete, wie Mrs. Nancy mit einer Jagdgesellschaft und Treibern über die Weide schritt.

»Und nächstes Jahr«, tönte er laut beim Abendessen, »wenn sie sich nächstes Jahr auch nur auf meinem Feld sehen lassen, mit ihren feisten Gesichtern, jage ich sie davon und hetze die Hunde auf sie.«

»Du lieber Himmel!« sagte Mary, während sie einen Teller mit Hackfleischpastete absetzte. »Was haben sie dir denn getan?«

Der Herbst ging schnell vorüber. Dann kamen Ende Oktober zwei Schätzer aus Hereford und wollten das Land und die Gebäude besichtigen.

»Und was, glauben Sie, meine Herren, ist dieser Hof wert?« fragte Amos, während er ihnen ehrerbietig die Tür zum Wohnzimmer öffnete.

Der ältere Mann kratzte sich am Kinn. »Rund dreitausend auf dem freien Markt. Aber an Ihrer Stelle würde ich die Summe für mich behalten.«

»Freier Markt? Aber er wird doch gar nicht angeboten auf dem freien Markt.«

»Ich hoffe, Sie behalten recht.« Der Schätzer zuckte die Achseln und zog den Starter.

Amos hatte den Eindruck, daß etwas nicht stimmte. Doch nie, auch nicht in den Momenten seiner größten Besorgnis, hätte er mit der Ankündigung in der *Hereford Times* gerechnet: Die Höfe sollten bei einer öffentlichen Versteigerung an einem auf sechs Wochen später festgesetzten Datum im

Roten Drachen in Rhulen verkauft werden. Aus Angst vor der neuen Labour-Regierung und beunruhigt durch eine neue, gegen die Großgrundbesitzer gerichtete Gesetzgebung, hatten die Treuhänder Lurkenhopes beschlossen, auch den letzten Penny einzutreiben – und zwangen ihre Pächter, mit außenstehenden Käufern zu konkurrieren.

Haines von Red Daren berief eine Versammlung in der Halle von Maesyfelin ein, wo die Pächter einer nach dem andern gegen diese »mönströsen, hinterlistigen Manöver« protestierten und vereinbarten, die Versteigerung zu sprengen.

Die Versteigerung ging wie geplant vonstatten.

Als der wichtige Tag kam, hagelte es. Mary zog ein warmes graues Wollkleid an, ihren Wintermantel und den Hut, den sie bei Beerdigungen trug. Als sie ihren Regenschirm in die Hand nahm, wandte sie sich an die Zwillinge und sagte: »Bitte, kommt mit! Euer Vater braucht euch. Heute braucht er euch mehr denn je!«

Sie schüttelten den Kopf und sagten: »Nein, Mutter! Wir gehen nicht in die Stadt.«

Aus dem Bankettsaal im Roten Drachen waren alle Tische entfernt worden, und der um seinen Parkettfußboden besorgte Besitzer stand am Eingang und hielt nach grobbeschlagenen Stiefeln Ausschau. Der Auktionsgehilfe befestigte Papierzettel an den Stühlen, die für Bieter reserviert waren. Mary nickte Freunden und Bekannten zu und setzte sich in die dritte Reihe, während Amos sich den anderen Pächtern anschloß, die – Waliser bis auf den letzten Mann – in einem Kreis standen, mit ihren Regenmänteln über dem Arm, und sich im Flüsterton auf eine Strategie zu einigen versuchten.

Rädelsführer war Haines von Red Daren, mittlerweile ein hagerer, sehniger Mann in den Fünfzigern mit einer zerquetschten Nase, einem Wust grauer Locken und schiefen Zähnen. Er hatte vor kurzem seine Frau verloren.

»Richtig«, sagte er. »Sollte irgendeiner gegen einen Pächter bieten, werde ich ihn persönlich mit meinen Stiefeln aus diesem Raum jagen.«

Der Saal füllte sich mit Bietern und Zuschauern. Dann kam eine jüngere, schlampig wirkende Frau herein, die einen regendurchtränkten Hut mit grünen Federn auf dem Kopf trug. An ihrem Arm ging Tom Watkins, der alte Sargmacher.

Amos verließ den Kreis, um seinen früheren Feind zu begrüßen, doch Watkins drehte ihm den Rücken zu und starrte auf einen Jagddruck.

Um zwanzig nach zwei erschien Mr. Arkwright, der Notar des Verkäufers, wie für eine Jagdpartie gekleidet in Knickerbockers aus kariertem Tweed. Auch er hatte vor kurzem seine Frau verloren, und als David Powell-Davies ihm »im Namen der Bauernvereinigung« sein Beileid aussprechen wollte, erwiderte der Notar mit einem welken Lächeln:

»Eine traurige Angelegenheit, selbstverständlich! Aber ein Segen! Glauben Sie mir, Mr. Powell-Davies! Ein großer Segen!«

Mrs. Arkwright hatte ihr letztes Jahr mehr oder weniger im Irrenhaus von Mittelwales verbracht. Der Witwer entfernte sich und verwickelte den Auktionator in ein Gespräch.

Der Auktionator war ein gewisser Mr. Whitaker, ein großer sanfter Mann mit sandbraunem Haar, einem hochroten Gesicht und Augen in der Farbe von Austern. Er trug die Uniform der gehobenen Berufsstände, eine schwarze Weste und gestreifte Hosen, und sein Adamsapfel sprang im V seines Eckenkragens auf und ab.

Pünktlich um halb drei stieg er auf das Podium und ver-

kündete: »Auf Anweisung der Treuhänder der Lurken-
hope-Ländereien werden fünfzehn Höfe, fünf Parzellen
Weideland und zweihundert Morgen aufgeforsteter Wald
zum Verkauf angeboten.«

»Soll ich nicht auf dem Hof sterben, auf dem ich geboren
bin?« Eine tiefe Stimme, in der bitterer Spott mitschwang,
ertönte im Hintergrund des Saals.

»Natürlich sollen Sie«, sagte Mr. Whitaker gutgelaunt.
»Sie brauchen nur ein angemessenes Angebot zu machen!
Ich versichere Ihnen, Sir, daß die Mindestforderungen nied-
rig sind. Wollen wir also anfangen? Los Nummer eins . . .
Lower Pen-Lan Court . . .«

»Nein, Sir!« Es war Haines von Red Daren. »Wir wollen
nicht anfangen. Wir wollen diesem Unsinn ein Ende machen. Ist es recht, diese Art von Besitz auszuschreiben, ohne
den Pächtern eine Kaufmöglichkeit zu geben?«

Mr. Whitaker wandte sich von der murrenden Menge ab
und Mr. Arkwright zu: Sie waren darüber informiert worden, daß sie mit Störungen zu rechnen hatten. Er legte sein
Elfenbeinhämmerchen nieder und richtete seine Worte an
den Kronleuchter:

»All das, meine Herren, kommt ein bißchen spät. Doch
möchte ich folgendes sagen: Als Bauern sind Sie für den
freien Markt, wenn Sie Ihr Vieh verkaufen wollen. Hierher
kommen Sie jedoch in der Erwartung, einen geschlossenen
Markt gegen Ihren Grundbesitzer vorzufinden.«

»Kontrolliert die Regierung den Bodenpreis?« Wieder
war es Haines, dessen monotone Stimme zornig anschwoll.
»Die Regierung kontrolliert den Viehpreis.«

»Hört! Hört!« – und die Waliser begannen zu applaudie-
ren.

»Sir!« Mr. Whitakers Lippen bebten, und seine Mundwinkel hingen herab. »Dies ist eine öffentliche Versteigerung. Dies ist keine politische Versammlung.«

183

»Sie wird schnell genug politisch werden.« Haines schwang eine Faust in der Luft. »Ihr Engländer, ihr glaubt, ihr hättet genug Schwierigkeiten in Irland gehabt. Ich kann euch eines sagen. Dieser Raum ist voll von Walisern, die euch an Ort und Stelle genug Schwierigkeiten machen können.«

»Sir!« Der Hammer knallte, *rat-tat-tat!* »Dies ist weder die Zeit noch der Ort, imperiale Fragen zu diskutieren. Wir stehen vor einer einzigen Frage, meine Herren! Wollen wir oder wollen wir nicht, daß dieser Verkauf weitergeht?«

Von allen Seiten kamen Rufe: »Nein!« – »Ja!« – »Schmeißt den Kerl raus!« – »Verdammter Bolschewik!« – »Gott erhalte den König!« – während sich der Kreis der Waliser an den Händen faßte und im Chor sang: »*Hen Wlad Fu Nhadau.* Oh, Land meiner Väter.«

»Leider kann ich Sie zu Ihrem Singen nicht beglückwünschen, meine Herren!« Der Auktionator erbleichte. »Ich möchte Ihnen nur noch eins sagen. Sollte diese Störung andauern, werden die Losnummern zurückgenommen und in Privatverhandlungen geschlossen verkauft werden.«

»Bluffer!« – »Schmeißt ihn raus!...« Aber die Rufe klangen wenig überzeugend und gerannen bald darauf zu Schweigen.

Mr. Whitaker kreuzte die Arme und genoß die Wirkung seiner Drohung. Im Hintergrund machte David Powell-Davies Haines von Red Daren Vorwürfe.

»Schon gut! Schon gut!« Haines fuhr mit den Fingernägeln über seine eingefallenen Wangen. »Aber sollte irgendwer, egal, ob Mann, Frau oder Hund, gegen einen Pächter bieten, dann schmeiße ich ihn raus –«

»Sehr gut. Alsdann...« Der Auktionator blickte prüfend über die Reihen angespannter, verschlossener Gesichter. »Der Herr dort hat uns erlaubt, anzufangen. Los Nummer eins also, Lower Pen-Llan Court... Fünfhundert Pfund, bietet jemand?« – und innerhalb von fünfundzwanzig Minuten hatte er Land, Wald und vierzehn Höfe verkauft, jeden einzelnen an seinen Pächter.

Dai Morgan gab 2500 Pfund für The Bailey. Gillifaenog ging für nur 2000 Pfund an Evan Bevan, aber der Boden war karg. Die Griffiths mußten 3050 Pfund für Cwm Cringlyn zahlen, und Haines kaufte Red Daren ganze 400 Pfund unter dem Schätzwert.

Das brachte ihn fraglos in Stimmung. Er ging zwischen seinen Freunden hin und her, schüttelte ihnen die Hände und versprach, eine Runde zu spendieren, sobald der Pub geöffnet würde.

»Los Nummer fünfzehn ...«

»Jetzt!« hauchte Mary. Amos zitterte, und sie legte ihre graubehandschuhte Hand auf seine.

»Los Nummer fünfzehn, der Hof The Vision, mit Wirtschaftsgebäuden, 120 Morgen Land und Weiderecht auf dem Schwarzen Berg ... Wer bietet? Fünfhundert Pfund? ... Fünfhundert Pfund zum ersten. Ihr Angebot, Sir! ... Bei fünfhundert ...!«

Amos trieb sein Angebot auf die Mindestforderung zu: Es war, als schöbe man einen Karren den Berg hinauf. Er ballte die Fäuste. Sein Atem kam in heftigen Stößen.

Bei 2750 Pfund schaute er auf und sah, wie der Hammer in der Luft schwebte.

»Ihr Angebot, Sir!« sagte Mr. Whitaker, und Amos hatte das Gefühl, er sei auf einem sonnigen Gipfel angekommen, und alle Wolken hätten sich verzogen. Marys Hand ruhte auf seinen Knöcheln, die sich entspannten, und er kehrte in Gedanken zu jenem ersten Abend zurück, als sie zusammen in dem verwilderten Innenhof gestanden hatten.

»Sehr gut. Alsdann ...« Für Mr. Whitaker war die Versteigerung zu Ende. »An den Pächter für zweitausendsiebenhun–«

»Dreitausend!«

Die Stimme fiel wie ein Schlachtbeil auf Amos Schädelbasis.

Stühle knarrten, während die Zuschauer sich umdrehten und den unerwarteten Bieter anstarrten. Amos kannte den Bieter, aber er drehte sich nicht um.

»Für dreitausend!« Mr. Whitaker strahlte vor Vergnügen. »Das Angebot mit dreitausend kommt von dort hinten.«

»Dreitausendeinhundert«, sagte Amos mit erstickter Stimme.

»Und fünfhundert!«

Der Bieter war Watkins der Sargmacher.

»Und sechs hier vorn!«

Und wo war Red Daren jetzt, fragte sich Amos. Wo waren seine Stiefel jetzt? Bei jedem weiteren Angebot glaubte er, zu platzen. Er glaubte, keine Luft mehr zu bekommen, glaubte, daß jedes weitere Hundert sein letzter Atemzug sei, aber die kalte Stimme hinter ihm machte weiter.

Jetzt öffnete er die Augen und sah das selbstzufriedene, glatte Lächeln auf dem Gesicht des Auktionators.

»An Sie dort hinten«, sagte die Stimme. »Verkauft an den Bieter im Hintergrund für fünftausendzweihundert Pfund. Ein weiteres Angebot? Gegen Sie, Sir!«

Mr. Whitaker genoß die Situation. Wie sehr er die Situation genoß, sah man an der Art, wie er mit der Zungenspitze seine Unterlippe anfeuchtete.

»Fünftausenddreihundert!« sagte Amos, die Augen wie in Trance weit aufgerissen.

Der Auktionator fing die Angebote mit seinem Mund auf, als wären sie Blumen, die durch die Luft flogen.

»Hier vorn bei fünftausenddreihundert!«

»Hör auf!« Marys Finger krallten sich in den Ärmelaufschlag ihres Mannes. »Er ist verrückt«, flüsterte sie. »Du mußt aufhören!«

»Vielen Dank, Sir! Fünftausendvierhundert aus dem Hintergrund.«

»Und fünfhundert«, stieß Amos barsch hervor.

»Wieder hier vorn, bei fünftausendfünfhundert!«

Wieder ließ Mr. Whitaker seinen Blick über den Kronleuchter gleiten und blinzelte. Ein Ausdruck der Verwunderung glitt über sein Gesicht. Der zweite Bieter war zur Tür gestürzt. Die Leute erhoben sich von ihren Plätzen und zogen sich die Mäntel über.

»Sehr gut. Alsdann . . .« Seine Stimme übertönte das Rascheln des Ölzeugs. »Verkauft an den Pächter für fünftausendfünfhundert Pfund!« – und der Hammer ging mit einem genüßlichen Schlag nieder.

XXVIII

Es hagelte wieder am nächsten Nachmittag, als Mary mit dem Einspänner zum Notar unterwegs war. Die Felder waren voll regennasser Schafe, und auf der Landstraße standen trübe Wasserpfützen. Amos hatte sich ins Bett geflüchtet.

Der Gehilfe führte sie ins Büro, wo ein Kohleofen glühte.

»Vielen Dank, ich bleibe lieber stehen«, sagte sie und wärmte sich die Hände, während sie ihre Gedanken sammelte.

Mr. Arkwright kam herein und ordnete ein paar Papiere auf seinem Tisch: »Gnädige Frau, wie schön, daß Sie so schnell hergekommen sind!« sagte er und schickte sich an, über die Geldeinlage und die Änderung des Vertrags zu sprechen. »Wir werden die Angelegenheit schnell erledigt haben.«

»Ich bin nicht gekommen, um über den Vertrag zu sprechen«, sagte sie, »sondern über den ungerechten Verkaufspreis.«

»Ungerecht, gnädige Frau?« Das Monokel platzte aus seiner Augenhöhle und schwang an einem schwarzen Seidenband hin und her. »Inwiefern ungerecht? Es war eine öffentliche Versteigerung.«

»Es war ein privater Racheakt.« Feuchter Dampf stieg in Spiralen von ihrem Rock auf, während sie den Streit zwischen ihrem Mann und Watkins dem Sargmacher erklärte.

Der Notar spielte mit seinem Brieföffner, rückte seine Krawattennadel zurecht, blätterte ein Journal durch; dann läutete er seine Sekretärin herein und verlangte sehr betont »*eine* Tasse Tee«.

»Ja, Mrs. Jones, ich höre«, sagte er, als Mary zum Ende ihrer Geschichte kam. »Möchten Sie mir sonst noch etwas sagen?«

»Ich hatte gehofft... ich würde gern wissen, ob die Treuhänder mit einer Preissenkung einverstanden wären...«

»Mit einer Preissenkung? Was für eine Idee!«

»Gibt es keine Möglichkeit –?«

»Keine!«

»Keine Hoffnung, daß –«

»Hoffnung, gnädige Frau? Ich nenne das eine glatte Unverschämtheit!«

Sie versteifte ihren Rücken und kräuselte die Lippen: »Niemand würde Ihnen diesen Preis bezahlen, das wissen Sie genau!«

»Wie bitte, gnädige Frau? Ganz im Gegenteil! Erst heute morgen ist Mr. Watkins zu mir gekommen. Nur zu willig, seine Geldeinlage zu machen, falls der Käufer Abstand nimmt.«

»Ich glaube Ihnen nicht«, sagte sie.

»Dann lassen Sie es bleiben«, sagte er und wies ihr die

Tür. »Sie haben achtundzwanzig Tage Zeit, sich zu entscheiden.«

Schade, dachte er, als er ihre Schritte auf dem Linoleumfußboden hörte. Sie war sicher einmal eine hübsche Frau gewesen – und sie hatte ihn beim Lügen ertappt! Aber dann hatte sie – das war es doch wohl? – ihre Klasse verraten. Er zuckte nervös, als die Sekretärin den Tee hereinbrachte.

Die Abendwolken waren dunkler als der Berg. Riesige Schwärme von Staren flogen in niedriger Höhe über dem Cefn-Wald, entfalteten und verdichteten sich zu Bögen und Ellipsen, stießen dann in einem Wirbelwind ab und ließen sich auf den Zweigen nieder. Ein Stück voraus sah Mary die Lichter ihres Hauses, wagte aber kaum, sich ihm zu nähern.

Die Zwillinge kamen nach draußen, spannten das Pony aus und rollten den Wagen in den Schuppen.

»Wie geht es Vater?« fragte sie zitternd.

»Benimmt sich komisch.«

Den ganzen Tag lang hatte er Gott angefleht, ihn für seinen sündigen Stolz zu strafen.

»Und was soll ich ihm jetzt sagen?« fragte sie und kauerte sich auf einen Schemel vor dem Kamin. Benjamin brachte ihr einen Becher Kakao. Sie schloß die Augen vor dem Feuer und glaubte zu sehen, wie rote Blutkörperchen in Schnüren über ihre Augenlider strömten.

»Was können wir, jeder von uns, bloß tun?« wandte sie sich an die Flammen, und die Flammen gaben ihr zu ihrer Verwunderung eine Antwort.

Sie stand auf. Sie ging zum Klavier und öffnete die Marketerieschatulle, in der sie ihre Korrespondenz aufbewahrte. In Sekundenschnelle hatte sie Mrs. Bickertons Weihnachtskarte vom vergangenen Jahr herausgeholt. Unter der Unterschrift stand eine Adresse in der Nähe von Grasse.

Die Zwillinge aßen ihr Abendbrot und gingen zu Bett.

Ein Sturm fegte über das Dach, und sie konnte Amos im Schlafzimmer stöhnen hören. Die Flammen knisterten, die Feder kratzte. Sie schrieb Brief um Brief und zerknüllte die Bogen jedesmal wieder, bis sie den richtigen Ton gefunden hatte. Dann frankierte sie den Umschlag und legte ihn für den Postboten bereit.

Sie wartete eine Woche, zwei Wochen, zwanzig Tage. Der Morgen des einundzwanzigsten Tages war klar und frostig, und sie zwang sich, nicht zum Postboten hinauszulaufen, sondern auf sein Klopfen zu warten.

Der Brief war angekommen.

Als sie ihn aufschlitzte, fiel etwas Gelbes in der Farbe eines Kükens auf den Kaminvorleger. Sie hielt den Atem an, während sie Mrs. Bickertons selbstsichere Handschrift überflog:

»Sie Arme! So eine Qual! Ich bin durchaus Ihrer Meinung ... manche Menschen sind vollkommen verrückt! Gott sei Dank habe ich bei den Treuhändern noch immer ein *bißchen* Einfluß! Das wäre ja noch schöner! ... Wunderbare Erfindung, das Telefon. Bin in genau zehn Minuten nach London durchgekommen! Sir Vivian hat größtes Verständnis. Konnte sich nicht auf Anhieb erinnern, wie hoch die Mindestforderung für The Vision war ... Er glaubt, unter dreitausend. Einerlei, wie hoch sie war, Sie sollen den Hof auf jeden Fall zu dem Preis haben!«

Mary sah zu Amos auf, und eine Träne fiel auf das Briefpapier. Sie las laut weiter:

» ... Garten lieblich! Die Zeit der Mimosen und der Mandelblüten ... Himmel! Sähe so gern, wenn Sie herunterkämen, sobald die Zeit es Ihnen erlaubt. Bitten sie den fürchterlichen Arkwright, Ihnen die Fahrkarte zu besorgen ...«

Sie war plötzlich schrecklich verlegen. Wieder sah sie Amos an.

»Nobel von ihnen!« knurrte er. »Sehr, sehr nobel von ihnen!« – und er stampfte auf die Veranda hinaus.

Sie hob das Ding auf, das aus dem Brief gefallen war. Es war die Blütendolde einer Mimose, zerquetscht, aber immer noch flaumig. Sie hielt das Büschel an die Nase und sog den Duft des Südens ein.

Irgendwann Ende der achtziger Jahre war sie mit ihrer Mutter an Bord des Missionsschiffs gegangen, das in Neapel vor Anker lag. Gemeinsam waren sie durch den Mittelmeerfrühling gereist.

Sie erinnerte sich an die See, die im Wind weiß schimmernden Oliven, an den Duft von Thymian und Zistrosen nach dem Regen. Sie erinnerte sich an die Lupinen und Mohnblumen auf den Feldern oberhalb von Posilippo. Sie erinnerte sich an die Wärme und das Wohlgefühl in ihrem Körper in der Sonne. Und was gäbe sie jetzt für ein neues Leben in der Sonne? Um in der Sonne zu verwelken und zu sterben? Doch war dieser Brief, um den sie gebetet hatte, nicht ebenfalls ein Urteil, das sie auf immer und ewig, für den Rest ihres Lebens Gefangene in diesem düsteren Haus auf dem Berg sein ließ?

Und Amos? Hätte er bloß lächeln oder dankbar sein oder auch nur Verständnis zeigen können! Statt dessen polterte und trampelte er herum und zertrümmerte Geschirr und verfluchte die verdammten Engländer und allen voran die Bickertons. Er drohte sogar damit, den Hof niederzubrennen.

Und als der Brief der Treuhänder schließlich kam, die ihnen The Vision für 2 700 Pfund anboten, machte sich der in langen Jahren angestaute Groll Luft:

Es waren *ihre* Beziehungen gewesen, durch die sie den Pachtvertrag bekommen hatten. *Ihr* Geld, mit dem das Vieh gekauft wurde. *Ihre* Möbel möblierten das Haus. *Ihretwegen* war seine Tochter mit dem Iren davongelaufen. Es war *ihre*

Schuld, daß seine Söhne Idioten waren. Und jetzt, wo alles im Eimer war, waren es *ihre* Klasse und ihr ach so schlauer Brief, die all das gerettet hatten, wofür er, Amos Jones, Mann, Bauer, Waliser, gearbeitet, gespart und seine Gesundheit ruiniert hatte – und das er jetzt nicht mehr wollte!

Ob sie ihn verstanden hätte? NICHT MEHR WOLLTE! Nein! Nicht zu dem Preis! Um keinen Preis! Und was wollte er? Er wußte, was er wollte! Seine Tochter! Rebecca! *Sie* wollte er! Zurück. Zurück ins Haus! Mit dem Mann! Verdammter Ire! Konnte ja nicht schlimmer sein als diese beiden Schwachköpfe! Und er würde sie finden! Und sie zurückbringen! Beide! Zurück! Zurück! Zurück!

»Ich weiß . . . ich weiß . . .« Mary stand hinter ihm und wiegte seinen Kopf in ihren Händen. Er hatte sich in den Schaukelstuhl fallen lassen und wurde von Schluchzern geschüttelt.

»Wir werden sie finden«, sagte sie. »Irgendwie werden wir sie finden. Und wenn wir nach Amerika gehen müssen, wir werden sie irgendwie zurückbekommen.«

»Warum habe ich sie hinausgeworfen?« wimmerte er.

Er klammerte sich an Mary, wie ein ängstliches Kind sich an eine Puppe klammert, doch auf seine Frage fand sie keine Antwort.

XXIX

Der Frühling hatte die Lärchen bestäubt. Der Rahm floß dick und gelblich durch die Abrahmzentrifuge, als Mary Benjamin rufen hörte und die Kurbel fallen ließ und zur Küche lief. Amos lag ausgestreckt auf dem Kaminvorleger, mit geöffnetem Mund, und seine Augen starrten glasig auf die Deckenbalken.

Er hatte einen Schlaganfall gehabt. Er war vor kurzem fünfundfünfzig geworden, und er hatte sich gebückt, um einen Schnürsenkel zu binden. Auf dem Tisch stand ein Krug mit Primeln.

Dr. Galbraith, ein freundlicher junger Ire, der die Praxis übernommen hatte, beglückwünschte seinen Patienten zu seiner »Ochsennatur« und sagte, er würde ihn bald wieder auf den Beinen haben. Dann nahm er Mary beiseite und sagte ihr, sie müsse auf einen zweiten Schlaganfall gefaßt sein.

Doch trotz eines gelähmten Arms genas Amos so weit, daß er über den Hof humpelte, seinen Stock schwang, die Zwillinge verfluchte oder den Pferden in die Quere kam. Es war sehr schwer, mit ihm umzugehen, sobald seine Gedanken zu Rebecca zurückgingen.

»Nun, habt ihr sie gefunden?« fauchte er, wenn der Postbote einen Brief brachte.

»Noch nicht«, antwortete Mary dann, »aber wir versuchen es weiter.«

Sie wußte, daß der Name des Iren Moynihan war, und schrieb Briefe an die Polizei, das Innenministerium und an seine früheren Vorgesetzten bei der Eisenbahn. Sie gab in den Dubliner Zeitungen Anzeigen auf. Sie schrieb sogar an die Einwanderungsbehörden in Amerika, ohne Erfolg.

Das Paar war verschwunden.

In diesem Herbst verkündete sie mit unwiderruflichem Ausdruck: »Wir können nichts mehr tun!«

Da keiner der Zwillinge aus dem Haus ging und selbst Benjamin es nicht mehr gewohnt war, mit Geld umzugehen, war sie es, die von nun an auf dem Hof regierte, sie war es, die die Bücher führte und die entschied, was angepflanzt wurde. Sie hatte ein scharfsinniges Urteil in geschäftlichen Angelegenheiten und ein scharfsinniges Urteil über Menschen, wußte, wann gekauft und wann verkauft werden mußte, wann die Viehhändler besänftigt und wann sie zum Teufel gejagt werden mußten.

»Puh«, hörte man einen Mann klagen, nachdem sie unbarmherzig mit ihm gefeilscht hatte. »Die Mutter Jones ist die geizigste Frau vom Berg!«

Diese Bemerkung wurde ihr hinterbracht und bereitete ihr große Freude.

Um das Problem der Erbschaftssteuer nicht erst aufkommen zu lassen, ließ sie The Vision urkundlich auf den Namen beider Zwillinge umschreiben. Vor ihrem triumphierenden Blick ergriff Mr. Arkwright auf der Straße die Flucht. Sie lachte aus vollem Halse, als sie erfuhr, daß der Notar verhaftet worden war – wegen Mordes.

»Mord, Mutter?«

»Mord!«

Zunächst hatte man angenommen, daß Mrs. Arkwright an Nephritis und den Folgen des Wahnsinns gestorben war. Dann stellte Mr. Vavasour Hughes, ein rivalisierender Notar, dem Witwer gewisse peinliche Fragen zum Testament eines Klienten. Bei einer Teegesellschaft, in deren Verlauf seine Zweifel ausgeräumt werden sollten, wurde er von Mr. Arkwright gedrängt, ein Sandwich mit Bücklingpastete zu essen, an dem er in der Nacht beinahe gestorben wäre. Vierzehn Tage später erhielt Mr. Hughes eine Pralinenschachtel »von einem Bewunderer«, und wieder wäre er beinahe gestorben. Er setzte die Polizei von seinem Verdacht in Kenntnis, die feststellte, daß jede Praline mit Arsen gespritzt worden war. Man zählte zwei und zwei zusammen und ordnete die Exhumierung der toten Frau auf dem Friedhof von Rhulen an.

Dr. Galbraith war erschüttert, als er das Ergebnis der gerichtsmedizinischen Untersuchung erfuhr: »Ich wußte, daß sie ein Opfer von Verdauungsschwierigkeiten war«, sagte er, »aber das hätte ich nie vermutet.«

Um an ihr Vermögen heranzukommen, hatte Mr. Arkwright die Diät seiner Frau mit Arsen durchsetzt, das er für die Jagd auf Löwenzahn erstanden hatte. Er wurde in Hereford verurteilt und in Gloucester gehängt.

»Sie haben den alten Arkwright gehängt.« Lewis wedelte mit den *News of the World* vor dem Gesicht seines Vaters.

»Hä?« Amos war jetzt sehr taub.

»Ich sagte, sie haben den alten Arkwright gehängt«, brüllte Lewis.

»Der hätte schon bei seiner Geburt gehängt werden sollen«, sagte Amos mit Entschiedenheit, und Speichelblasen tropften an seinem Kinn entlang.

Mary hielt nach Anzeichen für den zweiten Schlaganfall Ausschau, aber es war kein Schlaganfall, der ihn tötete.

Olwen und Daisy waren die beiden schweren Zuchtstuten von The Vision. Sie fohlten abwechselnd alle zwei Jahre.

Lewis liebte sie heiß und innig, sah ganze Welten in ihre glänzenden Weichen hinein, liebte es, sie zu scheuern, zu striegeln, ihr Geschirr zu polieren und die weiße Befiederung an ihren Fesseln aufzuplustern.

Eine Stute wurde Ende Mai brünstig und wartete auf den Besuch des Hengstes – ein wunderschönes Tier, das »Renner« hieß und mit seinem Besitzer Merlin Evans die Runde auf den Berghöfen machte.

Dieser Merlin war ein drahtiger flachshaariger Mann mit einem narbigen, dreieckigen Gesicht und einem Gebiß aus bräunlichen Zahnstumpfen. Um den Hals trug er mehrere seidige Damenschals – bis sie verschlissen waren – und in seinem Ohrläppchen einen einzigen goldenen Ring. Mit seinen Eroberungsgeschichten setzte er die Zwillinge in Erstaunen. Kaum hatten sie eine fromme Kirchgängerin erwähnt, schon grinste er: »Die hatte ich in der Schlucht drüben bei Pantglas.« Oder: »Die hatte ich im Stehen im Stall.«

Manche Nächte verbrachte er hinter einem Heuhaufen, andere zwischen Leinentüchern. Es hieß, daß er weitaus mehr Nachkommen gezeugt hatte als »Renner«, und tatsächlich gab es Bauern, die, an frischem Blut in der Familie interessiert, ihre Frauen grundsätzlich allein zu Haus ließen.

Jedes Jahr vor Weihnachten machte er eine Woche Urlaub in der Hauptstadt, und einmal, als Lewis ihm für die Dienste des Hengstes 25 Schilling gezahlt hatte, breitete Merlin die Münzen auf seiner Handinnenfläche aus und sagte: »Dafür kriege ich eine Frau in London und fünf in Abergavenny!«

Im Frühjahr 1926 wurde er von einem Mädchen in Rosgoch aufgehalten, und er kam mit einer Woche Verspätung nach The Vision.

Wolkenfetzen hingen reglos am Himmel. Die Berge lagen silbrig im Sonnenlicht, die Hecken waren weiß vom Weißdorn, und die Butterblumen breiteten eine goldene Decke über die Felder. Das Gehege war mit blökenden Schafen gefüllt. Ein Kuckuck rief. Spatzen lärmten, und Hausschwalben zerschnitten die Luft. Die beiden Stuten standen in ihren Boxen, die Mäuler in den Hafersäcken, und schlugen wegen der Fliegen aus.

Lewis und Benjamin erwarteten in jedem Augenblick die Ankunft der Schafscherer.

Den ganzen Vormittag hatten sie Hürden zusammengebunden, den Teerkessel erhitzt, rostige Scheren geölt und die fettverschmierten Scherbänke vom Heuboden geholt.

Im Haus machte Mary Gerstensaft mit Zitrone als Erfrischung für die Männer. Amos hielt ein Schläfchen, als eine schneidende Stimme vom Gatter herüberdrang: »Alles auf die Beine! Hier kommt der alte Wüstling!«

Das Klappern von Hufen weckte den Kranken. Er ging nach draußen, um nachzusehen, was los war.

Die Sonne war sehr hell, und sie blendete ihn. Die Stuten schien er nicht zu sehen.

Und die Zwillinge sahen ihn nicht, als er in den schattigen Streifen zwischen den Boxen und dem Hengst humpelte. Und er hörte auch nicht, wie Merlin Evans brüllte: »Paß auf, du alter Narr!«

Es war zu spät.

Olwen hatte ausgeschlagen. Der Huf hatte ihn am Kinn getroffen, und die Spatzen lärmten weiter.

XXX

Kaum hatte Mr. Vines, der Leichenbestatter, einen Fuß auf die Treppe gesetzt, schon drückte sein Gesicht starke Zweifel aus. Die Zweifel verstärkten sich, als er mit sachverständigem Blick den Abstand zwischen dem letzten Geländerpfosten und der Flurwand schätzte. Er legte der Leiche ein Metermaß an und ging in die Küche hinunter.

»Er ist ein großer Mann«, sagte er. »Wir werden ihn wohl hier unten einsargen müssen.«

»Das werden wir wohl«, sagte Mary. In ihrem Ärmel steckte ein schwarzes Krepptaschentuch, griffbereit für die Tränen, die nicht kommen wollten.

Am Nachmittag scheuerte sie den Küchenfußboden, sprenkelte ein paar Bettücher mit Lavendelwasser ein und befestigte sie an der Bilderschiene, so daß sie in Falten über die Rahmen fielen. Sie holte ein paar Lorbeerzweige aus dem Garten und machte aus den glänzenden Blättern ein Fries.

Das Wetter war unverändert heiß und schwül, und die Zwillinge machten mit dem Scheren weiter. Fünf Nachbarn waren gekommen, um ihnen zur Hand zu gehen, und sie schoren für den Preis einer mit Apfelwein gefüllten Gürtelflasche den ganzen Tag um die Wette.

»Ich setze mein Geld auf Benjamin«, sagte der alte Dai Morgan, als Benjamin ein weiteres Schaf aus dem Gehege holte. Er hatte einen Vorsprung von fünf Tieren vor Lewis. Er hatte kräftige, flinke Hände und war ein wunderbarer Scherer.

Die Schafe lagen ruhig unter den Messern und ließen die Tortur geduldig über sich ergehen. Dann, als sie wieder cremeweiß waren – wenn auch einige blutige Schnitte am Euter hatten –, hüpften sie auf die Koppel hinaus, sprangen in die Luft wie über einen unsichtbaren Zaun oder einfach nur in die Freiheit. Keiner der Scherer erwähnte den toten Mann.

Zwei Jungen, die Enkel von Reuben Jones, rollten die Felle zusammen, kämmten die Halswolle zu Schnüren und banden sie zusammen. Hin und wieder erschien Mary in einem langen grünen Kleid in der Tür, einen Krug mit dem Gerstensaft in der Hand.

»Ihr müßt schrecklichen Durst haben«, sagte sie lächelnd und kam so ihren Versuchen zuvor, ihr Beileid auszusprechen.

Als Mr. Vines um vier vorfuhr, legten die Zwillinge die Scheren nieder und trugen den Sarg durch die Veranda ins Haus. Ihre Hände waren fettig, und ihre Overalls glänzten schwarz vom Lanolin. Sie hüllten ihren Vater in ein Laken und trugen ihn die Treppe hinunter. Sie legten ihn auf den Küchentisch und ließen den Leichenbestatter seine Arbeit verrichten.

Mary machte einen Spaziergang, allein. Sie ging über die Felder nach Cock-a-loftie. Sie beobachtete einen Turmfalken, der unter einem geronnenen Himmel mit den Flügeln flatterte. Bei Sonnenuntergang kamen Frauen in Schwarz wie die Krähen zur Lammzeit, um dem Verstorbenen die letzte Ehre zu erweisen und den Leichnam zu küssen.

Der Sarg stand geöffnet auf dem Tisch. Zu beiden Seiten standen Kerzen, deren Lichter durch die Speckplatten flakkerten und mit den Balken ein Gitter aus Schatten bildeten. Auch Mary war jetzt in Schwarz gekleidet. Einige der Frauen weinten.

»Er war ein netter Mann.«

»Er war ein guter Mann.«

»Der Herr erbarme sich seiner!«

»Gott sei mit ihm.«

»Gott erbarme sich seiner Seele!«

Der Sarg war mit Watte und grobem Flanell ausgeschlagen. Um die Kontusionen am Kinn zu verbergen, war Amos' untere Gesichtshälfte mit einem weißen Schal umwickelt worden, aber man konnte die roten Haarbüschel aus seinen Nasenlöchern hervorschauen sehen. Der Raum roch nach Lavendel und Flieder. Mary konnte nicht weinen.

»Ja«, erwiderte sie. »Er war ein guter Mann.«

Sie führte ihre Besucher ins Wohnzimmer und goß jedem einzelnen ein Glas Glühbier mit Zitronenschale ein. Sie hatte sich daran erinnert, daß dies Brauch war in den Tälern.

»Ja«, nickte sie. »Die besten Freunde sind die alten Freunde.«

Die Zwillinge lehnten stumm an der Küchenwand und schauten die Menschen an, die ihren Vater anschauten.

Mary fuhr nach Rhulen und kaufte sich für das Begräbnis einen schwarzen Samtrock, einen schwarzen Strohhut und eine schwarze Bluse mit einem kleinen Chiffonkragen mit Ziehharmonikafalten. Sie war noch im Schlafzimmer und zog sich an, als der Leichenwagen am Tor stehenblieb. Die Küche war mit Menschen gefüllt. Die Sargträger schulterten den Sarg, doch sie blickte unverwandt auf ihr Spiegelbild im Wandspiegel, drehte langsam den Kopf und betrachtete ihr Profil. Hinter dem getupften Chenilleschleier sahen ihre Wangen wie verschrumpelte Rosenblätter aus.

Während des Gottesdienstes und der Beerdigung hielt sie sich aufrecht. Ohne sich noch einmal umzusehen, ging sie vom Grab fort – und innerhalb einer Woche überließ sie sich der Verzweiflung.

Zuerst gab sie sich die Schuld an Amos' Schlaganfall. Dann übernahm sie jene Eigenschaften, die sie am meisten an ihm geärgert hatten. Sie verlor jeden Gefallen an dem geringsten Luxus. Sie kaufte sich keine Kleider. Ihr Sinn für Humor war ihr abhanden gekommen, sie lachte nicht länger über die kleinen Absurditäten, die ihr geholfen hatten, das Leben leichter zu nehmen – und sie erinnerte sich sogar mit Rührung an die alte Hannah, seine Mutter.

Sie trieb ihre Verehrung an den Rand des Exzentrischen.

Sie flickte seine Jacke und stopfte seine Socken, legte beim Abendessen ein viertes Gedeck auf und häufte seinen Teller mit Essen voll. Seine Pfeife, sein Tabaksbeutel, seine Brille, seine Bibel – alles war an seinem gewohnten Platz, genau wie der Meißelkasten, für den Fall, daß er schnitzen wollte.

Dreimal in der Woche führten sie ein Gespräch miteinander – nicht durch Tischrücken oder spiritistische Mittel, sondern auf der Grundlage des simpleren Glaubens, daß die Toten lebendig waren und antworteten, wenn sie gerufen wurden.

Sie traf keine Entscheidung ohne seine Zustimmung.

An einem Novemberabend – ein zu Lower Brechfa gehörendes Feld war zum Verkauf angeboten – schob sie die Vorhänge beiseite und flüsterte in die Dunkelheit. Dann drehte sie sich zu ihren Söhnen um und sagte: »Gott weiß, wo wir das Geld hernehmen sollen, aber Vater sagt, wir sollen kaufen.«

Wenn Lewis dagegen einen neuen McCormick-Garben-binder wollte – seinen Haß auf Maschinen hatte er aufgege-ben –, kniff sie die Lippen zusammen und sagte: »Ganz be-stimmt nicht!«

Dann sagte sie zaudernd: »Ja!«

Dann sagte sie: »Vater will nicht!«

Dann hieß es wieder: »Ja!«, doch zu diesem Zeitpunkt war Lewis dermaßen verwirrt, daß er die Sache fallenließ. Und einen Garbenbinder kauften sie erst nach dem Zweiten Weltkrieg.

Nichts, nicht einmal eine Teetasse, wurde ersetzt, und das Haus sah immer mehr wie ein Museum aus.

Die Zwillinge wagten sich nicht mehr hinaus. Es war eher die Macht der Gewohnheit als Angst vor der Außenwelt. Dann kam es im Sommer 1927 zu einem sehr unangeneh-men Zwischenfall.

XXXI

Zwei Jahre nach der Rückkehr von Jim the Rock aus dem Krieg schenkte seine Schwester Ethel einem Jungen das Le-ben. Er hieß Alfie, und er hatte ein schlichtes Gemüt. Wer der Vater war, sagte Ethel nicht; aber da das Kerlchen Jims Karottenhaar und Jims abstehende Ohren hatte, sagten die herzlosen Leute: »Bruder und Schwester! Was soll schon dabei herauskommen! Kein Wunder, daß das Kind ein Schwachkopf ist!« – was ausgesprochen ungerecht war, denn Jim und Ethel waren nicht blutsverwandt.

Alfie war ein schwieriges Kind. Er zog sich immer wieder seine Kleider aus und spielte nackt im Stall, und manchmal blieb er tagelang verschwunden. Ethel zuckte die Achseln, wenn er ausblieb, und sagte: »Früher oder später wird er

schon wieder zum Vorschein kommen.« An einem Sommerabend begegnete Benjamin dem Jungen auf dem Berg, wo er
herumtobte, und da er selbst eine kindliche Ader hatte,
spielten sie gemeinsam bis zum Sonnenuntergang.

Der Junge hatte nur einen wahren Freund, und das war
eine Uhr.

Die Uhr, deren Glas vom Torfrauch immer schmutzig
war, hatte einen weißen Emaillezeiger und römische Ziffern
und lebte in einem Holzgehäuse an der Wand über dem Kamin.

Sobald er groß genug war, stieg Alfie auf einen Stuhl,
stellte sich auf Zehenspitzen, öffnete die winzige Klappe
und starrte auf das Pendel, das hin und her schwang ...
Tick-tack, Tick-tack ... Dann hockte er sich vor den Kamin,
als könnten seine eisigen Augen die Glut löschen, und
schnalzte *Tick-tack, Tick-tack* mit der Zunge und nickte mit
dem Kopf dazu im Takt.

Er glaubte, die Uhr wäre lebendig. Er brachte der Uhr
Geschenke mit nach Hause – einen hübschen Kiesel zum
Beispiel, ein Stückchen Moos, ein Vogelei oder eine tote
Feldmaus. Er wünschte, er könnte die Uhr etwas anderes
sagen lassen als *Tick-tack*. Er spielte mit den Zeigern und
dem Pendel. Er versuchte, sie aufzudrehen, und schließlich
machte er sie kaputt.

Jim ließ das Gehäuse an der Wand hängen und nahm den
Mechanismus mit nach Ruhlen. Der Uhrmacher untersuchte ihn – es war ein schönes Modell aus dem 18. Jahrhundert
– und bot ihm fünf Pfund dafür. Jim verließ den Laden und
machte sich glücklich pfeifend auf den Weg zum Pub; doch
Klein-Alfie war untröstlich.

Er vermißte seinen Freund, schrie, durchsuchte die
Scheune und die Nebengebäude und schlug seinen flammenden Kopf gegen die weißgekalkte Wand. Dann, überzeugt, die Uhr sei tot, verschwand er.

Ethel gab sich keine besondere Mühe, ihn zu suchen, und selbst nach drei Tagen brummelte sie lediglich, Alfie sei »der Teufel weiß wohin gegangen«.

Unterhalb von Craig-y-fedw lag ein sumpfiger Weiher verborgen zwischen Haselnußdickicht, wo Benjamin Brunnenkresse für die Teemahlzeit holte. Ein paar Schmeißfliegen schwirrten um ein Hahnenfußbüschel. Er sah ein Paar Beine aus dem Schlamm herausragen und lief nach Hause, um Lewis zu holen.

Zu dem Zeitpunkt, als die Polizei am Schauplatz erschien, hatte Ethel the Rock einen hysterischen Anfall hinter sich und stöhnte und jammerte, daß Benjamin der Mörder sei.

»Ich hab's immer gewußt«, kreischte sie. »Ich hab' gewußt, daß er so einer ist!« – und ließ sich lang und breit darüber aus, wie Benjamin den Jungen auf einsame Spaziergänge mitnahm.

Benjamin hatte es die Sprache verschlagen: Die Anwesenheit von Polizisten versetzte ihn in die schreckliche Zeit von 1918 zurück. Nachdem er zum Verhör nach The Vision gebracht worden war, ließ er den Kopf hängen und war unfähig, auch nur eine einzige klare Antwort zu geben.

Wie immer war es Mary, die die Situation rettete: »Herr Schutzmann, sehen Sie denn nicht, daß alles eine reine Erfindung ist? Arme Miss Watkins! Sie hat wohl den Verstand verloren.«

Das Verhör endete damit, daß die Polizisten ihre Helme vom Kopf zogen und sich entschuldigten. Nach der Obduktion befand der Untersuchungsrichter, es handele sich um einen »Unfall mit tödlichem Ausgang«, doch die Beziehungen zwischen The Vision und The Rock waren wieder einmal sehr angespannt!

XXXII

Als Amos' Witwe wünschte sich Mary wenigstens eine Schwiegertochter und eine Schar von Enkeln. Als Mutter der Zwillinge wollte sie beide Söhne für sich behalten, und in ihren Tagträumen malte sie sich das Schauspiel ihres Todes aus.

Sie würde wie eine verdörrte Hülle daliegen, mit silbrigen Haarbüscheln auf dem Kopfkissen, die Hände über einer Flickendecke gefaltet. Das Zimmer würde von Sonnenlicht durchflutet und von Vogelgesang erfüllt sein; ein Windhauch würde die Vorhänge bewegen, und die Zwillinge würden zu beiden Seiten des Bettes stehen. Ein wunderschönes Bild – und zugleich eine Sünde, das wußte sie!

Gelegentlich schalt sie Benjamin: »Was soll der Unsinn, daß du nicht ausgehst? Warum suchst du dir kein nettes junges Mädchen?« Doch Benjamins Mund wurde schmal, seine Unterlider bebten, und sie wußte, er würde nie heiraten. Hin und wieder spielte sie bewußt die perverse Seite ihres Wesens aus, zog Lewis beiseite und nahm ihm das Versprechen ab, nie zu heiraten, wenn nicht auch Benjamin heiratete.

»Ich verspreche es dir«, sagte er und ließ den Kopf hängen wie ein Mann, der zu einer Gefängnisstrafe verurteilt wurde, denn er wünschte sich sehnlichst eine Frau.

Den ganzen Winter hindurch war er sehr fahrig und streitsüchtig, fauchte seinen Bruder an und wollte nicht essen. Mary befürchtete, Amos' Launenhaftigkeit könnte sich wiederholen, und im Mai traf sie eine folgenschwere Entscheidung: Beide Jungen würden den Jahrmarkt von Rhulen besuchen!

»Nein!« Sie warf Benjamin einen durchdringenden Blick zu. »Ich will keine Ausreden hören.«

»Ja, Mama«, sagte er in leblosem Ton.

Sie packte ihnen einen Picknickkorb und winkte ihnen von der Veranda zum Abschied.

»Daß ihr mir ja die Hübschesten aussucht!« rief sie laut. »Und kommt mir nicht eher zurück, als bis es dunkel ist.«

Sie schlenderte in den Obstgarten und blickte über das Tal hinweg auf die beiden Ponys, von denen das eine kanterte und Kreise zog und das andere gemächlich trottete, bis beide hinter dem Horizont entschwanden.

»So, jedenfalls haben wir sie wenigstens aus dem Haus geschafft!« Sie kraulte Lewis' Schäferhund hinterm Ohr, und der Hund wedelte mit dem Schwanz und schmiegte seinen Kopf an ihren Rock. Dann ging sie ins Haus, um ein Buch zu lesen.

Sie hatte erst spät die Romane von Thomas Hardy entdeckt, und sie wollte sie alle lesen. Wie gut kannte sie das Leben, das er beschrieb – den Geruch in Tess' Milchkammer, ihre Qualen im Bett und auf dem Rübenfeld. Auch sie konnte Hürden schnitzen, Kiefernschößlinge anpflanzen und einen Heuschober überdachen – und wenn in Wessex die alten Methoden gegen mechanische getauscht worden waren, so war hier in den Radnor-Bergen die Zeit stillgestanden.

»Man braucht nur an The Rock zu denken«, sagte sie zu sich selbst. »Seit dem Mittelalter hat sich dort nichts verändert.«

Sie las *Der Bürgermeister von Casterbridge.* Es gefiel ihr weniger als *Die Waldbewohner,* das sie in der vergangenen Woche gelesen hatte, und Hardys »Zufälle« gingen ihr schließlich auf die Nerven. Sie las drei weitere Kapitel Dann ließ sie das Buch in ihren Schoß fallen und überließ sich Träumereien von gewissen Nächten und Morgenstunden – im Schlafzimmer mit Amos. Und plötzlich kam er zu ihr mit seinem feuerroten Haar und seinen lichtumfluteten Schultern. Und sie begriff, daß sie geschlafen hatte, denn

die Sonne war nach Westen herumgekommen, und Sonnenstrahlen strömten an den Geranien vorbei zwischen ihre
Beine.

»In meinem Alter!« sagte sie lächelnd, während sie sich
wachschüttelte – und sie hörte im Hof Hufe aufschlagen.

Die Zwillinge standen am Gatter, Benjamin atemlos, in
einem Zustand heftiger Erregung, während Lewis sich um-
schaute, als suchte er einen Platz, wo er sich verstecken
könnte.

»Was ist denn nur los mit euch?« rief sie lachend. »Waren
keine jungen Mädchen auf dem Jahrmarkt?«

»Es war schrecklich!« sagte Benjamin.

»Schrecklich?«

»Schrecklich!«

Seit dem letzten Aufenthalt der Zwillinge in Rhulen waren die Röcke nicht bis über die Knöchel, sondern bis über
die Knie gekürzt worden.

Um elf an jenem Morgen hatten sie auf der Bergkuppe an-
gehalten und auf die Stadt hinübergeblickt. Der Jahrmarkt
war bereits voll im Gange. Sie hörten das Murmeln der
Menge, die wimmernden Spielorgeln und das sonderbare
Brummen und Brüllen der Tiere in der Menagerie. Allein in
der Broad Street zählte Lewis elf Karussells. Auf dem
Marktplatz standen ein Riesenrad und ein kleiner babyloni-
scher Turmbau, in dem es wild drauflos ging.

Zum letztenmal bat Benjamin seinen Bruder, umzukeh-
ren.

»Mutter wird es nie erfahren«, sagte er.

»Ich würde es ihr sagen«, antwortete Lewis und gab seinem Pony die Sporen.

Zwanzig Minuten später wanderte er wie ein Besessener
über den Rummelplatz.

Bauernjungen schlenderten zu siebt oder acht gemeinsam

durch die Straßen, pafften Zigaretten, machten den Mädchen schöne Augen und forderten sich gegenseitig heraus, gegen »The Champ« anzutreten, einen schwarzen Boxer in roten Seidenshorts. Zigeunerinnen verkauften Maiglöckchen oder ihre Dienste als Wahrsagerinnen. *Ping-ping* hallte es von den Schießständen. In einer Monstrositätenschau waren »die kleinste Stute und das kleinste Fohlen der Welt« und eine Riesenfrau zu bewundern.

Bis es Mittag wurde, war Lewis auf einem Elefanten geritten, in einem Kettenkarussell geflogen, hatte die Milch einer Kokosnuß getrunken, einen Lutschbonbon geschleckt und befand sich nunmehr auf der Suche nach weiteren Vergnügungen.

Benjamin hingegen sah nichts als Beine – nackte Beine, Beine in Seidenstrümpfen, Beine in Netzstrümpfen, die stießen und tanzten und hüpften und ihn an seinen ersten und letzten Besuch in einem Schlachthaus erinnerten und an das Strampeln der Schafe in ihrem Todeskampf.

Gegen ein Uhr blieb Lewis draußen vor dem »Theatre de Paris« stehen, wo vier in himbeerroten Samt gehüllte Cancan-Tänzerinnen eine Animiernummer vorführten, während hinter gemalten Vorhängen eine Mamsell Delilah vor einem Publikum schwer atmender Bauern den »Tanz der sieben Schleier« aufführte.

Lewis suchte nach dem Sixpencestück in seiner Tasche, als eine Hand seinen Unterarm umklammerte. Er drehte sich um und begegnete dem unerbittlichen Blick seines Bruders.

»Du gehst nicht da rein!«

»Versuch bloß, mich daran zu hindern!«

»Und ob ich das werde!« Benjamin trat einen Schritt zur Seite und versperrte seinem Bruder den Weg, und das Sixpencestück glitt in seine Tasche zurück.

Eine halbe Stunde später war Lewis' Fröhlichkeit endgültig verflogen. Er schlich lustlos um die Stände und wirkte niedergeschlagen. Benjamin blieb ihm dicht auf den Fersen.

Eine selig machende Vision hatte sich ihm dargeboten – um den Preis eines Getränks –, und er hatte sich abgewandt. Warum nur? Warum? Warum? Hundertmal stellte er sich die Frage, bis ihm dämmerte, daß es nicht nur die Angst war, Benjamin zu verletzen – er hatte Angst vor *ihm*.

An einem Wurfringstand hätte er beinahe ein Mädchen angesprochen, sie hatte das letzte aus ihrem Oberkörper herausgeholt, um ihren Ring auf einer Fünfpfundnote landen zu lassen. Sein Blick fiel auf seinen Bruder, der ihn durch einen Stapel Teeservice und Goldfischbecken anstarrte, und sein Mut schwand dahin.

»Laß uns nach Haus gehen«, sagte Benjamin.

»Zum Teufel mit dir«, sagte Lewis und wollte klein beigeben, als er von zwei Mädchen angesprochen wurde.

»Willste 'ne Zigarette?« fragte die ältere und steckte ihre Stummelfinger in ihre Handtasche.

»Recht herzlichen Dank«, sagte Lewis.

Die Mädchen waren Schwestern. Eine trug ein grünes Kleid, die andere eine Tunika aus violettem Jersey mit einer orangenen Schärpe, die um ihr Gesäß gebunden war. Beide hatten rot gepuderte Wangen und kurz geschnittenes Haar, und ihre Nasenlöcher ähnelten Kavernen. Sie blinzelten sich gegenseitig mit frechen, blaßblauen Augen an, und sogar Lewis mußte sich eingestehen, daß die zu engen Röcke an ihren kurzen, schwerbrüstigen Körpern absurd aussahen.

Er versuchte, sie abzuschütteln: Sie ließen nicht von ihm ab.

Benjamin beobachtete von weitem, wie sein Bruder sie zu Limonade und Brandyschnaps einlud. Und als er feststellte, daß sie keine Konkurrenz waren, gesellte er sich zu ihnen. Die Mädchen ließ der Gedanke, mit Zwillingen auszugehen, in schallendes Gelächter ausbrechen.

»So ein Jux!« sagte die Violette.

»Laßt uns in der Todeswand fahren!« sagte die Grüne.

Ein riesiger Trommelzylinder stand neben einer Dampf-
maschine am oberen Ende der Castle Street. Lewis bezahlte
bei dem schmuddligen Jungen an der Kasse, und alle vier
traten nach innen.

Sieben weitere Fahrgäste warteten darauf, daß es losging.
Der Junge rief: »Lehnen Sie sich an die Wand!« Die Tür
wurde zugeschlagen, und die Trommel begann, sich immer
schneller um ihre Achse zu drehen. Der Boden wurde angehoben, die Fahrgäste in die Höhe geschoben, bis ihre Köpfe
fast auf einer Höhe mit dem oberen Rand waren. Als sich
der Boden wieder senkte, hingen sie, durch die Zentrifugal-
kraft festgenagelt, wie Gekreuzigte da.

Benjamin hatte das Gefühl, die Augäpfel würden ihm in
den Schädel gequetscht. Drei endlose Minuten währte die
Agonie. Dann, als die Trommel das Tempo verlangsamte,
fielen die Mädchen zu Boden, und ihre Röcke rutschten wie
eine Konzertina über ihre Schenkel, so daß das nackte
Fleisch zwischen ihren Strümpfen und den Strumpfhaltern
sichtbar wurde.

Benjamin torkelte auf die Straße und erbrach sich in den
Rinnstein.

»Ich habe genug«, stieß er hervor und wischte sich das
Kinn ab. »Ich bin am Ende.«

»Spielverderber!« zeterte das Mädchen in Grün. »Er tut
nur so, als ob.« Die Schwestern hakten sich rechts und links
bei Lewis ein und versuchten, ihn mit sich zu ziehen. Er
schüttelte sie jedoch ab, machte auf dem Absatz kehrt und
folgte der Tweedmütze durch die Menge in Richtung der
Ponys.

An diesem Abend streifte Mary auf der Treppe Benjamins
Wange, und mit einem verstohlenen Lächeln dankte sie
ihm, daß er seinen Bruder nach Haus gebracht hatte.

XXXIII

Zu ihrem 31. Geburtstag schenkte sie ihnen Fahrräder der Marke Hercules und ermunterte sie, sich für die Altertümer der Gegend zu interessieren. Zuerst machten sie sonntags kurze Ausflüge. Dann, als sich Abenteuergeist in ihnen rührte, erweiterten sie ihren Radius und besichtigten auch die Burgen der Grenzbarone.

In Snodhill rissen sie Efeuranken von einer Mauer und legten einen Pfeilschlitz frei. In Urishay hielten sie ein verrostetes Kännchen für etwas »Mittelalterliches«. In Clifton stellten sie sich vor, wie sich die »schöne Rosamond« hinter einem Brustschleier vor Liebeskummer verzehrte, und als sie nach Painscastle kamen, steckte Benjamin seine Hand in ein Kaninchenloch und holte ein Stück irisierendes Glas hervor.

»Ein Stengelglas?« vermutete Lewis.

»Eine Flasche«, verbesserte ihn Benjamin.

Er lieh sich in der Leihbücherei von Rhulen Bücher aus und trug die Chroniken von Froissart, Giraldus Cambrensis und Adam von Usk in gekürzter Fassung laut vor. Plötzlich war die Welt der Kreuzritter wirklicher für sie als ihre eigene. Benjamin gelobte sich Keuschheit, und Lewis weihte sich der Erinnerung an eine schöne Jungfrau.

Sie lachten, stellten ihre Fahrräder hinter einer Hecke ab und gingen davon, um an einem Fluß zu faulenzen.

Sie malten sich Mauerbrecher, Fallgatter und Tiegel mit kochender Pechkohle aus und aufgeblähte Leichen, die im Burggraben trieben. Als Lewis von den walisischen Bogenschützen in Crécy hörte, schälte er einen Eibenzweig, härtete ihn im Feuer, bespannte ihn mit einem Darm und befiederte ein paar Pfeile mit Gänsefedern.

Der zweite Pfeil flitzte durch den Obstgarten und durchbohrte den Hals eines Huhns.

»Ein Irrtum«, sagte er.

»Zu gefährlich«, sagte Benjamin, der mittlerweile ein höchst interessantes Dokument ans Tageslicht gebracht hatte.

Ein Mönch der Abtei Cwmhir erzählte, daß die Knochen von Bischof Cadwallader in einem goldenen Sarg neben der Quelle des heiligen Cynog in Glascoed begraben worden seien.

»Und wo soll das sein?« fragte Lewis. Er hatte in den *News of the World* vom Grab des Tut-ench-Amun gelesen.

»Dort!« sagte Benjamin und zeigte mit seinem Daumennagel auf ein paar gotische Schriftzeichen auf der Landvermessungskarte. Der Ort lag acht Meilen von Rhulen entfernt, abseits der Straße nach Llandrindod.

Nach dem Gottesdienst am darauffolgenden Sonntag sah Mr. Nantlys Williams die Fahrräder der Zwillinge am Lattenzaun lehnen, und an Lewis' Querstange war ein Spaten festgebunden. Er schalt sie sanft, daß sie am Tag des Herrn arbeiteten, und Lewis errötete, als er sich bückte, um seine Hosenklammer zu befestigen.

In Glascoed fanden sie die heilige Quelle, die glucksend aus einer Moosspalte floß und dann zwischen Kletten versickerte. Es war ein schattiges Plätzchen. Auf dem Sandweg lagen Kuhfladen, über denen Bremsen summten. Ein Junge mit Hosenträgern sah die beiden fremden Männer und nahm die Beine in die Hand.

»Wo sollen wir graben?« fragte Lewis.

»Da drüben!« sagte Benjamin und zeigte auf einen unter Nesseln halb verborgenen Erdhügel.

Die Erde war schwarz und schwer und wimmelte von Regenwürmern. Lewis grub eine halbe Stunde lang, dann reichte er seinem Bruder einen porösen Knochenrest.

»Kuh!« sagte Benjamin.

»Ochse!« sagte Lewis und wurde von einer grellen Stimme unterbrochen, die über die Felder schallte: »Macht, daß ihr hier wegkommt!«

Der Junge mit den Hosenträgern war mit seinem Vater zurückgekehrt, einem Bauern, der auf der anderen Seite des Buschwerks stand und tobte. Die Zwillinge sahen eine Schrotflinte. In Erinnerung an Watkins den Sargmacher krochen sie verängstigt ins Sonnenlicht hervor.

»Und den Spaten behalte ich«, fügte der Bauer hinzu.

»Ja, Sir!« sagte Lewis und ließ ihn fallen. »Danke, Sir!« – und sie stiegen auf ihre Räder und fuhren davon.

Sie schworen dem Gold als der Wurzel allen Übels ab und schenkten ihre Aufmerksamkeit von nun an den frühen keltischen Heiligen.

In einem gelehrten Aufsatz des Rektors von Cascob las Benjamin, daß diese »Geistesathleten« sich in die Berge zurückgezogen hatten, um mit der Natur und dem Herrn eins zu sein. Der heilige David selbst hatte sich im Honddhu-Tal niedergelassen, in »einer schäbigen, mit Moos und Blättern überdachten Behausung« – und es gab noch mehrere andere Stätten, die sie mit dem Fahrrad aufsuchen konnten.

In Moccas fanden sie die Stelle, wo der heilige Dubricius eine weiße Sau gesehen hatte, die ihre Ferkel säugte. Und als sie nach Llanfrynach kamen, neckte Benjamin seinen Bruder mit der Frau, die versucht hatte, den Heiligen mit »Wolfseisenhut und anderen sinnlichen Ingredienzien« zu verführen.

»Ich wäre dir dankbar, wenn du den Mund hieltest«, sagte Lewis.

In der Kirche von Llanveynhoe sahen sie einen angelsächsischen Tafelstein, in den ein robuster, am Kreuz Christi hängender junger Mann gemeißelt war: St. Beuno, der Schutzheilige der Kirche, hatte einen Mann mit dem Bannfluch belegt, da dieser sich weigerte, einen Fuchs zu kochen.

»Ich würde auch keinen Fuchs runterkriegen«, sagte Lewis und verzog das Gesicht.

Sie erwogen, das Leben von Einsiedlern aufzunehmen: eine Efeulaube an einem plätschernden Bach, als Nahrung Beeren und wilder Lauch und als Musik das Zwitschern der Amseln. Oder sollten sie vielleicht heilige Martyrer werden, die sich an die Hostie klammerten, während Horden dänischer Räuber plünderten und brandschatzten und vergewaltigten? Es war das Jahr der Weltwirtschaftskrise. Vielleicht würde es eine Revolution geben?

An einem Nachmittag im August, als sie, so schnell sie konnten, an der Wye entlangradelten, wurden sie von einem tieffliegenden Flugzeug »gegrüßt«.

Lewis bremste und blieb mitten auf dem Weg stehen.

Der Absturz des Zeppelins hatte sein Sammelalbum ungeheuer anschwellen lassen, obwohl seine wahre Leidenschaft jetzt den weiblichen Fliegern galt. Lady Heath ... Lady Bailey ... Amy Johnson ... die Herzogin von Bedford: Er konnte ihre Namen aufsagen wie seine Gebete. Seine Favoritin war natürlich Amelia Earheart.

Das Flugzeug war eine Tiger Moth mit silbrigem Rumpf. Es flog eine zweite Schleife, und der Pilot dippte und winkte.

Lewis winkte begeistert zurück für den Fall, daß es eine seiner Ladies war, und als das Flugzeug in niedriger Höhe die dritte Schleife zog, schob die Gestalt im Cockpit ihre Schutzbrille zurück und ließ ihr gebräuntes lächelndes Gesicht sehen. Das Flugzeug war so nahe, daß Lewis schwor, er habe ihr Lippenrot gesehen. Dann ließ sie ihre Maschine wieder aufsteigen, zurück ins Auge der Sonne.

Beim Abendessen sagte Lewis, er würde auch gern fliegen.

»Hm!« brummte Benjamin.

213

Die Aussicht, daß Lewis fliegen könnte, beunruhigte ihn weit weniger als die Nachbarin von nebenan.

XXXIV

Das Gehöft von Lower Brechfa war sehr den Winden ausgesetzt, und die Kiefern, die es umgaben, waren zur Seite verbogen.

Seine Besitzerin, Gladys Musker, war eine kräftige fleischige Frau mit glänzenden Wangen und tabakfarbenen Augen. Sie war seit zehn Jahren Witwe und schaffte es irgendwie, das Haus in Ordnung zu halten und ihre Tochter Lily Annie und ihre Mutter, Mrs. Yapp, zu ernähren.

Mrs. Yapp war eine reizbare parasitäre alte Frau und durch Rheuma mehr oder weniger verkrüppelt.

Eines Tages, kurz nachdem die Jones ihr ein Feld abgekauft hatten, war Lewis dabei, einen Zaun zwischen den beiden Grundstücken zu ziehen, als Mrs. Musker aus dem Haus trat und beobachtete, wie er auf die Pfähle einschlug. Ihr herausfordernder Blick machte ihn nervös. Sie stöhnte tief auf und sagte: »Das Leben ist nichts als Mühe und Qual, finden Sie nicht auch?«, und fragte, ob er kommen und ein Gittertor wieder einhängen könne. Zum Tee verputzte er fünf gefüllte Pfefferminzpastetchen, und sie setzte ihn auf ihre Liste möglicher Ehemänner.

Beim Abendessen erwähnte er beiläufig, Mrs. Musker backe ausgezeichnete Pastetchen, und Benjamin warf seiner Mutter einen besorgten Blick zu.

Lewis erwärmte sich für Mrs. Musker, und sie war ausgesprochen freundlich zu ihm. Er schichtete ihr Heu auf und schlachtete ihr Mastschwein, und eines Tages kam sie atemlos über das Feld gelaufen:

»Um Gottes willen, Lewis Jones! Kommen Sie und helfen Sie mir mit der Kuh! Sie ist umgefallen, als wäre sie vom Teufel gestoßen worden.«

Die Kuh hatte eine Kolik, aber er konnte sie durch gutes Zureden dazu bewegen, sich wieder auf die Beine zu stellen.

Manchmal machte Mrs. Musker den Versuch, ihn nach oben in ihr Schlafzimmer mit hinaufzunehmen, aber er ließ es nie so weit kommen und zog es vor, in ihrer hübschen rauchigen Küche zu sitzen und ihren Geschichten zuzuhören.

Lily Annie hatte einen zahmen jungen Fuchs, der auf den Namen Ben hörte und in einem Käfig aus Maschendraht lebte. Ben aß Küchenabfälle und war so zahm, daß sie ihn wie eine Puppe behandeln konnte. Als er einmal ausgerissen war, rannte sie die Schlucht hinunter und rief: »Bennie! Bennie!« – und der Fuchs kam aus dem Dorngestrüpp hervor und rollte sich wie ein Knäuel zu ihren Füßen zusammen.

Ben erlangte eine gewisse lokale Berühmtheit, und sogar Mrs. Nancy vom Schloß kam, um ihn zu sehen.

»Aber er ist sehr wählerisch, müssen Sie wissen«, krächzte Mrs. Yapp. »Er freundet sich nicht mit jedem Tom, Dick oder Harry an! Mrs. Nancy hat vor einiger Zeit den Bischof von Hereford mitgebracht, und unser Bennie ist auf den Kaminsims gesprungen und hat sein Geschäft gemacht. Es roch ganz schön ›fuchsig‹, das kann ich Ihnen sagen.«

Anders als ihre Mutter war Mrs. Musker eine schlichte Seele, die gern einen Mann um sich hatte, und tat ihr ein Mann einen Gefallen, dann tat sie ihm einen Gegengefallen. Zu ihren Bewerbern gehörten Haines von Red Daren und Jim the Rock – Haines, weil er ihr niedliche Lämmer schenkte, und Jim, weil er sie so richtig zum Lachen bringen konnte.

Lewis war der Gedanke, daß sie diese beiden sah, zuwider, und Mrs. Musker war einfach nur von ihm enttäuscht. An manchen Tagen lachte sie übers ganze Gesicht, in anderen Momenten sagte sie: »Oh, da sind Sie ja schon wieder! Warum setzen Sie sich nicht zu Mutter und unterhalten sich mit ihr?« Aber Lewis langweilte sich mit Mrs. Yapp, die über nichts als Geld reden wollte.

Eines Morgens sah er, nachdem er nach Lower Brechfa gelaufen war, daß die Fuchshaut an eine Scheunentür genagelt und Haines' graues Halbblut am Gatter angebunden war. Er ging davon und sah Mrs. Musker erst im Februar wieder, als er ihr auf der Landstraße begegnete. Ein roter Fuchspelz war um ihren Hals geschlungen.

»Ja«, sagte sie und schnalzte mit der Zunge. »Es ist der arme alte Ben. Er hat Lily Annie in die Hand gebissen, und Mr. Haines meint, davon bekommt man Kiefernsperre, also haben wir ihn erschießen lassen. Ich habe ihn selbst mit Salpeter eingerieben. Und stellen Sie sich vor! Ich habe ihn erst am Donnerstag vom Kürschner abgeholt!«

Sie fügte mit einem seidigen Lächeln hinzu, daß sie allein im Haus sei.

Er wartete zwei Tage und stapfte dann durch die Schneewehen nach Lower Brechfa. Die Kiefern standen schwarz vor einem Kristallhimmel, und die Strahlen der untergehenden Sonne schienen nicht zu fallen, sondern wie auf eine Pyramidenspitze hin zu steigen. Er blies in seine Hände, um sie zu wärmen. Er hatte beschlossen, sie zu besitzen.

Das Cottage hatte an der Nordseite keine Fenster. Eiszapfen hingen von der Regenrinne herunter, und ein kalter Wassertropfen rann an seinem Hals entlang. Als er um die Ecke des Hauses kam, sah er das graue Pferd und hörte das Liebesstöhnen im Schlafzimmer. Der Hund bellte, und er lief davon. Er hatte das Feld bereits zur Hälfte hinter sich, als er Haines' Stimme hinter sich brüllen hörte.

Vier Monate später vertraute der Postbote Benjamin an, daß Mrs. Musker Haines' Baby erwartete.

Sie wagte sich nicht zum Gottesdienst, blieb zu Hause und verwünschte das Los der Frauen und wartete darauf, daß Mr. Haines sich wie ein Ehrenmann verhielt.

Das tat er nicht. Er sagte, seine beiden Söhne Harry und Jack wehrten sich mit Händen und Füßen gegen die Heirat, und bot ihr Geld an.

Entrüstet lehnte sie ab. Doch die Nachbarn, statt sie zu verachten, überschütteten sie mit Sympathie und Freundlichkeit. Die alte Ruth Morgan stellte sich als Hebamme zur Verfügung. Miss Parkinson, die Harmoniumspielerin, brachte ihr eine wunderschöne Gloxinie, und Mr. Nantlys Williams in Person sprach ein Gebet an ihrem Bett.

»Kränken Sie sich nicht, mein Kind«, tröstete er sie. »Es ist die Aufgabe der Frau, fruchtbar zu sein.«

Mit hocherhobenem Kopf fuhr sie an dem Tag, an dem sie die Geburt ihrer Tochter eintragen ließ, nach Rhulen.

»Margaret Beatrice Musker«, schrieb sie in Druckbuchstaben, als der Sekretär ihr das Formular ausgehändigt hatte, und als Haines an die Tür klopfte, um seine Tochter zu sehen, jagte sie ihn davon. Eine Woche später wurde sie weich und erlaubte ihm, das Baby eine halbe Stunde im Arm zu halten. Danach benahm er sich wie ein Besessener.

Er wollte sie auf den Namen Doris Mary taufen lassen nach seiner Mutter, doch Mrs. Musker sagte: »Sie heißt Margaret Beatrice.« Er bot ihr bündelweise Pfundnoten an: Sie schleuderte sie ihm ins Gesicht. Sie schlug ihn, wenn er versuchte, mit ihr zu schlafen. Er bettelte, flehte sie auf den Knien an, ihn zu heiraten.

»Zu spät!« sagte sie und sperrte ihn ein für allemal aus.

Er lungerte im Hof herum, stieß Drohungen und Flüche aus. Er drohte, das Baby zu entführen, und sie drohte ihm mit der Polizei. Er hatte einen schlimmen Charakter. Jahre

zuvor hatten er und sein Bruder mit bloßen Fäusten aufein-
ander eingeschlagen, drei Tage lang, bis sein Bruder davonschlich und verschwand. Irgend jemand in seiner Familie
sollte »Negerblut in den Adern« gehabt haben, hieß es.

Mrs. Musker hatte Angst, aus dem Haus zu gehen. Auf
einem Kalenderblatt schrieb sie eine Nachricht an Lewis
Jones, die sie durch den Postboten zustellen ließ.

Lewis brach sofort auf, doch als er ans Tor kam, lag Haines neben dem Stall auf der Lauer mit einem Jagdhund, der
an seiner Kette zerrte.

Haines rief: »Sieh zu, daß du mit deiner schmutzigen
neugierigen Nase hier wegkommst!« Dem Hund troffen die
Lefzen, und Lewis machte sich auf den Heimweg. Den ganzen Nachmittag überlegte er, ob er die Polizei rufen sollte,
doch am Ende besann er sich eines Besseren.

In der Nacht zog ein Sturm auf. Die alte Kiefer knarrte,
die Fenster klapperten, und Zweige schlugen gegen ihr
Schlafzimmerfenster. Gegen zwölf hörte Benjamin jemanden an der Tür. Er glaubte, es sei Haines, und weckte seinen Bruder.

Das Hämmern ging weiter, und der heulende Wind wurde von einer Frauenstimme übertönt: »Mord! Es ist ein
Mord geschehen!«

»Gott im Himmel!« Lewis sprang aus dem Bett. »Es ist
Mrs. Yapp.«

Sie führten sie in die Küche. Die Glut im Kamin wisperte
noch. Eine Zeitlang saß sie da und lallte: »Mord! ...Mord!«
Dann nahm sie sich zusammen und sagte grimmig: »Sich
selbst hat er auch umgebracht!«

Lewis zündete die Sturmlaterne an und lud seine Schrotflinte.

»Bitte«, sagte Mary, die in einem Morgenmantel auf der
Treppe stand. »Bitte, ich flehe euch an, seid vorsichtig!«
Die Zwillinge folgten Mrs. Yapp in die Dunkelheit.

218

In Lower Brechfa war das Küchenfenster zertrümmert worden. Schwach sahen sie im Lampenlicht die Leiche von Mrs. Musker, die, das braune Wollkleid um sich ausgebreitet, über die Wiege gebeugt, in einer schwärzlichen Lache lag. Lily Annie hockte am anderen Ende des Raumes und wiegte einen dunklen Gegenstand in den Armen. Es war das Kind – es lebte.

Mrs. Yapp war wie immer um neun Uhr an die Tür gegangen, als Haines klopfte. Doch statt vor der Haustür zu warten, war er um das Haus herumgeschlichen, hatte seinen Gewehrkolben durch das Fenster gestoßen und beide Läufe direkt auf seine Geliebte abgefeuert.

In einem letzten Aufflackern des Instinkts warf sie sich über die Wiege und rettete so das Kind. Eine Kugel streifte Lily Annies Hände, und sie versteckte sich mit ihrer Großmutter in einem Schrank unter der Treppe. Eine halbe Stunde verging, dann hörten sie zwei weitere Schüsse, und danach war es still. Mrs. Yapp hatte noch zwei Stunden lang gewartet, bis sie Hilfe holen ging.

»Schwein!« sagte Lewis und ging mit der Lampe nach draußen.

Er fand Haines' Leiche zwischen dem blutbespritzten Rosenkohl. Das Gewehr lag neben ihm, und der Kopf war abgerissen. Er hatte eine Schnur um die Abzughähne gebunden, sie um den Kolben gespannt, den Lauf in den Mund gesteckt und gezogen.

»Schwein!« Einmal, zweimal stieß er mit dem Fuß gegen die Leiche, doch bekam er sich wieder in die Gewalt, bevor er den Toten dreimal verfluchte.

Die Untersuchung wurde im Rathaus von Maesyfelin durchgeführt. Fast alle schluchzten. Alle trugen Schwarz bis auf Mrs. Yapp, die trockenen Auges mit einem scharlachroten Plüschhut erschien, an dem eine Seeanemone aus rosa

Seide steckte, deren Tentakel wippten, sobald sie mit dem Kopf nickte.

Der Untersuchungsrichter wandte sich mit einer traurigen Grabesstimme an sie: »Haben die Mitglieder Ihrer Kirche Ihre Tochter in der Stunde ihrer Not im Stich gelassen?«

»Nein«, sagte Mrs. Yapp. »Ein paar sind zu uns nach Hause gekommen und waren sehr nett zu ihr.«

»Ehre gebührt dieser kleinen Gemeinde, die sie nicht im Stich gelassen hat!«

Ursprünglich hatte sein Urteil »vorsätzlicher Mord mit anschließendem Selbstmord« lauten sollen, doch als Jack Haines den Abschiedsbrief seines Vaters vorlas, überlegte er es sich anders und änderte es in »Totschlag in einer plötzlichen Anwandlung von Leidenschaft«.

Die Untersuchung wurde vertagt, und die Trauernden gingen gemeinsam zum Begräbnis. Es wehte ein schneidender Wind. Nach dem Gottesdienst folgte Lily Annie dem Sarg ihrer Mutter bis an das Grab. Ihre verletzten Hände waren in einen flatternden schwarzen Schal gewickelt, und sie trug einen Narzissenkranz, den sie auf den roten Erdhügel legte.

Mr. Nantlys Williams bat alle Anwesenden, auch der zweiten Bestattung beizuwohnen, die in der entlegensten Ecke des Friedhofs stattfand. Auf Haines' Sarg lag ein einziger Kranz aus Lorbeerblättern und mit einer daran befestigten Karte: »Unserem liebsten Papa, von H. & J.«

Mrs. Yapp trug alles Wertvolle aus dem Haus und zog mit Lily Annie zu ihrer Schwester nach Leominster. Sie weigerte sich, auch »nur einen einzigen Penny« zum Gedenken an ihre Tochter auszugeben, und so blieb es Lewis überlassen, das Grabdenkmal zu kaufen. Er wählte ein schlichtes Steinkreuz, in das eine Schneeflocke gemeißelt war. Die Aufschrift lautete: »Frieden! Vollkommener Frieden!«

Ungefähr einmal im Monat hackte er das Unkraut aus
den Kieselsteinen. Er pflanzte ein Büschel Narzissen, die jedes Jahr in ihrem Todesmonat blühen sollten, und obwohl
er sich nie verzieh, fand er dennoch einigen Trost.

XXXV

Bevor sie die Gegend verließ, gab Mrs. Yapp bekannt, daß
sie nicht die Absicht habe, das »Kind einer solchen Verbindung« zu beherbergen, und ohne seiner Mutter oder seinem
Bruder etwas davon zu sagen, bot Lewis ihr an, es in The
Vision großzuziehen.

»Ich werde darüber nachdenken«, sagte die alte Frau.

Er hörte nichts mehr von ihr, bis ihm der Postbote mit-
teilte, daß Klein-Meg in The Rock untergebracht worden
sei. Er lief nach Lower Brechfa, wo Mrs. Yapp und Lily Annie ihren Besitz gerade auf einen Karren luden. The Rock,
protestierte er, sei nicht der Ort, um ein Kind aufzuziehen.

»Die Kleine gehört dorthin«, erwiderte die alte Frau
schroff – und tat auf diese Weise ihre Meinung kund, daß
nicht Haines, sondern Jim der Vater sei.

»Ich verstehe.« Lewis ließ den Kopf hängen und ging
traurig zum Tee nach Hause zurück.

Er hatte recht, The Rock war nicht der geeignete Ort für
welches Kind auch immer. Die alte Aggie, deren Gesicht
aus einem Netz schmutziger Falten bestand, war viel zu
schwach für die Hausarbeit, es sei denn, sie stocherte mit einem Schürhaken im Feuer. Jim war zu träge, um den Kamin
zu kehren, und an windigen Tagen wurde der Rauch in den
Raum zurückgeblasen, und sie konnten kaum durchs Zimmer sehen. Die drei adoptierten Mädchen – Sarah, Brennie
und Lizzie – tappten mit brennenden Augen und laufenden

Nasen herum. Allen juckte es vor Läusen. Ethel war die einzige, die arbeitete.

Um ihre hungrigen Mäuler zu stopfen, schlich sie sich nach Einbruch der Dunkelheit aus dem Haus und ließ auf den anderen Höfen mitgehen, was ihr in die Hände fiel – ein Entenküken oder ein zahmes Kaninchen. In The Vision blieben ihre Diebstähle unbemerkt, bis Benjamin eines Morgens die Tür des Getreidespeichers öffnete und ein Hund an seinen Beinen vorbei und über die Felder nach Craig-y-fedw rannte. Der Hund gehörte Ethel. Sie war über den Kornverschlag hergefallen: Er wollte die Polizei rufen.

»Nein.« Mary hielt ihn zurück. »Wir werden nichts unternehmen.«

Jim hatte große Ehrfurcht vor tierischem Leben und noch kein einziges Tier zum Schlachter geschickt, und seine Herde wurde immer hinfälliger. Das älteste Tier, ein glasäugiges Mutterschaf, das Dolly hieß, war über zwanzig Jahre alt. Andere waren unfruchtbar, oder es fehlten ihnen die Backenzähne, und im Winter starben sie an Nahrungsmangel. Nach der Schneeschmelze sammelte Jim die Kadaver ein und hob ein Massengrab aus – mit dem Ergebnis, daß das Hofgelände mit den Jahren zu einem riesigen Friedhof geworden war.

Einmal, als Ethel mit ihrer Weisheit am Ende war, befahl sie ihm, fünf Schafe in Rhulen zu verkaufen: als er am Stadtrand ankam, hörte er andere Schafe mähen, mochte nicht mehr weitergehen und trieb seine »Mädchen« nach Hause zurück.

Am Ende einer Viehversteigerung hielt er sich in der Nähe der Auktionsgehilfen auf, und gab es einen klapprigen Gaul, den niemand mehr wollte, nicht einmal der Schlächter, dann trat er nach vorn und streichelte über sein Maul: »Schon gut, ich gebe ihr ein Zuhause. Sie braucht ja nur ein bißchen gefüttert zu werden.«

Wie eine Vogelscheuche gekleidet, fuhr er mit seinem Karren durch die Nachbartäler, sammelte Schrotteile und weggeworfene Maschinen ein, doch statt das Altmetall zu Geld zu machen, machte er The Rock zu einer Festung.

Als Hitler den Krieg erklärte, waren das Haus und die Nebengebäude mit rostigen Heugabeln und Pflugscharen, mit Mangeln, Bettgestellen, Wagenrädern und Eggen eingefriedet, deren Zacken nach oben zeigten.

Eine weitere seiner Manien bestand darin, ausgestopfte Vögel und Tiere zu sammeln, und schließlich war der Dachboden derart mit mottenzerfressenen ausgestopften Tieren überladen, daß die Mädchen keinen Platz mehr zum Schlafen hatten.

Eines Morgens, als Mary Jones die Neunuhrnachrichten hörte, sah sie auf und erblickte Lizzie Watkins, die ihre Nase an das Küchenfenster drückte. Das Haar des Mädchens war dünn und fettig. Ein schäbiges Blümchenkleid hing an ihrem mageren Körper, und ihre Zähne klapperten vor Kälte.

»Es ist wegen Klein-Meg«, stieß sie hervor und wischte sich mit dem Zeigefinger die Nase ab. »Sie liegt im Sterben.«

Mary zog sich den Wintermantel über und lief in den Wind hinaus. Schon seit einer Woche fühlte sie sich nicht wohl. Es war die Zeit der Äquinoktialstürme, und das Heidekraut auf dem Berg war purpurrot. Als sie sich Craig-y-fedw näherten, kam Jim nach draußen und fuhr die jaulenden Schäferhunde an: »Still, ihr Luder!« Sie duckte sich, um dem Türsturz auszuweichen, und trat in den düsteren Raum.

Aggie schürte mit kraftlosen Händen das Feuer. Ethel saß mit gespreizten Beinen auf dem Klappbett, und Klein-Meg, mit Jims Jacke halb zugedeckt, starrte mit glänzenden blaugrünen Augen an die Balken. Ihre Wangen waren entzündet. Blecherner Husten rasselte in ihrer Kehle. Sie hatte Fieber und rang nach Luft.

»Sie hat Bonchitis«, sagte Mary und fügte mit sachverständiger Stimme hinzu: »Ihr müßt sie aus dem Rauch hier drinnen wegbringen, sonst wird eine Lungenentzündung daraus.«

»Nimm sie mit«, sagte Jim.

Sie sah ihm unverwandt in die Augen. Es waren die Augen des Kindes. Sie begriff, daß es eine Bitte war, und wußte, daß er in Wirklichkeit der Vater war.

»Und ob ich das tun werde«, lächelte sie. »Laß Lizzie mit mir kommen. Wir werden alles tun, damit es ihr bald besser geht.«

Sie machte eine Eukalyptusinfusion, und schon nach den ersten wenigen Schlucken begann Meg, freier zu atmen. Sie löffelte ihr etwas Weizenbrei zwischen die Lippen und gab ihr Kamille als Beruhigungsmittel. Sie zeigte Lizzie, wie sie sie mit Wasser beträufeln mußte, um das Fieber zu drücken. Sie wachten die ganze Nacht hindurch, hielten sie warm und aufrecht am Kaminfeuer. Hin und wieder nähte Mary ein paar schwarze Sterne auf ihre Flickendecke. Am Morgen war die Krisis überwunden.

Jahre später, wenn Lewis seine Gedanken auf die letzten Jahre seiner Mutter richtete, erschien ein besonderes Bild in seiner Erinnerung: ihr Anblick beim Nähen der Flickendecke.

Sie hatte diese Arbeit am Dreschtag begonnen. Er erinnerte sich, wie er ins Haus gekommen war, um etwas zu trinken, und sich den Spreustaub von Kleidung und Haar geschüttelt hatte. Ihr bester schwarzer Rock lag wie ein Leichentuch auf dem Küchentisch. Er erinnerte sich an ihren ängstlichen Blick, ob der Staub nicht auch den Samt beschmutze.

»Ich gehe nur noch zu einer einzigen Beerdigung«, sagte sie. »Und das wird meine eigene sein.«

Ihre Schere schlitzte den Rock in Streifen. Als nächstes zerschnitt sie die Kleider aus farbenfrohem Kaliko, die nach vierzig Jahren in der Truhe nach Kampfer rochen. Dann nähte sie die beiden Hälften ihres Lebens zusammen – die frühen Jahre in Indien und ihre Jahre auf dem Schwarzen Berg.

»Sie soll euch an mich erinnern«, hatte sie gesagt.

Die Decke war an Weihnachten fertig. Kurze Zeit vorher jedoch hatte Lewis hinter ihrem Sessel gestanden, und zum erstenmal waren ihm ihr kurzer Atem und die starken blauen Adern auf ihren Händen aufgefallen. Sie hatte viel jünger als zweiundsiebzig gewirkt, einerseits wegen ihres faltenlosen Gesichts, andererseits aufgrund ihres Haars, das mit den Jahren eher brauner wurde. Damals war ihm klargeworden, daß das Dreieck Sohn, Mutter, Sohn nicht mehr lange bestehen würde.

»Ja«, hatte sie müde gesagt. »Ich habe ein Herz.«

Seit einiger Zeit war das Familienleben gestört und gespalten.

Lewis hatte seine Mutter und seinen Bruder im Verdacht, sich gegen ihn verschworen zu haben: Die Tatsache, daß er keine Frau hatte, war ein Teil ihres Plans. Er verübelte es ihnen, daß sie ihn über die Finanzlage des Hofes in Unkenntnis hielten. Sollte er nicht auch mitreden können? Er forderte Einblick in die Bücher, aber wenn er sich über den Zahlenkolonnen von Soll und Haben den Kopf zerbrach, strich Mary ihm mit dem Ärmel über die Wange und murmelte sanft: »Du hast keinen Kopf für Zahlen, das ist alles. Es ist kein Grund, dich zu schämen. Warum überläßt du das also nicht Benjamin?«

Auch verübelte er ihnen ihren Geiz, der in seinen Augen Unrecht war. Wenn er einmal eine neue Maschine verlangte, rang sie die Hände und sagte: »Ich würde sie dir ja gern geben. Aber leider sind wir abgebrannt. Das muß jetzt bis zum nächsten Jahr warten.« Doch hatten die beiden immer genug Geld, wenn es darum ging, Land zu kaufen.

Sie und Benjamin kauften mit solcher Leidenschaft Land, als könnten sie mit jedem weiteren Morgen die Grenze zur feindlichen Außenwelt hinausschieben. Aber zusätzliches Land bedeutete zusätzliche Arbeit, und wenn Lewis vorschlug, die Pferde durch einen Traktor zu ersetzen, seufzten sie entsetzt.

»Ein Traktor?« sagte Benjamin. »Du bist wohl von allen guten Geistern verlassen.«

Er war schrecklich aufgebracht, als sie vom Notar in Rhulen zurückkamen und erklärten, sie hätten Lower Brechfa gekauft. »Was habt ihr gekauft?«

»Lower Brechfa.«

Drei Jahre waren seit Mrs. Muskers Tod vergangen, und ihr kleiner Hof war völlig verfallen. Ampfer und Disteln hatten die Viehweiden überwuchert. Der Innenhof war ein Nesselmeer. Auf dem Dach fehlten Schieferplatten, und im Schlafzimmer nistete eine Schleiereule.

»Seht zu, wie ihr allein damit fertig werdet«, brauste Lewis auf. »Es ist eine Sünde, das Land einer toten Frau zu übernehmen. Ich werde keinen Fuß auf den Hof setzen.«

Doch am Ende gab er nach – so wie er immer nachgab –, wenn auch nicht, ohne zuvor selber gesündigt zu haben. Er trank in Pubs und freundete sich ganz gegen seine Gewohnheiten mit ein paar neuen Leuten an, die sich in der Nachbarschaft angesiedelt hatten.

Auf dem Markt in Rhulen hatte er zufällig wenige Meter entfernt von einer seltsamen langbeinigen Frau mit scharlachroten Lippen und Fingernägeln gestanden, deren Sonnengläser in spitzwinklige Dreiecke aus weißem Bakelit eingefaßt waren. An ihrem Arm hing ein großer Weidenkorb.

Ein jüngerer Mann war bei ihr, und als er ein paar Eier fallen ließ, schob sie die Sonnenbrille über die Stirn und sagte mit einer gedehnten, kiesigen Stimme: »Liebling, du bist ein hoffungsloser Fall...«

XXXVI

Joy und Nigel Lambert waren eines Malers Frau und ein Maler, die ein Cottage in Gillifaenog gemietet hatten.

Der Künstler hatte einst eine erfolgreiche Ausstellung in London gehabt, und bald wurde er gesehen, wie er mit Malkasten und Staffelei das Spiel von Wolken und Sonne auf dem Berg in Skizzen festhielt. Sein heller Lockenkranz mußte früher einmal »engelhaft« gewesen sein, und er setzte bereits Fett an.

Die Lamberts teilten einen verschwörerischen Hang zu Gin, nicht aber das Bett. Sie waren fünf Jahre im Mittelmeerraum umhergezogen und nach England zurückgekommen, da sie glaubten, daß es Krieg geben würde. Beide lebten in der Angst, man könnte sie zum Mittelstand rechnen.

Da sie Bauern mochten – die »Frühaufsteher«, wie sie sie nannten –, tranken sie an drei Abenden der Woche in der Schäferklause, wo Nigel die Einheimischen mit seinen Geschichten vom Spanischen Bürgerkrieg beeindruckte. An regnerischen Abenden kam er mit einem grobgesponnenen Wollcape in die Bar gestürzt, das vorn einen braunen Fleck hatte. Dies, so sagte er, sei das Blut eines republikanischen Soldaten, der in seinen Armen gestorben sei. Doch Joy langweilte sich bei seinen Geschichten, die sie alle schon so oft gehört hatte: »Hast du das wirklich getan, Schätzchen?« unterbrach sie ihn schnippisch. »Mein Gott! Das muß ja gräßlich gewesen sein!«

Solange sie ihr Haus einrichtete, war Joy zu beschäftigt, um ihren Nachbarn besondere Aufmerksamkeit zu schenken. Wenn sie die Jones-Zwillinge überhaupt wahrnahm, so waren es »die beiden Jungen, die mit ihrer Mutter leben«.

Sie war immer für ihren guten Geschmack bekannt gewesen und ebenso für ihre Begabung, aus nichts etwas machen zu können. Der Tünche für die eine Wand fügte sie einen Blauschatten hinzu, der für eine andere einen Spritzer Okker. Statt eines Eßtischs benutzte sie einen ausgedienten Tapetentisch. Die Vorhänge waren aus Wattefutter, das Sofa mit Woilachen überzogen, und die Kissen waren aus Satteldecken gemacht. Gegen »amüsante« Objekte hatte sie grundsätzlich etwas. Sie besaß ein einziges Kunstwerk, eine Radierung von Picasso, und Nigels Bilder hatte sie in seine Atelierscheune verbannt.

Eines Tages schaute sie sich im Zimmer um und sagte: »Was diesem Zimmer fehlt, ist ein... guter... Stuhl!« Und sie hatte sich zweifellos Hunderte von Binsenstühlen angesehen, bevor sie das einzig richtige, herrlich abgenutzte Exemplar in The Rock fand.

Nigel hatte den ganzen Tag dort gezeichnet, und sie ging hinauf, um ihn abzuholen. Sie hatte kaum einen Fuß über die Schwelle gesetzt, als sie flüsterte: »O Gott! Da steht mein Stuhl! Frag die Alte, was sie für ihn haben will!«

Bei anderer Gelegenheit, als sie nach The Vision kam, um Marys frische Butter zu kaufen, entdeckte sie einen alten braunen Krug, der aus dem Müll herausragte: »Oh, was für ein Topf!« rief sie und befühlte die zersprungene Glasur.

»Sie können ihn gern nehmen, wenn Sie eine Verwendung dafür haben«, sagte Lewis unsicher.

»Ich brauche ihn für Blumen«, sagte sie lachend. »Feldblumen! Ich hasse Gartenblumen«, fügte sie mit einem Blick voller Verachtung für Benjamins Stiefmütterchen und Goldlack hinzu.

Einen Monat danach begegnete Lewis ihr auf der Landstraße, sie hatte in jeder Hand einen Fingerhut, von denen
einer abscheulich farblos war.

»Also, Mr. Jones, ich brauche Ihren Rat. Welchen würden Sie wählen?«

»Recht herzlichen Dank«, sagte Lewis vollkommen ver-
dutzt.

»Nein! Welcher gefällt Ihnen am besten?«

»Der da.«

»Recht so«, sagte sie und schleuderte den dunkleren über
die Hecke. »Der andere war scheußlich.«

Sie lud ihn ein, sie zu besuchen, und das tat er, erstaunt,
als er sie in rosa Matrosenhosen und mit einem roten Kopftuch dabei antraf, wie sie einen Fliederbusch umhackte und
die Äste zu einem Gartenfeuer schleifte.

»Ist Ihnen Flieder nicht ausgesprochen zuwider?« fragte
sie, während der Rauch um ihre Beine quoll.

»Ich kann nicht sagen, daß ich mir darüber viel Gedanken gemacht hätte.«

»Ich schon«, sagte sie. »Der Gestank hat mich die ganze
Woche hundeelend gemacht.«

Später am Nachmittag, als Nigel zu einer Tasse Tee ins
Haus kam, sagte sie: »Willst du was wissen? Lewis Jones gefällt mir ziemlich gut.«

»Ach ja?« sagte er. »Welcher von den beiden ist es denn?«

»Wirklich, Liebling! Du bist *ausgesprochen* unaufmerk-
sam.«

Das nächste Mal begegnete sie Lewis am Tag des Schafab-
triebs in der Bar der Schäferklause.

Seit sieben Uhr morgens hatten Bauern auf ihren Pferden
den Berg geräumt, und jetzt war die blökende weiße Masse
in Evan Bevans Koppel sicher untergebracht und wartete
darauf, nach dem Mittagessen sortiert zu werden.

Es war ein heißer Tag, die Berge lagen im Dunst, und die Dornsträucher ähnelten kleinen Flaumflocken.

Nigel war in geräuschvoller Stimmung und bestand darauf, eine Runde nach der andern auszugeben. Lewis stand mit aufgestützten Ellbogen da, mit dem Rücken zur Fensterbank. Die Tüllgardinen blähten sich um seine Schultern. Sein Haar schimmerte schwarz, hatte einen Mittelscheitel und ein oder zwei graue Stellen. Er blinzelte durch seine Nickelbrille und lächelte hin und wieder, während er versuchte, Nigels Geschichte zu folgen.

Joy sah von ihrem Gin auf. Ihr gefielen seine kräftigen weißen Zähne. Ihr gefiel die Art, wie er mit seinem Gürtel die Kordhosen zusammenband. Ihr gefiel seine große Hand, mit der er den Krug mit den Vertiefungen umfaßte. Sie überraschte ihn, wie er auf den Lippenstift an ihrem Glasrand starrte.

»Na gut, mein Spröder!« dachte sie. Sie drückte eine Zigarette aus und kam zu zwei Schlüssen: a) Lewis Jones war noch unberührt und b), es würde ein langwieriges Unternehmen werden.

Die Schafschur war zur Hälfte vorüber, als Nigel nach The Vision ging und fragte, ob er ein paar Zeichnungen von den Männern bei der Arbeit machen könnte.

»Ich werde Sie nicht daran hindern«, sagte Benjamin liebenswürdig.

Es war kühl und dunkel im Schurstall. Mücken wirbelten um die staubigen Sonnenstrahlen, die durch die Dachritzen hereinfielen. Den ganzen Nachmittag hockte der Maler, an einen Heuballen gelehnt, den Skizzenblock auf den Knien. Bei Sonnenuntergang, als das Faß Apfelwein herausgetragen wurde, folgte er Benjamin in den Hühnerstall und sagte, er hätte etwas zu besprechen.

Er wollte eine Serie von zwölf Radierungen machen, die

das »Schafbauernjahr« illustrieren sollten. Er hatte einen Dichterfreund in London, der, dessen war er sicher, ein Sonett für jeden Monat schreiben würde. Ob er, Mr. Jones, einverstanden sei, ihm Modell zu stehen?

Benjamin runzelte die Stirn. Unwillkürlich mißtraute er jedem »von draußen«. Was ein Sonett war, wußte er, bei einer Radierung war er sich jedoch nicht so sicher.

Er schüttelte den Kopf: »Wir haben gerade so viel zu tun. Ich weiß nicht, woher ich die Zeit dafür nehmen sollte.«

»Es würde Sie *keine* Zeit kosten!« unterbrach ihn Nigel. »Sie machen Ihre Arbeit wie immer, und ich folge Ihnen und mache Zeichnungen.«

»Also gut.« Benjamin strich sich besorgt übers Kinn. »Dann geht das wohl in Ordnung, oder?«

Den ganzen Sommer und Herbst 1938 zeichnete Nigel Benjamin Jones – mit seinen Hunden, mit seinem Schäferstab, mit seinem Kastriermesser, auf dem Berg, im Tal oder wie eine antike griechische Statue mit einem über die Schulter gelegten Schaf.

Waren die Tage feucht, trug er sein spanisches Cape und brachte eine Brandyflasche in seiner Tasche mit. Er schnitt immer ein wenig auf, wenn er trank, und es erleichterte ihn, wenn er einen Zuhörer hatte, der von Spanien nichts wußte und die Einzelheiten seiner Geschichte nicht nachprüfen konnte.

Und in seinen Geschichten kamen Dinge vor, die Benjamin an die Wochen erinnerten, die er in der Strafbaracke verbracht hatte – Dinge, zu denen die Wachen ihn gezwungen hatten, schmutzige, beschämende Dinge, die er Lewis nie erzählt hatte und die er sich jetzt von der Seele reden konnte.

»Ja, das tun sie oft«, sagte Nigel, schaute ihn von Kopf bis Fuß an und blickte dann zu Boden.

Beide Lamberts gingen Mary auf die Nerven. Sie wußte,

daß sie gefährlich waren, und versuchte, ihren Söhnen klarzumachen, daß diese Fremden nur ein Spiel spielten. Sie verachtete Nigel, weil er seine samtene Stimme mit dem Slang der Arbeiterklasse verbrämte. Zu Benjamin sagte sie: »Er ist ein solcher Schwächling!« Zu Lewis: »Ich verstehe gar nicht, was du an der Frau findest! All die Schminke! Sie sieht aus wie ein Papagei!«

Einmal in der Woche ließ Mrs. Lambert Lewis kommen, damit er sie beim Reiten begleitete. Und an einem nebligen Abend, als sie draußen auf dem Berg waren, erschien Nigel mit der Nachricht in The Vision, daß er am nächsten Tag nach London abreise.

»Wie lange werden Sie dort bleiben?« fragte Benjamin.

»Schwer zu sagen«, antwortete der Maler. »Das hängt von Joy ab, aber zur Lammzeit werden wir wohl wieder zurück sein.«

»Um so besser!« brummte Benjamin und kurbelte die Rübenbreimühle wieder an.

Gegen zwei an diesem Nachmittag hatte Joy schnell eine Kleinigkeit gegessen, stürzte drei Tassen schwarzen Kaffee hinunter und ging nun vor dem Cottage auf und ab, während sie auf Lewis Jones wartete.

»Er kommt zu spät! Der Teufel soll ihn holen!« Sie ließ ihre Reitpeitsche in einen vertrockneten Distelstrauch sausen.

Das Tal war im Nebel verschwunden. Mit Tau behängte, weiß bebende Spinnweben breiteten sich über dem toten Gras aus, und alles, was sie längs der Hecke sehen konnte, waren die grauen verschwommenen Konturen der Eichen. Nigel war in seinem Atelier und spielte Berlioz auf dem Grammophon.

»Ich hasse Berlioz!« rief sie laut, als die Platte zu Ende war. »Berlioz, mein Lieber, ist ein Langweiler!«

Sie betrachtete ihr Spiegelbild im Küchenfenster: ein Paar lange, gut geformte Beine in beigen Reithosen. Sie beugte die Knie, damit sie sich enger an ihre Schenkel schmiegten. Sie öffnete den Knopf ihrer rostbraunen Reitjacke. Darunter trug sie einen blaßgrauen Pullover. Sie fühlte sich wohl und energiegeladen in dieser Kleidung. Ihr Gesicht war von einem weißen Kopftuch gerahmt, an dem sie einen Männerfilzhut festgesteckt hatte.

Sie rieb ihren Lippenstift mit dem kleinen Finger glatt. »O Gott! Ich bin zu alt für solche Torheiten«, murmelte sie und hörte die Ponyhufe auf der Wiese aufschlagen.

»Zu spät!« grinste sie.

»Tut mir sehr leid, Madam!« sagte Lewis und lächelte schüchtern unter seiner Hutkrempe hervor. »Ich hatte ein bißchen Ärger mit meinem Bruder. Er war nicht gerade begeistert. Meinte, wir könnten uns im Nebel verirren oder so.«

»Und Sie haben keine Angst, sich zu verirren?«

»Nein, Madam!«

»Na also! Und außerdem scheint auf dem Gipfel die Sonne. Warten Sie nur ab!«

Er reichte ihr die Zügel des Grauschimmels. Sie stellte ein Bein hoch und schwang sich in den Sattel. Sie ritt voran, er folgte ihr. Sie trotteten den Feldweg nach Upper Brechfa hinauf.

Weißdorn wölbte sich zu einem Tunnel über ihren Köpfen, die Zweige blieben an ihrem Hut haften und besprengten sie mit Kristalltropfen.

»Gebe Gott, daß die Nadeln steckenbleiben«, sagte sie sich und spornte das Pferd zum Galopp an.

Sie kamen an der Schäferklause vorbei und hielten an dem Tor an, das zum Berg hinaufführte. Sie hob den Riegel mit ihrer Reitpeitsche hoch. Als sie ihn hinter ihm schloß, sagte er: »Recht herzlichen Dank.«

Der Pfad war aufgeweicht, und der Stechginster streifte ihre Stiefel. Sie beugte sich nach vorn, rieb sich am Sattelknopf. Die feuchte Bergluft füllte ihre Lungen. Sie sahen einen Bussard. Vor ihnen war es schon etwas heller.

Als sie zu einer Gruppe von Lärchen kamen, rief sie: »Sehen Sie! Was habe ich Ihnen gesagt? Die Sonne!« Das goldene Haar der Lärchen glänzte vor dem milchigblauen Himmel.

Dann galoppierten sie ins Sonnenlicht, die Wolken ausgebreitet zu ihren Füßen, immer weiter voran, meilenweit schien es, bis sie ihr Pony neben einer Hangrinne zügelte. In einer windgeschützten Mulde standen drei schottische Kiefern.

Sie stieg ab und ging auf die Bäume zu, wobei sie einen Kiefernzapfen über die kahlgefressene Wiese stieß.

»Ich liebe schottische Kiefern«, sagte sie. »Und wenn ich sehr, sehr alt bin, möchte ich aussehen wie eine von denen. Verstehen Sie, was ich meine?«

Er stand schwer atmend neben ihr, schwitzte unter seinem Regenmantel. Sie riß an der Borke und hielt einen Span in der Hand. Ein Ohrwurm krabbelte sich in Sicherheit. Sie hielt den Augenblick für gekommen und verlegte ihre lackierten Finger vom Baumstamm auf sein Gesicht.

Es war dunkel, als sie durch die Cottagetür trat; Nigel saß dösend am Kaminfeuer. Sie knallte mit der Peitsche auf den Tisch. An ihrer Reithose waren Moosflecke: »Du hast die Wette verloren, Schätzchen. Du schuldest mir eine Flasche Gordon's.«

»Du hast ihn gehabt?«

»Unter einer uralten Kiefer! Sehr romantisch! Ziemlich feucht!«

In dem Moment, als Lewis über die Schwelle trat, wußte Mary genau, was geschehen war.

Er hatte einen anderen Gang. Er blickte mit den Augen eines Fremden durchs Zimmer. Er starrte sie an, als wäre auch sie eine Fremde. Mit zitternden Händen tischte sie ihm eine Gänsekleinpastete auf. Der silberne Löffel glitzerte. Ein Dampfwölkchen stieg empor. Er starrte weiter vor sich hin, als hätte er noch nie im Leben zu Abend gegessen.

Sie stocherte auf ihrem Teller herum, konnte sich nicht zum Essen überwinden. Sie saß da und wartete, daß Benjamin explodierte.

Er tat so, als bemerkte er nichts. Er schnitt eine große Scheibe Brot ab und begann, die Soße vom Teller aufzutunken. Dann sagte er mit rauher Stimme: »Was hast du da an deiner Wange?«

»Nichts«, stammelte Lewis und tastete nach einer Serviette, um den Lippenstift abzuwischen, aber Benjamin kam um den Tisch geschossen und brachte sein Gesicht in drohende Nähe.

Lewis ergriff die Panik. Seine rechte Faust schmetterte in die Zähne seines Bruders, und er rannte aus dem Haus.

XXXVII

Er ging fort, arbeitete auf einer Schweinefarm in der Nähe von Weobley in Herefordshire. Zwei Monate später, unwiderstehlich angezogen von zu Hause, fand er bei einem Kaufmann für Landwirtschaftsprodukte in Rhulen eine Stelle als Träger. Er schlief an Ort und Stelle und sprach mit niemandem. Die Bauern, die ins Kontor kamen, wunderten sich über seinen leeren Blick.

Da er seine Mutter ohne Nachricht ließ, vereinbarte sie mit einem Nachbarn einen Nachmittag, an dem er sie in die Stadt mitnahm.

Ein schneidender Wind pfiff durch die Castle Street. Ihre Augen tränten, und die Geschäfte, die Häuserfassaden und die Fußgänger zerflossen zu einem gräulichen Schleier. Sie hielt ihren Hut fest, ging langsam über das Pflaster und bog nach links ab, auf den windgeschützten Horseshoe-Platz. Vor dem Haus des Kaufmanns wurde ein Karren mit Mehlsäcken beladen.

Ein weiterer Sack kam durch die Schwingtür heraus.

Sie zuckte zusammen, als sie den knochigen Mann mit den eingesunkenen Augen und den schmutzigen Arbeitshosen sah. Sein Haar war grau geworden. Um sein Handgelenk zog sich eine schlechtverheilte purpurrote Narbe.

»Was ist das?« fragte sie, als sie allein waren.

»Wenn deine rechte Hand dich ärgert...«, murmelte er.

Sie holte tief Luft, legte eine Hand auf den Mund und stieß hervor: »Dem Himmel sei gedankt!«

Sie hakte sich bei ihm ein, und sie gingen zum Fluß hinunter und weiter auf die Brücke. Die Wye führte Hochwasser. Ein Reiher stand auf der überschwemmten Wiese, und am anderen Ufer warf ein Fischer seine Angel nach Lachs aus. Auf den Gipfeln der Radnor-Berge lag Schnee. Mit dem Rücken zum Wind sahen sie zu, wie das Flutwasser um die Pfeiler spülte.

»Nein.« Sie zitterte am ganzen Körper. »Du kannst noch nicht nach Hause kommen. Es ist schrecklich, deinen Bruder in einem solchen Zustand zu sehen.«

Benjamins Liebe zu Lewis war mörderisch.

Der Frühling kam. Das Scharbockskraut breitete Sternchen in den Hecken aus. Es sah noch immer so aus, als würde Benjamins Zorn nie abklingen. Um sich von ihrem Elend abzulenken, beschäftigte sich Mary im Haushalt. Sie stopfte jedes Mottenloch, das sie in den Decken finden konnte. Sie strickte Socken für ihre beiden Söhne. Sie füllte die Vorratskammer und entfernte den Schmutz aus versteckten Rit-

zen – es war, als bereite sie sich damit auf eine lange Reise
vor. Und wenn sie nicht mehr arbeiten konnte, ließ sie sich
in den Schaukelstuhl fallen und lauschte dem Klopfen ihres
Herzens.

Bilder aus Indien zogen immer wieder vor ihren Augen
vorbei. Sie sah eine schimmernde Flußebene und eine weiße, im Dunst schwebende Kuppel. Männer mit Turbanen
trugen in Leinentücher gewickelte Bündel ans Ufer, wo
Feuer schwelten, über denen Geier kreisten. Ein Boot glitt
stromabwärts.

»Der Fluß! Der Fluß!« flüsterte sie und schüttelte sich
aus ihrer Träumerei.

Eines Morgens, es war in der ersten Septemberwoche,
wachte sie mit Blähungen und Verdauungsstörungen auf.
Sie briet Benjamin ein paar Speckscheiben zum Frühstück –
doch hatte sie keine Kraft mehr, sie aus der Pfanne zu ga-
beln. Ein Schmerz schnürte ihr die Brust zusammen. Benjamin hatte sie ins Schlafzimmer getragen, bevor der Anfall
kam.

Er sprang auf sein Fahrrad, fuhr zur Telefonkabine nach
Maesyfelin und rief den Arzt an.

Um sechs an diesem Abend kam Lewis, der eine Ladung
Kuhdünger ausgefahren hatte, zurück. Im Kontor hing der
Buchhalter am Radio und hörte die jüngsten Nachrichten
aus Polen. Er sah kurz auf und sagte zu ihm, er solle den
Arzt anrufen.

»Ihre Mutter hat einen Herzanfall gehabt«, teilte Dr
Galbraith ihm mit. »Sieht ziemlich ernst aus. Ich habe ihr
Morphium gegeben, und sie hält noch fest am Leben. Aber
an Ihrer Stelle würde ich so schnell wie möglich hinfahren.«

Benjamin kniete an der Bettseite gegenüber der Tür. Die
Abendsonne fiel durch die Lärchen schräg ins Zimmer und
streifte den Rahmen des Kupferstiches von Holman Hunt.
Sie war schweißnaß. Ihre Haut war gelb, und ihre Augen

blickten starr auf den Türknauf. Mit einem Rasseln kam Lewis' Name über ihre Lippen. Ihre Hände lagen reglos auf den schwarzen Samtsternen.

Von der Landstraße war ein Motor zu hören.

»Er ist gekommen«, sagte Benjamin. Vom Mansardenfenster aus beobachtete er, wie sein Bruder das Taxi bezahlte.

»Er ist gekommen«, wiederholte sie. Und als ihr Kopf auf dem Kissen zur Seite fiel, hielt Benjamin ihre rechte Hand und Lewis ihre linke.

Am nächsten Morgen hängten sie schwarzen Krepp über die Bienenstöcke, um den Bienen mitzuteilen, daß sie von ihnen gegangen war.

Der Abend nach dem Begräbnis war der Abend, an dem sie ihr wöchentliches Bad nahmen.

Benjamin ließ Wasser im Kupferkessel in der Waschküche kochen und breitete ein Handtuch über dem Kaminvorleger aus. Sie seiften sich gegenseitig den Rücken ein und scheuerten ihn mit einem Luffaschwamm. Ihr Lieblingsschäferhund hockte neben der Wanne, den Kopf auf den Vorderpfoten, und das Kerzenlicht glänzte in seinen Augen. Lewis rieb sich trocken und sah, ausgebreitet auf dem Tisch, zwei ungebleichte weiße Kalikonachthemden ihres Vaters.

Sie zogen sie an.

Benjamin hatte die Lampe im Schlafzimmer ihrer Eltern angezündet. Er sagte: »Hilf mir mit den Laken.«

Aus der Kommode zogen sie zwei frische Leinentücher. Lavendelkörner fielen Lewis vor die Füße. Sie machten das Bett, glätteten die Flickendecke. Benjamin bauschte die Kissen auf, und eine Feder, die durch den Drillich gedrungen war, schwebte im Lampenlicht aufwärts.

Sie kletterten in das Bett.

»Dann gute Nacht!«

»Gute Nacht!«

Die Erinnerung an ihre Mutter hatte sie endlich wiedervereint, und sie vergaßen, daß ganz Europa in Flammen stand.

XXXVIII

Der Krieg spülte über sie hinweg, ohne daß sie in ihrer Einsamkeit gestört wurden.

Hin und wieder wurden sie durch das Dröhnen eines feindlichen Bombers oder ein paar unbedeutende Kriegsrestriktionen an die Kämpfe jenseits der Malvern-Berge erinnert. Aber die Luftschlacht über England war zu groß für Lewis' Sammelalbum. Der Schrecken einer Invasion deutscher Fallschirmspringer auf den Brecon Beacons erwies sich als falscher Alarm. Und als Benjamin in einer Novembernacht das rote Glühen am Horizont und den Himmel von Bränden erleuchtet sah – es war der Angriff auf Coventry –, sagte er: »Ein Glück, daß wir's nicht sind!« – und ging wieder ins Bett.

Lewis trug sich mit dem Gedanken, der Bürgerwehr beizutreten, doch Benjamin redete es ihm aus.

Während des Gottesdienstes saßen die Zwillinge Seite an Seite im Kirchenstuhl ihrer Eltern. Vor jeder Versammlung verbrachten sie rund eine Stunde in stiller Einkehr am Grab ihrer Eltern. An manchen Sonntagen, vor allem, wenn vorher Bibelstunde war, kam Klein-Meg the Rock mit einer ihrer Stiefschwestern, und der Anblick des ungelenken verwahrlosten Kindes mit der mottenzerfressenen Mütze rief in Lewis Erinnerungen an verlorene Liebe und Traurigkeit wach.

An einem stürmischen Morgen kam sie blau vor Kälte

herein, einen Strauß Schneeglöckchen umklammernd. Der Prediger hatte die Gewohnheit, den ersten Vers eines Kirchenlieds vorzusprechen, um ihn dann von einem der Kinder Zeile für Zeile nachsprechen zu lassen. Nachdem er den Choral Nummer drei angekündigt hatte – William Cowpers »Lobgesang auf die erschlossene Quelle« –, zeigte er mit dem Finger auf Meg.

Es gibt eine Quelle, gefüllt mit Blut,
Emanuels Adern entnommen.
Und Sünder, die tauchen in diese Flut,
haben die Unschuld wiedergewonnen.

Meg drückte die Schneeglöckchen noch fester zusammen und kämpfte sich durch die erste Zeile, aber die Anstrengung bei »Emanuels Adern« ließ ihre Stimme ersticken. Die zerquetschten Blumen fielen vor ihren Füßen zu Boden und sie fing an, am Daumen zu lutschen.

Die Lehrerin erklärte: »Mit dem Kind ist nichts anzufangen!« Doch wenn Meg auch weder lesen noch schreiben, noch die einfachsten Rechenaufgaben lösen konnte, so konnte sie die Stimmen aller Tiere und Vögel nachahmen, und weiße Batisttaschentücher bestickte sie mit Girlanden aus Blumen und Blättern.

»Ja«, vertraute die Lehrerin Lewis an. »Meg ist eine geschickte kleine Näherin. Ich glaube, es war Miss Fifield, die ihr diese Kunstfertigkeit beigebracht hat« – und um des Klatsches willen fügte sie hinzu, daß der junge Billy Fifield als Pilot bei der RAF sei und daß Rosie allein war in The Tump und mit Bronchitis darniederlag.

Nach dem Mittagessen packte Lewis einen Korb mit Lebensmitteln und füllte in der Milchkammer eine Kanne mit Milch. Eine Sonne wie aus Zinn hing tief über dem Schwarzen Berg. Die Milch schwappte gegen den Deckel, während er ging. Die Rotbuchen hinter dem Cottage waren grau, und Saatkrähen, deren Flügelspitzen wie Eisschollen glitzerten, stoben davon. Im Garten blühten Christrosen.

Sie hatten sich vor vierundzwanzig Jahren zuletzt gesehen.

Rosie kam in einem Männermantel an die Tür geschlurft. Ihre Augen waren blau wie früher, aber ihre Wangen waren eingefallen, und ihr Haar war grau. Ihr Unterkiefer klappte herunter, als sie den großen ergrauten Fremden vor der Haustür stehen sah.

»Ich habe gehört, daß es dir nicht gut geht«, sagte er. »Darum habe ich dir ein paar Sachen gebracht.«

»Lewis Jones ist es also«, stieß sie keuchend hervor. »Komm herein und wärm dich auf.«

Das Zimmer war schäbig und eng, und die Tünche blätterte von den Wänden. Auf einem Sims über dem Kamin standen Teedosen und Rosies Uhr mit Castor und Pollux, den Himmelszwillingen. An der hinteren Wand hing ein Farbdruck – ein blondes Mädchen, das auf einem Waldweg einen Blumenstrauß pflückt. Über einem Sessel hing ein Tuch mit einer halbfertigen Stickerei. Ein vom Sonnenlicht geweckter Fuchsfalter flatterte gegen das Fenster, obwohl seine Flügel in einem staubigen Spinnennetz gefangen waren. Der Fußboden war mit Büchern übersät. Auf dem Tisch standen ein paar Gläser mit eingelegten Zwiebeln – mehr hatte sie nicht zu essen.

Sie packte den Korb aus, sah sich gierig Honig und Zwiebäcke, Sülze und Speck an und breitete alles ohne ein Wort des Dankes aus.

»Setz dich, ich mache dir eine Tasse Tee«, sagte sie und ging in die Waschküche, um die Teetassen auszuspülen.

Er sah auf das Bild und erinnerte sich an ihre gemeinsamen Spaziergänge am Fluß.

Sie nahm einen Blasebalg, um das Feuer anzufachen, und

als die Flammen am rußigen Kesselboden züngelten, öffnete sich ihr Mantel und ließ ein rosa Flanellnachthemd sehen, das ihr über die Schulter gerutscht war. Er fragte sie nach Klein-Meg.

Ihr Gesicht leuchtete auf: »Sie ist ein gutes Mädchen. Ein ehrliches Kind! Nicht wie all die anderen mit ihrem Klauen! Oh! Es macht mich rasend, wie sie sie behandeln. Sie hat keinem Lebewesen je etwas zuleide getan. Ich habe sie hier im Garten gesehen, wie die Finken ihr aus der Hand fraßen.«

Der Tee war kochend heiß. Er nippte daran, unbehaglich, und schwieg.

»Er ist gestorben, nicht?« Ihre Stimme klang scharf und vorwurfsvoll.

Er zögerte, bevor er einen weiteren kleinen Schluck trank, und dann sagte er: »Tut mir leid, das zu hören.«

»Was geht dich das an?«

»In einem Flugzeug, nicht wahr?«

»Nicht er!« fuhr sie ihn an. »Ich meine nicht meinen Billy. Ich meine seinen Vater!«

»Bickerton?«

»Ja, Bickerton!«

»Nun, gewiß ist der gestorben«, antwortete er. »In Afrika, wie ich gehört habe. Das Trinken hat ihn umgebracht.«

»Und ein guter Job!« sagte sie.

Bevor er ging, fütterte er die Schafe, die seit einer Woche kein Heu bekommen hatten. Er nahm die Milchkanne und versprach, am Donnerstag wiederzukommen. Sie ergriff seine Hand und hauchte: »Bis Donnerstag also?«

Sie stand am Schlafzimmerfenster und beobachtete, wie er längs der Hagedornhecke davonging, wobei das Sonnenlicht durch seine Beine schien. Fünfmal wischte sie die beschlagenen Fensterscheiben ab, bis der schwarze Fleck aus ihrer Sicht entschwunden war.

»Das bringt nichts Gutes«, sagte sie laut. »Ich hasse Männer – alle!«

Am Donnerstag war ihre Bronchitis besser, und obwohl ihr das Sprechen leichter fiel, fand nur ein Thema ihre Aufmerksamkeit: Schloß Lurkenhope, das soeben für amerikanische Truppen beschlagnahmt worden war.

Das Anwesen hatte fünf Jahre lang leer gestanden.

Reggie Bickerton war im Delirium tremens in Kenia gestorben, in demselben Jahr, in dem seine Kaffeeplantage bankrott machte. Der Besitz war an einen entfernten Cousin gegangen, der als zweiter Erbschaftssteuer zahlen mußte. Auch Isobel war gestorben, in Indien, und Nancy war in eine Wohnung über den Ställen gezogen – die, wie ihr Vater gesagt hatte, solider gebaut war als das Schloß. Und dort lebte sie, allein mit ihren Möpsen, und machte sich Sorgen um ihre Mutter, die in Südfrankreich interniert war.

Sie lud ein paar schwarze US-Soldaten zum Abendessen ein, und die Leute erzählten sich die seltsamsten Dinge.

Abgesehen von dem Negerboxer auf dem Jahrmarkt in Rhulen hatten die Zwillinge nie einen schwarzen Menschen zu Gesicht bekommen. Jetzt verging kaum ein Tag, ohne daß sie diesen großen dunklen Fremden begegneten, die zu zweit oder dritt über die Landstraße schlenderten.

Benjamin tat so, als schockierten ihn die Geschichten, die aus dem Schloß herausdrangen. Konnte es wahr sein, daß sie die Dielen aufrissen und im Kamin verbrannten?

»Ooh!« Er rieb sich die Hände. »Es muß heiß da sein, von wo sie kommen.«

An einem kühlen Abend, als er zu Fuß von Maesyfelin nach Hause ging, wurde er von einem schmuck gekleideten Riesen angesprochen:

»Hallo, Freund! Ich bin Chuck!«

»Mir geht's auch ganz gut«, sagte Benjamin schüchtern.

Der Mann machte ein ernstes Gesicht. Er blieb zu einem Schwatz stehen und sprach vom Krieg und von den Schrekken des Nazismus. Doch als Benjamin fragte, wie es denn sei, in Afrika zu leben, krümmte er sich vor Lachen und hielt sich den Bauch, als würde er nie wieder aufhören. Dann ließ er über dem hochgeschlagenen Kragen seines Überziehers ein breites weißes Grinsen aufblitzen und verschwand in der Dunkelheit.

Ein weiteres denkwürdiges Ereignis war der Tag, als die Truppen von den Dominien auf Bickertons Buckel einen Scheinangriff inszenierten.

Die Zwillinge waren auf dem Heimweg von Lower Brechfa, wo sie die Kälber getränkt hatten, und stellten fest, daß es auf ihrem Grundstück von »Schwarzen« nur so wimmelte. Einige trugen Schlapphüte, andere hatten den Kopf mit »Handtüchern umwickelt« – es waren Gurkhas und Sikhs –, und alle »schnatterten wie Affen und verscheuchten die Hühner«.

Aber das große Abenteuer des Krieges war das abgestürzte Flugzeug.

Der Pilot einer Avro Anson hatte auf dem Rückweg von einem Aufklärungsflug die Höhe des Schwarzen Bergs falsch eingeschätzt und eine Bruchlandung in den Felsen oberhalb von Craig-y-fedw gemacht. Ein Überlebender humpelte den Hang hinunter und scheuchte Jim the Rock auf, der mit einem Suchtrupp auf den Berg stieg und den toten Piloten fand.

»Ich hab' ihn gesehn«, erzählte Jim hinterher. »Zu Tode gefrorn, richtiggehend, un sein Gesicht aufgeplatzt, un alles hing so raus.«

Die Bürgerwehr sperrte das Gebiet hermetisch ab und brachte sieben Wagenladungen mit dem Wrack von der Unglücksstätte fort.

Lewis war sehr enttäuscht, daß Jim den Absturz gesehen

hatte und er selber nicht. Alles, was er auf der Heide verstreut fand, waren ein paar Segeltuchfetzen und ein Streifen
Aluminiumblech mit einer Schraube darin. Er stopfte alles
in seine Taschen und bewahrte es als Andenken auf.

Mittlerweile hatte Benjamin die flaue Marktlage ausge-
nützt und der Liste ihrer Besitztümer ein Gehöft mit sechzig Morgen hinzugefügt.

The Pant lag eine halbe Meile weiter unten im Tal und
hatte zwei große Felder zu beiden Seiten des Bachs. Nachdem sie gepflügt und bepflanzt waren, erbrachten sie eine
ausgezeichnete Kartoffelernte, und der Mann vom Ministerium hatte den Zwillingen einen deutschen Kriegsgefange-
nen zugewiesen, der bei der Ernte helfen sollte.

Sein Name war Manfred Kluge. Er war ein fleischiger
rotwangiger Mann aus einem Dorf in Baden-Württemberg,
den sein Vater, der Holzfäller des Dorfes, auf sadistische
Art geprügelt hatte und dessen Mutter tot war. Er war zum
Militär eingezogen worden und hatte im Afrika-Korps gedient: Seine Gefangennahme in El Alamein gehörte zu den
wenigen Glücksfällen, die er gekannt hatte.

Die Zwillinge wurden es nicht müde, sich seine Geschichten anzuhören.

»Ich habe den Führer mit meinen Augen gesehen, ja! Ich
bin in Sigmaringen gewesen. Ja!... Und viele Leute!.. Sehr
viele Leute! Ja! Heil Hitler!... Heil Hitler!... Ja!... Ja? ...
Und ich sagen: Idiot! LAUT! Und dieser Mann neben mir
in der Menge... Sehr großer Mann. ROTES GESICHT
GROSSER MANN! Ja? Er mir sagen: Du sagen Idiot! Und
ich ihm sagen: Ja, sehr Idiot! Und er schlagen! Ja? Und an
dere Leute, alle schlagen! Ja? Und ich wegrennen! Ha! Ha!
Ha!«

Manfred war ein unermüdlicher Arbeiter. Am Ende des
Tages zeichneten sich Schweißringe unter den Achseln seiner Uniform ab, und mit dem Wohlwollen verzückter El-

tern gaben ihm die Zwillinge andere Sachen, die er im Haus tragen konnte. Eine dritte Mütze auf der Veranda, ein drittes Paar Stiefel, ein drittes Gedeck bei Tisch – all das machte ihnen gegenwärtig, daß das Leben nicht gänzlich an ihnen vorbeigegangen war.

Er schlang das Essen hinunter und war jederzeit bereit, seine Zuneigung zu demonstrieren, solange eine handfeste Mahlzeit in Aussicht gestellt wurde. In seinen persönlichen Angewohnheiten war er ordentlich, und er schlief unter dem Dach in der Kammer von dem alten Sam. Jeden Donnerstag mußte er sich in der Kaserne melden. Jeden Donnerstag befürchteten die Zwillinge, er könnte an einen anderen Ort versetzt werden.

Weil er besonders gut mit dem Federvieh umgehen konnte, erlaubten sie Manfred, seine eigene Gänseherde zu züchten und den Erlös als Taschengeld zu behalten. Er liebte seine Gänse, und man konnte sie im Obstgarten miteinander schnattern hören: »Komm, mein Lieseli! Komm schon! Komm zu Vati!«

Dann, an einem wunderschönen Frühlingsmorgen, ging der Krieg mit einer fettgedruckten Schlagzeile in der *Radnorshire Gazette* zu Ende:

51,5 PFD. LACHS AM COLEMAN
TEICH »ÜBERWÄLTIGT«
Brigadier berichtet über
dreistündigen Kampf mit Riesenfisch

Für die Leser, die sich über internationale Ereignisse auf dem laufenden halten wollten, gab es einen kürzeren Artikel auf der anderen Seite:

»Die Alliierten in Berlin eingedrungen – Hitler tot im Bunker – Mussolini von Partisanen getötet.«

Auch Manfred war der Untergang Deutschlands gleichgültig, wenn sich sein Gesicht auch einige Monate später aufklärte, als er in *The News of the World* ein Foto von dem Atompilz über Nagasaki sah:

»Ist gut, ja?«

»Nein.« Benjamin schüttelte den Kopf. »Es ist schrecklich.«

»Nein, nein! Ist gut! Japan fertig, Krieg fertig!«

In derselben Nacht hatten die Zwillinge ein und denselben Alptraum: Ihre Bettvorhänge hatten Feuer gefangen, ihr Haar stand in Flammen, und ihre Köpfe brannten zu schwelenden Stümpfen ab.

Nichts ließ erkennen, daß Manfred nach Hause wollte, als die ersten Kriegsgefangenentrupps repatriiert wurden. Er sprach davon, sich mit einer Frau und einer Hühnerfarm in der Gegend anzusiedeln, und die Zwillinge ermunterten ihn, zu bleiben.

Bedauerlicherweise hatte er eine große Schwäche für Alkohol. Sobald die Kriegsrestriktionen aufgehoben wurden, schloß er mit Jim the Rock eine auf Schnaps gegründete Freundschaft. Er kam oft spätnachts nach Hause getorkelt, und am nächsten Morgen fanden ihn die Zwillinge sturzbetrunken im Stroh. Benjamin verdächtigte ihn, es mit einem der Watkins-Mädchen zu treiben, und fragte sich, ob sie ihn vielleicht entlassen sollten.

An einem Sommernachmittag hörten sie den Gänserich schreien und zischen und Manfred auf deutsch drauflosplappern.

Als sie auf die Veranda hinaustraten, sahen sie im Hof eine Frau mittleren Alters in braunen Kordhosen und einem blauen Aertexhemd stehen. Sie hielt eine Landkarte in der Hand. Ihr Gesicht leuchtete auf, als sie sich umdrehte und sie erblickte. »So etwas!« rief sie. »Zwillinge!«

XXXIX

Lotte Zons war eine große stattliche Frau mit schräg stehenden grauen Augen und goldenen, wie Taue aussehenden Zöpfen, die Wien nicht einen Monat zu früh verlassen hatte. Ihr Vater, ein Chirurg, war zum Reisen zu krank gewesen, ihre Schwester der Gefahr gegenüber blind. Bei ihrer Ankunft in Victoria Station hatte sie ein Hauswirtschaftsdiplom ihres Landes in der Handtasche: Im Frühjahr 1939 konnten nur Dienstboten sicher sein, nach England einreisen zu dürfen.

Ihre Liebe zu England, die sich aus der englischen Literatur herleitete, war in ihrer Erinnerung eins geworden mit Spaziergängen in Vorarlberg, mit Enzian und Kiefernduft und den Buchseiten von Jane Austen, die sie in der Alpensonne geblendet hatten.

Sie bewegte sich mit der großen Anmut der Frauen aus der Zeit vor Sarajewo. Ihr Leben im London der Kriegszeit war schlimmer gewesen als alles, was sie bis dahin gekannt hatte.

Zuerst wurde sie interniert. Dann bekam sie aufgrund ihrer Ausbildung als Psychotherapeutin eine Stelle in einer Klinik in Swiss Cottage, wo sie Opfer von Luftangriffen behandelte. Ihr Gehalt reichte gerade eben für die Miete eines freudlosen Zimmers. Ihre Kräfte schwanden, weil sie sich ausschließlich von Corned beef und Kartoffelbrei ernährte. Ein einzelner Gasring war ihre einzige Kochmöglichkeit.

Manchmal begegnete sie anderen jüdischen Flüchtlingen in einem Café in Hampstead, aber die Nußtorte war ungenießbar, die Verleumdungen machten sie noch unglücklicher, und sie tastete sich durch die nebligen, verdunkelten Straßen nach Hause.

Solange der Krieg dauerte, erlaubte sie sich den Luxus der Hoffnung. Jetzt, nach dem Sieg, war ihre Hoffnung

verflogen. Aus Wien kam keine Nachricht. Als sie die Bilder
von Bergen-Belsen gesehen hatte, brach sie endgültig zusammen.

Der Klinikchef schlug ihr vor, Urlaub zu nehmen.

»Warum nicht?« sagte sie zögernd. »Aber wo finde ich
ein paar Berge?«

Sie nahm einen Zug nach Hereford und den Bus nach
Rhulen. Tagelang verlor sie sich auf langen Laubwegen, an
denen sich seit den Tagen von Königin Elizabeth nichts geändert hatte. Eine Pinte Apfelwein stieg ihr zu Kopf. Sie las
Shakespeare in efeubedeckten Kirchhöfen.

An ihrem letzten Tag fühlte sie sich sehr viel kräftiger
und stieg auf den Gipfel des Schwarzen Bergs.

»Aah!« seufzte sie. »Hier kann man endlich aufatmen!«

Auf dem Rückweg kam sie zufällig an The Vision vorbei
und hörte, wie Manfred mit seinen Gänsen deutsch redete.

Lewis schüttelte der Besucherin die Hand und sagte:
»Kommen Sie bitte herein.« Nach dem Tee notierte sie sich
Benjamins Rezept für Waliser Plätzchen, und er bot sich an,
ihr das Haus zu zeigen.

Ohne jede Spur von Verlegenheit öffnete er die Tür zum
Schlafzimmer. Beim Anblick ihrer spitzenbesetzten Kopfkissen zog sie eine Augenbraue hoch: »Sie haben Ihre Mutter wohl sehr geliebt?«

Benjamin senkte den Kopf.

Bevor sie fortging, fragte sie, ob sie einmal wiederkommen dürfe.

»Wann immer Sie kommen möchten«, sagte er, denn irgend etwas an ihr hatte ihn an Mary erinnert.

Im Jahr darauf kam sie Ende September am Steuer eines
kleinen grauen Coupés. Sie fragte nach »meinem jungen
Freund Manfred«, und Benjamin runzelte die Stirn: »Wir
mußten ihn sozusagen vor die Tür setzen.«

Manfred hatte Lizzie the Rock in andere Umstände gebracht. Er hatte sich jedoch »wie ein Ehrenmann« benommen und sie geheiratet und sich auf diese Weise das Recht erworben, in Großbritannien zu bleiben. Das Paar war nach Kington gegangen und arbeitete auf einer Hühnerfarm.

Lotte nahm die Zwillinge auf Autofahrten über Land mit. Sie besichtigten Megalithgräber, verfallene Abteien und eine Kirche mit einem heiligen Dornstrauch. Sie liefen ein Stück an Offa's Deich entlang und bestiegen den Caer Cradoc, wo Caractacus den Römern Widerstand geleistet hatte.

Ihr Interesse für Altertümer lebte wieder auf. Wegen der eiskalten Herbstwinde trug sie eine pflaumenfarbene Kordjacke mit großen Flickentaschen und wattierten Schultern. Sie trug die Kommentare der beiden in ein Notizbuch ein, das in Buckram gebunden war.

Sie schien den gesamten Inhalt der gesamten Leihbücherei verschlungen zu haben. Die Art, wie sie sich die Lokalgeschichte zu eigen machte, hatte etwas Erschreckendes, und manchmal konnte sie ganz schön wild sein.

Bei einem Ausflug nach Painscastle begegneten sie einem älteren Mann in Knickerbockers, einem Altertumsforscher aus Leidenschaft, der den Burggraben ausmaß. Er erwähnte beiläufig, Owen Glendower hätte im Jahre 1400 die Burg verteidigt.

»Absolut falsch!« widersprach sie. »Die Schlacht war bei Pilleth und nicht bei Painscastle, und zwar 1401 und nicht 1400!« Der Mann sah verstört aus, entschuldigte sich und suchte das Weite.

Lewis lachte: »O je! Ist die aber schlau!«, und Benjamin stimmte ihm zu.

Sie hatte sich ein Zimmer in einer Pension mit Frühstück in Rhulen genommen, und nichts ließ darauf schließen, daß sie nach London zurückkehren wollte. Nach und nach konnte sie die Schüchternheit der beiden durchbrechen. Sie eroberte sich den Platz der dritten Person in ihrem Leben, und schließlich entlockte sie ihnen ihre intimsten Geheimnisse.

Nicht daß sie ein Geheimnis aus ihrem Interesse gemacht hätte! Sie erzählte ihnen, vor dem Krieg in Wien hätte sie eine Untersuchung über Zwillinge gemacht, die sich nie trennen. Jetzt wollte sie daran weiterarbeiten.

Zwillinge, sagte sie, spielten in den meisten Mythologien eine Rolle. Das griechische Paar Castor und Pollux seien die Söhne von Zeus und einem Schwan, und beide seien aus demselben Ei geschlüpft.

»Wie Sie beide!«

»Seltsam!« Sie horchten auf.

Sie erklärte ihnen weiter den Unterschied zwischen eineiigen und zweieiigen Zwillingen, warum manche identisch waren und andere nicht. Es war ein sehr stürmischer Abend, und der Rauch wurde in Stößen durch den Kaminschacht zurückgeblasen. Sie stützten die Köpfe in die Hände und versuchten, das schwindelerregende Feuerwerk ihrer vielsilbigen Wörter zu verstehen, aber ihre Wörter schienen in den Grenzbereich des Unsinnigen vorzustoßen: »Psychoanalyse... Fragebogen... Probleme der Vererbung und der Umwelt« – was hatte das alles zu bedeuten? An einer Stelle stand Benjamin auf und bat sie, das Wort »monozygotisch« auf ein Stück Papier zu schreiben. Er faltete den Zettel zusammen und steckte ihn in seine Westentasche.

Zum Schluß sagte sie, viele eineiige Zwillinge seien unzertrennlich – selbst im Tod.

»Ah!« seufzte Benjamin mit verträumter Stimme. »Das habe ich immer gefühlt.«

Sie faltete die Hände, beugte sich unter dem Lampenlicht vor und fragte, ob sie eine Reihe von Fragen beantworten würden.

»Ich werde Sie nicht hindern«, sagte er.

Lewis richtete sich auf der Sitzbank auf und starrte ins Feuer. Er wollte keine Fragen beantworten. Er glaubte, seine Mutter zu hören, die sagte: »Hüte dich vor dieser fremden Frau!« Aber am Ende gab er Benjamin zuliebe nach.

Lotte begleitete den Tagesablauf der Zwillinge. Keiner der beiden war es gewohnt, über sich zu reden; doch kam durch ihr herzliches Verständnis und ihren harten gutturalen Akzent ein ausgeglichenes Verhältnis zwischen Nähe und Distanz zustande. Bald hatte sie ein ansehnliches Dossier zusammengestellt.

Benjamin vermittelte ihr anfangs den Eindruck, ein bibeltreuer Fundamentalist zu sein.

Sie fragte: »Wie stellen Sie sich denn das Höllenfeuer vor?«

»So ähnlich wie London, glaube ich.« Er zog die Nase kraus und kicherte. Erst als sie ein bißchen gründlicher fragte, stellte sie fest, daß seine Vorstellung vom zukünftigen Leben, ob in Himmel oder Hölle, ein leeres und hoffnungsloses Nichts war. Wie sollte man an eine unsterbliche Seele glauben können, wenn doch die eigene Seele, sofern man überhaupt eine hatte, das Bildnis des eigenen Bruders war, der einem am Frühstückstisch gegenübersaß?

»Und warum gehen Sie zum Gottesdienst?«

»Wegen Mutter!«

Beide Zwillinge sagten, sie haßten es, miteinander verwechselt zu werden. Beide erinnerten sich, daß sie ihr eigenes Spiegelbild mit ihrer anderen Hälfte verwechselt hatten. »Und einmal«, fügte Lewis hinzu, »habe ich mein eigenes Echo mit ihm verwechselt.« Doch als sie ihre Untersuchung auf das Schlafzimmer lenkte, stieß sie auf dieselbe unschuldige Leere.

Ihr war aufgefallen, daß Benjamin den Tee eingoß, während Lewis das Brot schnitt, daß Lewis die Hunde fütterte und Benjamin die Hühner. Sie fragte, wie sie die Arbeit unter sich aufteilten, und beide antworteten: »Ich denke, wir machen sie gemeinsam.«

Lewis fiel wieder ein, wie er Benjamin in der Schule sein ganzes Geld gegeben hatte und wie seither der Gedanke, einen Sixpence zu besitzen – ganz zu schweigen von einem Scheckheft –, unvorstellbar war.

Eines Nachmittags fand Lotte ihn im Kuhstall in einem langen braunen Arbeitskittel, wie er das Stroh auf einen Karren gabelte. Er war rot im Gesicht und verärgert. Geschickt wartete sie den richtigen Moment ab und fragte ihn, ob er auf Benjamin böse sei.

»Verdammt wütend!« sagte er: Benjamin war nach Rhulen gefahren, um ein weiteres Feld zu kaufen.

Das habe doch keinen Sinn, sagte er. Nicht ohne einen Mann, der es bearbeitete. Und Benjamin war viel zu geizig, um einem Mann einen Lohn zu zahlen! Einen Traktor sollten sie kaufen! Das sollten sie tun!

»Aber Sie können lange warten, bis er einen Traktor kauft!« stieß er zornig hervor. »Manchmal denke ich, es wäre besser für mich, wenn ich selbständig wäre.«

Ihr melancholischer Blick begegnete seinem. Er stellte die Mistgabel ab, und sein Zorn verebbte:

Wie sehr hatte er Benjamin geliebt! Hatte ihn mehr als alles auf der Welt geliebt! Niemand konnte das abstreiten! Aber er hatte sich immer ein bißchen übergangen gefühlt...

»Ausgestoßen, könnte man sagen...«

Er zögerte: »Ich war der Starke und er ein armes schwaches Kerlchen! Aber immer war er der Klügere. Hatte mehr Fundament, verstehen Sie? Und Mutter liebte ihn deshalb.«

»Erzählen Sie weiter!« sagte sie. Er war kurz den Tränen nahe.

»Ja, und das ist das Problem. Manchmal liege ich wach und frage mich, was geschehen wäre, wenn er nicht da wäre. Wenn er weggegangen wäre... oder sogar tot. Dann hätte ich vielleicht mein eigenes Leben gehabt? Oder Kinder?«

»Ich weiß, ich weiß«, sagte sie ruhig. »Aber so einfach ist unser Leben nicht.«

An ihrem letzten Sonntag fuhr Lotte mit den Zwillingen nach Bacton, wo sie das Grab von Blanche Parry, einer Kammerfrau von Königin Elizabeth, besichtigen wollten.

Der Kirchhof erstickte in Weidenröschen. Gefallene Eibenbeeren hinterließen kleine rote Schorfspuren auf dem Weg zum Portal. Das Grabdenkmal bestand aus Säulen und einem römischen Bogen und stand hinten im Altarraum. Zur Rechten saß eine weiße Marmorstatue, die die Königin darstellte – eine juwelenbehängte, mit einem Kranz aus Tudorrosen beschwerte Gestalt. Blanche Parry kniete im Profil an ihrer Seite. Ihr Gesicht sah müde, aber schön aus, und in der einen Hand hielt sie ein Gebetbuch. Sie trug eine Halskrause, und darunter hing ein Brustkreuz an einem Band.

In der Kirche war es kühl: Benjamin langweilte sich. Er setzte sich nach draußen ins Auto, während Lotte die Inschrift in ihr Notizbuch übertrug:

... So daß ich solchermaßen meine Zeit verbrachte,
ein Mädchen bei Hofe und nie eines Mannes Weib,
gebunden an Königin Elsbeths Schlafkammer.
Immer bei der jungfräulichen Königin,
als Jungfrau endete mein Leben.

Sie beendete die Zeile. Der Stift fiel ihr aus der Hand und prallte vom Altarteppich auf den Steinplattenboden. Denn plötzlich kam die ganze Einsamkeit ihres Lebens über sie und erdrückte sie: das schmale Jungfernbett, das Schuldgefühl, Österreich verlassen zu haben, und die verbitterten Zänkereien in der Klinik.

Lewis bückte sich, um den Stift aufzuheben, und auch er

erinnerte sich an das Elend seiner ersten beiden Lieben und an das Fiasko der dritten. Er preßte ihre Hand und drückte sie an seine Lippen.

Sie entzog sie ihm sanft.

»Nein«, sagte sie. »Das wäre nicht korrekt.«

Nach der Abendmahlzeit nahm sie Benjamin zur Seite und sagte ihm in unmißverständlichen Worten, daß er Lewis einen Traktor kaufen würde.

XL

Aggie Watkins starb in dem schrecklichen Winter von 1947. Sie war über neunzig Jahre alt geworden. Der Schnee hatte das Dach verweht, und sie starb in der Finsternis.

Jim war das Heu ausgegangen. Die Kühe hielten mit ihrem Brüllen alle wach. Die Hunde winselten, und die Katzen schlichen mit vor Hunger aufgerissenen Augen hinaus und herein. Sieben seiner Ponys waren auf dem Berg verlorengegangen.

Er steckte seine Mutter in einen Sack und legte sie steifgefroren auf den Holzhaufen außerhalb der Reichweite der Hunde, nicht aber der Katzen und der Ratten. Drei Wochen später, als der Tau einsetzte, banden er und Ethel sie auf einen behelfsmäßigen Schlitten und zogen sie nach Lurkenhope, um sie zu beerdigen. Der Küster war entsetzt über den Zustand der Leiche.

Jim fand seine Ponys ein paar Tage darauf alle zusammen in einer Felsenkluft. Sie waren in einem Kreis stehend gestorben, ihre Mäuler waren nach innen gerichtet wie die Speichen eines Rads. Er wollte ihnen ein Grab schaufeln, aber Ethel hielt ihn davon ab, damit er ihr mit dem Haus half.

Die Giebelseite hatte sich stark vorgewölbt, und die ganze Wand drohte einzustürzen. Ein paar Balken hatten unter dem Gewicht des Schnees nachgegeben. Das eiskalte Wasser war durch Jims ausgestopfte Tiere gesickert und vom Dachboden in die Küche getropft. Doch obwohl er immer wieder sagte: »Ich hol' mir 'n paar Ziegel und mach' es wie neu«, schaffte er nie mehr, als eine löchrige Plane auf dem Dach auszubreiten.

Als es Frühling wurde, versuchte er, die Wand mit Steinen und Eisenbahnschwellen abzustützen, unterminierte dabei jedoch das Fundament, so daß sie vollends einstürzte. Im darauffolgenden Winter konnte niemand mehr im südlichen Teil des Hauses wohnen, und niemand war dazu gezwungen: Alle Watkins-Mädchen bis auf Klein-Meg waren fortgegangen.

Lizzie, die mit Manfred verheiratet war, tat so, als gäbe es The Rock nicht. Brennie war mit »irgendeinem Neger« davongelaufen, einem G.I., und ließ nichts von sich hören, bis eines Tages eine Postkarte aus Kalifornien kam. Dann traf Sarah auf der Maikirmes in Rhulen einen Transportunternehmer, der sie zu sich auf seinen kleinen Hof hinter den Begwyns mitnahm.

Sarah war eine grobknochige, pausbäckige junge Frau mit einem Gewirr von schwarzen Haaren und einem sehr unberechenbaren Temperament. Ihre einzige große Sorge bestand darin, in Armut zu geraten, und das war der Grund, warum sie manchmal gefühllos und habgierig wirkte. Doch im Gegensatz zu Lizzie behielt sie The Rock im Auge und sah es als ihre Pflicht an, sich darum zu kümmern, daß dort niemand hungerte.

1952, nachdem ein weiteres Unwetter die Küche unbewohnbar gemacht hatte, überließ Ethel sie den Hühnern und Enten und stopfte alle Möbel in das letzte verbliebene Zimmer.

Dieser Raum sah jetzt wie das Lager eines Trödelhänd-

lers aus. Hinter der runden Sitzbank befand sich eine Ei-
chentruhe, auf der eine Kommode mit Aufsatz und ein Stapel Kartons standen. Die Tische waren mit einer Fülle von
Töpfen, Pfannen, Krügen, Marmeladengläsern und schmut-
zigem Geschirr beladen, und meistens stand auch noch ein
Eimer mit Hühnerfutter dazwischen. Alle drei Bewohner
des Hauses schliefen in dem Klappbett. Die leicht verderbli-
che Nahrung war in Körben untergebracht, die von den
Dachbalken baumelten. Der Kaminsims war mit allen möglichen Gegenständen überhäuft, von Rasierschälchen bis zu
Schermessern, die verrostet, wurmstichig, mit Wachs verschmiert oder mit Fliegendreck bekleckst waren.

Eine Reihe kopfloser Zinnsoldaten marschierte über die
Fensterbank.

Als der Putz von den Wänden fiel, heftete Jim Zeitungs-
papier und Dachpappe darüber.

»Ja«, sagte er optimistisch, »ich mache sie dicht gegen
den Wind, sozusagen.«

Der Rauch aus dem Kamin hatte alles mit einem harzigen
braunen Film überzogen. Mitunter waren die Wände so
klebrig, daß er ein Bild, das ihm gefiel – eine Postkarte aus
Kalifornien, das Etikett einer Dose mit Hawaii-Ananas
oder die Beine von Rita Hayworth –, nur dagegen zu drük-
ken brauchte, und schon blieb es haften!

Kam ein Fremder in die Nähe, griff er nach seinem uralten Vorderlader – Kugeln oder Pulver hatte er nicht –, und
als der Steuerinspektor kam und nach einem »Mr. James
Watkins« fragte, tauchte Jims Gesicht über der Einfriedung
auf, und er schüttelte den Kopf: »Hab' ihn schon 'ne ganze
Weile nich mehr gesehn. Is nach Frankreich gegangen!
Kämpft gegen die Deutschen, hab' ich sagen hörn.«

Trotz ihrer häufigen Emphysemattacken ging Ethel am
Markttag in die Stadt; sie ging mit eiligen Schritten in der
Mitte der Landstraße, immer in demselben schmutzigen

orangenen Tweedmantel und an jeder Seite des Pferde-
gurts, der um ihren Hals hing, eine Einkaufstüte.

Eines Tages, als Lewis Jones oben auf dem Cefn-Berg mit
seinem neuen Traktor hinter ihr angefahren kam, winkte
sie, damit er anhielt, und stellte sich schnell auf das Tritt-
brett.

Von da an richtete sie es so ein, daß sie zur gleichen Zeit
wie er aufbrach. Sie bedankte sich nie dafür, daß er sie mitnahm, und sprang jedesmal beim Kriegerdenkmal ab. Sie
verbrachte den Vormittag damit, in der Nähe der Stände in
den Abfällen herumzuwühlen. Gegen Mittag erschien sie in
Protheros Lebensmittelgeschäft.

Weil er wußte, daß sie lange Finger machte, blinzelte Mr.
Prothero seinem Gehilfen zu, als wollte er sagen: »Haben
Sie ein Auge auf die Alte, ja?« Er war ein freundlicher
Mann mit glänzendem Gesicht, kahl wie ein holländischer
Käse, und ließ sie immer eine Dose mit Sardinen oder Ka-
kao mitnehmen. Aber wenn sie über die Stränge schlug und
zum Beispiel eine große Büchse Schinken mitgehen ließ,
sauste er um den Ladentisch und versperrte die Tür:

»Kommen Sie her, Miss Watkins! Was haben wir denn
heute morgen in der Tüte? Das sollte doch nicht darin sein,
oder?« – und Ethel blickte starr aus dem Fenster.

Das ging jahrelang so weiter, bis Mr. Prothero in den
Ruhestand trat und sein Geschäft verkaufte. Er sagte den
neuen Besitzern, sie sollten ihr die kleinen Sünden verzeihen, doch bei der erstbesten Gelegenheit, als Ethel eine Dose Idealmilch stahl, steigerten sie sich geradezu fieberhaft in
eine selbstgerechte Entrüstung hinein und riefen die Polizei.

Das nächste Mal war es eine Geldstrafe von fünf Pfund
und danach sechs Wochen im Hereforder Gefängnis.

Sie war nie wieder die alte. Die Leute sahen sie wie eine
Schlafwandlerin über den Markt gehen; sie bückte sich ab

und zu, um eine leere Zigarettenschachtel aufzuheben, und
steckte sie in ihre Einkaufstüte.

An einem regnerischen Novemberabend sahen die Fahrgäste, die auf den letzten Bus warteten, eine zusammenge-
sunkene Gestalt in einer Ecke des Haltestellenhäuschens.
Der Bus kam angefahren, und ein Mann rief: »Wachen Sie
auf! Wachen Sie auf! Sie verpassen den Bus!« Er schüttelte
sie, und sie war tot.

Meg war damals neunzehn, eine hübsche stämmige kleine
Person mit Grübchen in den Wangen und Augen, die stärker zu leuchten schienen als die Sonne.

Sie stand im Morgengrauen auf und arbeitete den ganzen
Tag. Sie verließ The Rock nur, um auf dem Berg Heidel-
beeren zu pflücken. Manchmal sah ein Spaziergänger ihre
winzige Gestalt am Rand eines Tümpels stehen, wo sie mit
dem Eimer klapperte und eine Gruppe weißer Gänse auf sie
zuwatschelte. Sie rannte ins Haus, sobald jemand in die Nähe kam.

Sie zog sich nie aus, und sie nahm nie ihren Hut ab.

Es war ein Topfhut aus grauem Filz, der infolge seines
Alters und fettiger Finger immer mehr Ähnlichkeit mit einem Kuhfladen bekommen hatte. Sie trug zwei Paar Bundhosen, ein braunes über einem beigen Paar, die an den
Knien zerrissen waren. Die Schnürteile dienten als Gamaschen, während der Rest in Streifen von ihrer Taille herab-
hing. Sie trug fünf oder sechs grüne Pullis übereinander, die
alle derart zerlöchert waren, daß an manchen Stellen ihre
Haut durchschien. Und wenn sich einer auflöste, bewahrte
sie die Wolle auf und machte Hunderte winziger grüner
Schleifen, mit denen sie die Löcher der anderen Pullis zu-
sammenzog.

Es bedrückte Sarah sehr, Meg in diesem Aufzug zu sehen. Sie kaufte ihr Blusen und Wolljacken und Anoraks –

doch Meg trug nur grüne Pullis und die nur, wenn sie ihr in Fetzen vom Leib hingen.

Bei einem ihrer Besuche traf Sarah Jim an, wie er bis zu den Knöcheln im Matsch watete:

»Un wie geht's dir?« brummte er. »Un was willste überhaupt? Warum kannste uns nich in Ruhe lassen?«

»Ich bin wegen Meg gekommen, nicht deinetwegen!« fauchte sie, und er humpelte davon und stieß leise Flüche gegen sie aus. Eine Woche zuvor hatte Meg sich über Schmerzen im Unterleib beklagt.

Sarah schob sich zwischen den Hühnern hindurch und fand Meg, die am Kamin hockte und teilnahmslos die Glut auf dem Rost anfachte. Ihr Gesicht war von Schmerzen verzerrt, und an ihren Oberarmen waren offene Geschwüre.

»Du kommst mit mir«, sagte Sarah. »Ich bringe dich zum Arzt.«

Meg schüttelte sich, bog sich vor und zurück und begann, eine monotone Klage herunterzuleiern:

»Nein, Sarah, ich geh' nich weg von hier. Sehr nett von dir, Sarah, aber ich geh' nich weg von hier. Jim und ich, wir warn immer zusammen, sozusagen. Wir ham die Arbeit zusammen gemacht, sozusagen, und das Füttern und Futtern und ham unser ganzes Leben zusammen gelebt. Und die armen Enten verhungern, wenn ich weggehe. Ja, und die Hühnchen verhungern. Und die arme alte Henne in der Schachtel hier. Sie war schon fast tot, und ich hab' se wieder lebendig gemacht. Aber sie stirbt, wenn ich weggehe. Und die Vögel in der Schlucht, die sterben, wenn ich sie nich füttre. Und die Katze! Du kannst nich wissen, was mit der Katze passiert, wenn ich weggehe...«

Sarah versuchte, sie zu überreden. Der Arzt, sagte sie, sei nur drei Meilen entfernt in Rhulen: »Sei nicht dämlich! Du kannst sein Haus vom Berg sehen. Ich fahre dich runter ins Krankenhaus und bring' dich sofort wieder zurück.«

Aber Meg hatte ihre Finger unter die Hutkrempe geschoben, hielt das Gesicht hinter beiden Händen verborgen und sagte: »Nein, Sarah, ich geh' nich weg von hier!«

Eine Woche später lag sie im Hereforder Krankenhaus.

Im Morgengrauen des Freitags war Sarah durch ein R-Gespräch aus der Telefonzelle in Maesyfelin geweckt worden. Es war Jim the Rock, dessen wirrem Wortschwall sie entnahm, daß Meg krank war, vielleicht sogar im Sterben lag.

Die Felder um Craig-y-fedw waren hart gefroren, daher konnte sie ihren Kastenwagen bis zum Tor fahren. Das Haus und die Nebengebäude standen in Nebel gehüllt. Die Hunde heulten und versuchten, aus ihren Hütten auszubrechen. Jim stand in der Haustür, hüpfte auf und ab wie ein verwundeter Vogel.

»Wie geht es ihr?« fragte Sarah.

»Schlecht«, sagte er.

Im vorderen Zimmer dösten die Hühner noch auf ihren Stangen. Meg lag mit geschlossenen Augen auf dem Boden inmitten des Hühnerdrecks. Sie stöhnte leise. Sie rollten sie auf ein Brett und trugen sie zum Kastenwagen.

Sarah war den Berg zur Hälfte hinuntergefahren, als der Gedanke, Meg in diesem Zustand zum Arzt zu bringen, sie schrecklich beschämte. Statt direkt nach Rhulen zu fahren, brachte sie die Kranke zu sich nach Haus, wo sie sie mit Seife, heißem Wasser und einem ordentlichen Mantel ein wenig ansehnlicher machte. Als sie endlich am Krankenhaus ankam, befand sich Meg im Delirium.

Ein junger Arzt kam nach draußen und stieg auf die Ladefläche. »Bauchfellentzündung.« Er stieß das Wort durch seine Zähne und rief seiner Sekretärin zu, sie solle eine Ambulanz kommen lassen. Er war Sarah gegenüber sehr gereizt, weil sie sie nicht eher gebracht hatte.

Später erinnerte sich Meg nur noch verschwommen an

die Wochen im Krankenhaus. Die Messingbetten, die Arz-
neien, die Verbände, die grellen Lichter, Aufzüge, Roll-
tischchen und Tabletts mit glänzenden Instrumenten – das
alles war ihrer eigenen Erfahrung so fremd, daß sie es als
Bruchstücke eines Alptraums abtat. Auch sagten ihr die
Ärzte nicht, daß sie ihr die Gebärmutter ausgeräumt hatten.
Sie konnte sich nur an das erinnern, was man ihr gesagt hatte: »Herunter, ham se gesagt, wär' ich gewesen. Und wie ich
das war! Herunter! Aber se ham nich die Hälfte von dem
gesagt, was mit mir los war.«

XLI

Der erste Traktor, den The Vision erhielt, war ein Fordson
Major. Er hatte eine blaue Karosserie und orangene Räder,
und der Name »Fordson« stand in erhabenen, orangenen
Buchstaben auf den Längsseiten des Kühlers.

Lewis liebte seinen Traktor, er dachte an ihn wie an eine
Frau und wollte ihm einen Frauennamen geben. In Gedanken spielte er mit »Maudie«, dann »Maggie« und dann »Annie«, aber keiner dieser Namen paßte zu ihrer Persönlichkeit, und am Ende bekam sie überhaupt keinen Namen.

Anfangs war sie extrem schwer zu handhaben. Sie jagte
ihm einen mächtigen Schrecken ein, als sie seitlich in einen
Graben rutschte, und als er ihre Kupplung mit dem Gaspe-
dal verwechselte, ließ sie ihn in einer Hecke landen. Doch
sobald er sie im Griff hatte, spielte er mit dem Gedanken,
sich an einem Wettbewerb im Pflügen zu beteiligen.

Nichts hörte er lieber, als wenn sie mit allen acht Zylin-
dern zündete oder im Leerlauf summte oder brummend den
Pflug den Berg hinaufzog.

Auch ihr Motor war so verwirrend wie die Anatomie einer Frau! Ständig prüfte er ihre Zündkerzen, hantierte an ihrem Vergaser herum, steckte seine Schmierpistole zwischen ihre Nippel und machte sich Sorgen über ihren allgemeinen Gesundheitszustand.

Beim geringsten Stottern griff er nach dem Wartungsbuch und las laut die Liste möglicher Defekte vor: »Falsch eingestellte Drosselklappe... zu schweres Gemisch... defekte Leitungen... Schmutz im Schwimmergehäuse« – während sein Bruder das Gesicht verzog, als hörte er sich Obszönitäten an.

Ständig jammerte Benjamin über die Haltungskosten des Traktors und sagte finster: »Wir werden wieder auf Pferde umsatteln müssen.« Er hatte bereits einen Pflug, eine Sämaschine und einen Anhänger gekauft, und Zahl und Kosten der Zubehörteile schienen kein Ende zu nehmen. Wozu brauchte Lewis eine Kartoffelspinnmaschine? Welchen Sinn hatte es, eine Ballenpresse zu kaufen? Oder eine Düngerstreumaschine? Wo sollte das bloß aufhören?

Lewis wehrte die Ausbrüche seines Bruders mit einem Achselzucken ab und überließ es dem Buchhalter, ihn darüber aufzuklären, daß sie nicht etwa ruiniert, sondern ganz im Gegenteil reich waren.

1953 war es zu einem unerfreulichen Zusammenstoß mit dem Fiskus gekommen. Sie hatten seit Marys Tod keinen Penny Steuern gezahlt. Und obwohl der Inspektor sie mit Nachsicht behandelte, bestand er darauf, daß sie den Rat eines Sachverständigen einholten.

Der junge Mann, der kam, um ihre Bücher zu prüfen, hatte den pickligen und unterernährten Teint, den man in einer Studentenbude bekommt; doch selbst er staunte über ihre Genügsamkeit. Ihre Kleidung sollte ein ganzes Leben halten, und da die Lebensmittelrechnung, der Tierarzt und der Kaufmann für Landwirtschaftsprodukte mit Scheck bezahlt wurden, gingen sie nur selten mit Bargeld um.

263

»Und was sollen wir unter Nebenkosten aufführen?«
fragte der Buchhalter.

»Wie das Geld in unseren Taschen?« sagte Benjamin.

»Ihr Taschengeld, wenn Sie so wollen!«

»Zwanzig Pfund?«

»Pro Woche?«

»O nein, mit zwanzig kommen wir das ganze Jahr aus.«
Als der junge Mann ihnen zu erklären versuchte, daß es
wünschenswert sei, mit Verlust zu arbeiten, legte Benjamin
die Stirn in Falten und sagte: »Das kann nicht recht sein.«

Bis 1957 hatte sich eine ansehnliche steuerpflichtige Summe auf dem Konto von The Vision angesammelt, und auch
der Buchhalter war »voller« geworden. Ein Bierbauch wölbte sich über dem Gürtel seiner Kavalleriehose. Eine Reitjak-
ke, gelbe Socken und Chukka-Stiefel vervollständigten seine Ausstattung, und er führte ununterbrochen schmutzige
Reden über einen Mr. Nasser im Mund.

Er schlug mit der Faust auf den Tisch: »Entweder Sie geben fünftausend Pfund für Landwirtschaftsgeräte aus, oder
Sie geben sie der Regierung als Geschenk!«

»Vielleicht ist es besser, wir kaufen noch einen Traktor«,
sagte Benjamin.

Lewis brütete über Prospekten und entschied sich für eine International Harvester. Er räumte eine Scheune aus, in
der er sie unterstellen wollte, und wählte einen schönen
trockenen Nachmittag, um sie von Rhulen heraufzufahren.

Sie war nicht die Sorte Traktor, die man benutzte. Er
scheuerte ihre Reifen, wischte sie mit einem Staubwedel ab
und führte sie gelegentlich auf der Landstraße an die frische
Luft, doch ließ er sie jahrelang untätig in der Scheune hinter Schloß und Riegel stehen.

Hin und wieder spähte er durch eine Türritze nach innen
und labte sein Auge an ihrer scharlachroten Farbe – wie ein
Junge, der in ein Bordell späht.

Die fünfziger Jahre waren eine Zeit spektakulärer Flugzeugabstürze: Zwei Comets fielen vom Himmel, bei der Flugvorführung in Farnborough wurden dreißig Zuschauer getötet. Benjamin hatte einen Leistenbruch, The Vision wurde an das Hauptstromnetz angeschlossen, und von der älteren Generation erkrankte einer nach dem andern und verschied. Es verging kaum ein Monat ohne einen Totengottesdienst, und als die alte Mrs. Bickerton in Südfrankreich starb – sie hatte sich mit zweiundneunzig Jahren in ihrem Schwimmbecken ertränkt –, wurde in der Pfarrkirche ein wunderbarer Gedenkgottesdienst abgehalten, und Mrs. Nancy vom Schloß gab allen ehemaligen Pächtern und Gutsarbeitern einen Imbiß, der im Sitzen eingenommen wurde.

Das Schloß selbst verfiel unaufhaltsam zu einer Ruine, bis sich an einem Augustabend ein Schuljunge hineinschlich, um mit Pfeil und Bogen Ratten zu erlegen, und dabei einen brennenden Zigarettenstummel fallen ließ, so daß das ganze Anwesen in Flammen aufging. Dann, im April 1959, hatte Lewis seinen Fahrradunfall.

Er war mit einem Strauß Goldlack nach Maesyfelin geradelt, um ihn auf die Gräber zu legen. Es war ein bitterkalter Nachmittag. Die Schnalle seines Mantels löste sich, der Gürtel verfing sich in den Speichen des Vorderrads, und er flog über die Lenkstange! Ein Facharzt für plastische Chirurgie stellte im Hereforder Krankenhaus seine Nase wieder her, und von da an war er auf dem einen Ohr immer ein bißchen taub.

Der Tag ihres sechzigsten Geburtstages war fast ein Tag der Trauer.

Jedesmal, wenn sie ein Blatt vom Kalender abrissen, überkamen sie Vorahnungen von einem unglücklichen Greisenalter. Dann sahen sie sich die Wand mit den Familienfotos an – Reihen lächelnder Gesichter, alle tot oder fortgegangen. Wie war es möglich, fragten sie sich, daß sie allein geblieben waren?

Ihre Streitereien waren vorbei. Sie waren jetzt so unzertrennlich wie früher vor Benjamins Kinderkrankheit. Aber es mußte doch irgendwo einen Verwandten geben, dem sie vertrauen konnten! Welchen Sinn hatte es, Land und Traktoren zu besitzen, wenn das einzige, was ihnen fehlte, ein Nachfolger, ein Erbe war?

Sie blickten auf das Bild mit dem Indianer und dachten an Onkel Eddie. Vielleicht hatte er Enkel? Aber die wären in Kanada und würden nie zurückkommen. Sie zogen sogar den Sohn ihres alten Freundes Manfred in Betracht, einen blaßäugigen Jungen, der sie manchmal besuchte.

Manfred hatte in ein paar Wellblechhütten, die ursprünglich für polnische Flüchtlinge errichtet worden waren, seine eigene Geflügelfarm aufgemacht. Trotz seines schweren gutturalen Akzents war er jetzt »englischer als die Engländer«. Er hatte seinen Namen per Urkunde von Kluge zu Clegg geändert. Er trug grünen Tweed, ließ selten ein Hindernisrennen aus und war Vorsitzender der lokalen Konservativen Gesellschaft.

Stolz nahm er die Zwillinge in seinem Auto mit, um ihnen sein Unternehmen zu zeigen, doch die Drahtkäfige, der Gestank von Hühnerdreck und Fischmehl und die wunden, ungefiederten Hälse der Tiere verursachten Benjamin so starke Übelkeit, daß er es vorzog, nicht noch einmal dort hinzugehen.

Im Dezember 1965 zeigte das Kalenderblatt ein Bild von den Norfolk-Seen unter einer Eisdecke, und am 11. – ein Datum, das sie nie vergessen sollten – fuhr ein rostiger kleiner Fordlaster in den Hof, und eine Frau in Gummistiefeln stieg aus und stellte sich als Mrs. Redpath vor.

XLII

Sie hatte kastanienbraunes, ergrauendes Haar, Haselnußaugen und zarte hellrosa Wangen, die für eine Frau in ihrem Alter ungewöhnlich waren. Sie blieb mindestens eine Minute am Tor stehen und spielte nervös mit dem Riegel. Dann erklärte sie, sie habe etwas Wichtiges mit ihnen zu besprechen.

»Kommen Sie doch herein!« sagte Lewis und winkte ihr zu. »Und Sie bekommen eine Tasse Tee.«

Sie entschuldigte sich für den Dreck an ihren Stiefeln.

»Nichts Schlimmes an einem bißchen Dreck«, sagte er freundlich.

Sie sagte: »Kein Butterbrot, bitte! Danke schön!« Sie akzeptierte indessen eine Scheibe Fruitcake, schnitt sie in ordentliche kleine Stückchen und legte sich affektiert jedes einzelne auf die Zungenspitze. Ab und zu schaute sie sich im Zimmer um und wunderte sich laut, woher die Zwillinge die Zeit nähmen, »all diese Kuriositäten« abzustauben. Sie sprach über ihren Mann, der bei der Wasserbehörde arbeitete. Sie sprach über das milde Wetter und die teuren Weihnachtseinkäufe. »Ja«, antwortete sie Benjamin, »ich könnte schon noch eine Tasse vertragen.« Sie nahm weitere vier Zuckerstückchen und begann mit ihrer Geschichte:

Ihr ganzes Leben habe sie geglaubt, daß ihre Mutter die Witwe eines Schreiners sei, die Untermieter aufnehmen mußte und ihr die Kindheit zur Hölle gemacht hatte. Als die alte Frau im vergangenen Juli im Sterben lag, habe sie von ihr erfahren, daß sie unehelich sei, ein Findelkind. Ihre wahre Mutter, ein Mädchen von einem Hof auf dem Schwarzen Berg, habe 1924 in Kost gegeben und sei mit einem Iren nach Übersee gegangen.

»Rebeccas Baby«, murmelte Lewis, und sein Teelöffel fiel klimpernd auf die Untertasse.

»Ja«, hauchte Mrs. Redpath und ließ ein gefühlvolles Seufzen hören. »Meine Mutter war Rebecca Jones.«

Sie hatte ihre Geburtsurkunde geprüft, hatte das Kirchenbuch geprüft – und da war sie nun, ihre lange vermißte Nichte!

Lewis blinzelte die hübsche, bodenständige Frau vor ihm an und stellte bei jeder ihrer Bewegungen eine Ähnlichkeit mit seiner Mutter fest. Benjamin blieb stumm. In dem harten Schatten, den die nackte Glühbirne warf, war ihm ihr unliebenswürdiger Mund aufgefallen.

»Warten Sie nur, bis Sie meinen kleinen Kevin gesehen haben!« Sie griff nach einem Messer und schnitt sich noch eine Scheibe Kuchen ab. »Er ist Ihnen beiden wie aus dem Gesicht geschnitten.«

Sie wollte Kevin gleich am nächsten Tag nach The Vision bringen, aber Benjamin hatte es gar nicht eilig: »Nein, nein! Wir werden irgendwann zu Ihnen kommen und ihn uns ansehen.«

Die ganze darauffolgende Woche hindurch lagen sich die Zwillinge wieder in den Haaren.

Lewis glaubte, Kevin Redpath sei ihnen als Geschenk des Himmels gesandt worden. Benjamin hegte den Verdacht – auch wenn die Geschichte stimmte, auch wenn er ihr Großneffe war –, daß Mrs. Redpath es auf ihr Geld abgesehen hatte und nichts Gutes dabei herauskommen würde.

Am 17. kam eine Weihnachtskarte mit dem Nikolaus und einem Rentierschlitten und »Grüßen zum Fest von Mr. und Mrs. Redpath und Kevin!!« Wieder stand der Tee auf dem Tisch, als sie abermals erschien und fragte, ob sie sie noch am selben Abend zu einem Krippenspiel nach Llanfechan mitnehmen könne, wo ihr Sohn die Rolle des Joseph spielte.

»Ja, ich komme mit Ihnen«, sagte Lewis spontan. Er nahm den Kessel vom Haken, nickte seinem Bruder zu und ging nach oben, um sich zu rasieren und umzuziehen. Benjamin, der allein in der Küche zurückgeblieben war, war völlig durcheinander. Dann folgte er Lewis nach oben ins Schlafzimmer.

Es war dunkel, als sie sich auf den Weg machten. Der Himmel war klar, und die Sterne rotierten wie kleine Feuerräder. Rauhreif hüllte die Hecken ein, und im Licht der Scheinwerfer stiegen mehlige Schatten auf. In einer Kurve kam der Wagen ins Rutschen, aber Mrs. Redpath war eine vorsichtige Fahrerin. Benjamin hockte zusammengesunken auf einem strohgefüllten Sack hinten auf der Ladefläche und knirschte mit den Zähnen, bis sie vor der Versammlungshalle anhielt. Sie eilte davon, um sich zu vergewissern, ob Kevin auch sein Kostüm anhatte.

In der Halle war es eiskalt. Ein paar Paraffinöfen taten nichts, um die hinteren Bänke zu erwärmen. Ein heftiger Luftzug fuhr heulend unter dem Türschlitz hindurch nach innen, und die Dielen verströmten den Geruch von Desinfektionsmitteln. Das Publikum war in Schals und Mäntel gehüllt. Der Prediger, ein aus Afrika zurückgekehrter Missionar, schüttelte jedem Mitglied seiner Gemeinde die Hand.

Vor der Bühne hing ein Vorhang aus drei ausgedienten grauen Armeedecken, die mit Mottenlöchern übersät waren.

Mrs. Redpath setzte sich zu ihren Onkeln. Bis auf das Licht auf der Bühne erloschen alle Lichter. Hinter dem Vorhang war das Flüstern von Kindern zu hören.

Die Lehrerin huschte durch den Vorhang und nahm auf dem Klavierhocker Platz. Ihr Strickhut hatte dieselbe flohbraune Farbe wie die Azalee auf dem Klavier. Und als ihre Finger auf die Tasten hämmerten, hüpfte der Hut auf und ab, und die Blätter der Azalee bebten.

»Weihnachtslied Nummer eins«, kündigte sie an. »»O

kleine Stadt Bethlehem‹, das nur von den Kindern gesungen wird.«

Nach den ersten Anschlägen kamen zaghafte Diskantstimmen über den Vorhang geweht, und durch die Mottenlöcher sahen die Zwillinge funkelnde Silberblitze – das waren die Heiligenscheine der Engel.

Das Lied war zu Ende, ein blondes Mädchen trat vor den Vorhang und zitterte in einem weißen Nachthemd. In ihrem Diadem steckte ein silberner Pappstern.

»Ich bin der Stern von Bethlehem...« Sie klapperte mit den Zähnen. »Es ist zehntausend Jahre her, daß Gott einen großen Stern in den Himmel gesetzt hat. Ich bin dieser Stern...«

Sie beendete den Prolog. Dann wurde mit einem Quietschen wie von einem Flaschenzug der Vorhang zurückgerissen, und da war die Jungfrau Maria in Blau, die auf einem roten Gummikissen kniete und den Boden ihres Hauses in Nazareth scheuerte. Der Erzengel Gabriel stand neben ihr.

»Ich bin der Erzengel Gabriel«, sagte er mit erstickter Stimme. »Und ich bin gekommen, um dir zu sagen, daß du ein Kind bekommen wirst.«

»Oh!« sagte die Jungfrau Maria und lief dunkelrot an. »Vielen Dank, Sir!« Aber der Engel verpatzte die anschließende Zeile, und Maria verpatzte die Zeile danach, und beide standen hilflos in der Mitte der Bühne.

Die Lehrerin versuchte, ihnen zu soufflieren. Doch als sie begriff, daß die Szene nicht zu retten war, wieviel sie auch soufflieren mochte, rief sie: »Vorhang!«, und forderte alle Anwesenden auf, »Dereinst in König Davids Stadt« zu singen.

Alle konnten das Lied, ohne die Gesangbücher zu öffnen. Und als der Vorhang wieder aufging, brachen alle beim Anblick des zweiteiligen Esels, der ausschlug und bockte und wieherte und mit seinem Pappkopf nickte, in schallendes

Gelächter aus. Zwei Kulissenschieber brachten einen Strohballen und eine Futterkrippe für die Kälber auf die Bühne.

»Das ist mein Kevin!« flüsterte Mrs. Redpath und stieß Benjamin in die Rippen.

Ein kleiner Junge in einem Morgenmantel aus grünem Tartan hatte die Bühne betreten. Um seinen Kopf war ein orangenes Handtuch gewickelt. An seinem Kinn klebte ein schwarzer Bart.

Die Zwillinge setzten sich aufrecht und reckten die Hälse, doch statt ins Publikum zu sehen, wandte sich Vater Joseph schüchtern ab und richtete seine Zeilen an die Hinterwand: »Können Sie uns kein Zimmer geben, Sir? Meine Frau bekommt jeden Augenblick ein Kind!«

»Ich habe kein einziges Zimmer frei«, erwiderte Reuben der Gastwirt. »Die ganze Stadt ist voller Menschen, die gekommen sind, um ihre Steuern zu bezahlen. Geben Sie der römischen Regierung die Schuld, nicht mir!«

»Aber ich habe da einen Stall«, fuhr er fort und zeigte auf die Futterkrippe. »Wenn Sie wollen, können Sie darin schlafen.«

»Oh, vielen, vielen Dank, Sir!« sagte die Jungfrau Maria mit einem strahlenden Lächeln. »Für uns einfache Leute reicht der vollkommen.«

Sie machte sich daran, das Stroh zu verteilen. Joseph stand immer noch mit dem Gesicht zur Bühnenwand. Er reckte den rechten Arm steif gegen den Himmel.

»Maria!« rief er und faßte sich plötzlich ein Herz. »Ich kann da oben etwas sehen! Kommt mir wie ein Kreuz vor!«

»Ein Kreuz? Huch! Sprich das Wort nicht aus. Es erinnert mich an Caesar Augustus!«

Durch den Stoff ihrer beiden Kordhosen spürte Lewis, wie die Kniescheibe seines Bruders zitterte: denn Vater Joseph hatte sich umgedreht und lächelte in ihre Richtung.

»Ja«, sagte die Jungfrau Maria am Ende der Schlußszene.

»Ich glaube, es ist das hübscheste Baby, das ich je gesehen
habe.«

Was die Zwillinge betraf, so waren auch sie in Bethlehem.
Aber es war nicht die Plastikpuppe, die sie sahen. Nicht der
Gastwirt, und es waren auch nicht die Schäfer. Nicht der
Pappesel und nicht das lebendige Schaf, das am Stroh nag-
te. Nicht Melchior mit seiner Pralinenschachtel. Nicht Kas-
par mit seiner Shampooflasche. Nicht der schwarze Baltha-
sar mit seiner Krone aus rotem Zellophanpapier und seinem
Ingwerglas. Nicht Cherubim und auch nicht Seraphim,
nicht Gabriel und nicht die Jungfrau Maria. Sie sahen nichts
außer einem ovalen Gesicht mit ernsten Augen und schwarzen Haarfransen unter einem Handtuchturban. Und als der
Chor der Engel zu singen begann: »Wir werden dich wiegen, wiegen, wiegen«, da wiegten sie ihre Köpfe im Takt,
und Tränen tropften auf ihre Uhrketten.

Nach der Vorführung machte der Prediger mit dem Blitz-
licht ein paar Schnappschüsse. Die Zwillinge warteten draußen vor der Kapelle, wo die Mütter ihre Kinder umzogen.

»Kevin! Kevin!« hörten sie eine schrille Stimme. »Wenn
du nicht sofort herkommst, versohle ich dir den Hintern!«

XLIII

Er war ein netter Junge, lebhaft und anhänglich, der den
Fruitcake seines Onkels Benjamin mochte und liebend gern
mit Onkel Lewis auf dem Traktor fuhr.

In den Schulferien ließ seine Mutter ihn wochenlang bei
ihnen bleiben: Sie fürchteten sich jetzt ebenso vor dem ersten Schultag wie er.

Er saß hoch oben auf dem Schutzblech des Traktors und
beobachtete, wie der Pflug in die Stoppeln biß und die Sil-

bermöwen schrien und auf die frischen Furchen niedersausten. Er war dabei, wenn Lämmer geboren und Kartoffeln geerntet wurden und eine Kuh kalbte, und eines Morgens war ein Fohlen auf dem Feld.

Die Zwillinge sagten, all das würde eines Tages ihm gehören.

Sie verhätschelten ihn wie einen kleinen Prinzen, bedienten ihn bei Tisch, gewöhnten sich daran, ihm nie Käse oder rote Bete zu servieren, und in der Dachkammer fanden sie einen Brummkreisel, der wie eine zufriedene Biene summte. Ganz bewußt gingen sie den Weg in ihre eigene Kindheit zurück, und sie dachten sogar daran, ihn ans Meer mitzunehmen.

An manchen Abenden, wenn seine Lider schwer von Müdigkeit waren, stützte er den Kopf in die Hände und gähnte: »Bitte, bitte, tragt ihr mich nach oben?« Und so trugen sie ihn die Treppe hinauf in ihr ehemaliges Schlafzimmer und entkleideten ihn, zogen ihm den Schlafanzug an und gingen auf Zehenspitzen aus dem Zimmer und ließen das Nachtlicht brennen.

In einer Ecke des Gartens pflanzte er Salate, Radieschen und Karotten und eine Reihe Wicken. Er hörte gern den Samen in den Tütchen zischen, fand es indessen sinnlos, zweijährige Pflanzen zu säen.

»Zwei Jahre«, stöhnte er. »Da muß man viel zu lange warten!«

Er ging los, einen Eimer um den Arm geschlungen, und suchte die Hecken nach allem ab, was ihm gefiel – Kröten, Schnecken, pelzige Raupen –, und einmal kam er mit einer Spitzmaus nach Hause. Als seine Kaulquappen zu kleinen Fröschen heranwuchsen, baute er auf einem Felsen in der Mitte des alten Steingrabens eine Froschburg.

Ungefähr zu dieser Zeit machte der Bauer unterhalb von Cwm Cringlyn ein Pony-Trekking-Zentrum auf, und in den

Sommermonaten trotteten bis zu fünfzig Jungen und Mädchen auf dem Weg zum Berg über das Grundstück von The Vision. Oft vergaßen sie, die Gatter zu schließen, und sie zertrampelten die Viehweide zu Matsch, und Kevin schrieb auf ein Schild: Betreten bei Strafe verboten.

Eines Nachmittags, als Lewis in der Nähe der Schweineställe Nesseln mähte, sah er, wie Kevin über das Feld gerannt kam. »Onkel! Onkel!« rief er atemlos. »Ich habe eine ganz komische Person gesehen.«

Er zog Lewis an der Hand hinter sich her, und gemeinsam gingen sie bis an den Rand der Schlucht.

»Psst!« Kevin legte einen Finger an die Lippen. Dann bog er die Zweige auseinander und zeigte mit dem Finger auf das Unterholz. »Sieh doch!« flüsterte er.

Lewis schaute und sah nichts.

Die Sonne sickerte durch die Haselnußsträucher, besprenkelte das Flußufer mit unterschiedlichem Licht. Der Fluß plätscherte. Die Blatttriebe von jungem Adlerfarn kräuselten sich durch den Wiesenkerbel. Ringeltauben gurrten. Ein Eichelhäher schnatterte in der Nähe, und viele kleine Vögel saßen zwitschernd und zirpend auf einem moosbewachsenen Baumstumpf.

Der Eichelhäher ließ sich von seinem hohen Sitz gleiten und hüpfte auf den Stumpf. Die kleinen Vögel stoben auseinander. Der Stumpf rührte sich.

Es war Meg the Rock.

»Psst!« Kevin streckte erneut den Arm aus. Sie hatte den Eichelhäher verscheucht, und die anderen Vögel kamen zurückgeflogen und fraßen ihr aus der Hand.

Ihre Haut war mit rötlichem Schlamm überzogen. Ihre Bundhosen hatten die Farbe von Schlamm. Ihr Hut *war* ein verfaulter Stumpen. Und die zerfetzten grünen Pullis, einer über den anderen gezogen, waren Moos, Schlingpflanzen und Farn.

Sie sahen ihr eine Weile zu, dann gingen sie davon.

»Ist sie nicht süß?« sagte Kevin, knietief in den Margeriten.

»Ja«, sagte sein Onkel.

Zu Beginn der Weihnachtsferien erklärte Kevin, er wolle der »Vogelfrau« ein Geschenk machen. Von seinem Taschengeld kaufte er einen überzuckerten Schokoladekuchen, und weil Jim donnerstags Markttag hatte, wählten er und Lewis einen Donnerstag, um ihn nach The Rock zu bringen.

Schieferfarbene Wolken wälzten sich über den Berg, als sie sich einen Weg durch die Einfriedung bahnten. Der Wind peitschte die Oberfläche des Tümpels auf. Meg war im Haus, sie steckte bis zu den Ellbogen in einem Eimer mit Hundefutter. Sie duckte sich, als die Besucher eintraten.

»Ich habe dir einen Kuchen mitgebracht«, stammelte Kevin und hielt sich bei dem Gestank die Nase zu.

Sie senkte den Blick und sagte: »Ja, und vielen Dank auch!«, und huschte dann mit dem Eimer nach draußen.

Sie hörten, wie sie rief: »Ruhig, ihr alten Schufte!« Und als sie ins Zimmer zurückkam, sagte sie: »Die Hunde sind wild wie Geier.«

Ihr Blick fiel vom Kuchen auf den Jungen, und ihr Gesicht leuchtete auf: »Und ich mache euch einen Kessel Wasser für Tee heiß?«

»Ja.«

Sie spaltete ein paar Stöcke mit einer Hacke und machte damit ein Feuer. Seit Jahren war niemand mehr zum Tee gekommen. Vage erinnerte sie sich an den Tag, als Miss Fifield ihr gezeigt hatte, wie man einen Tisch deckt. Behende wie eine Tänzerin flitzte sie durchs Zimmer, holte hier eine zersprungene Tasse, dort einen angeschlagenen Teller hervor und legte drei Gedecke auf, jedes mit Messer und Gabel. Sie nahm eine Prise Tee aus der Dose und durchstach eine Dose Kondensmilch. Sie wischte das Brotmesser an ihrer Hose ab, schnitt drei gewaltige Stücke vom Kuchen ab und warf ein paar Bantamhühnern die Krümel zu.

»Arme alte Jungs!« sagte sie. »Sie wärn inner Kälte fast draufgegangen, aber ich krieg' se im Haus wieder auf die Beine.«

Die Schüchternheit war von ihr gewichen. Sie sagte, Sarah sei mit Jim nach Hereford gefahren, um ein paar Enten zu verkaufen: »Das sagen die so!« Sie legte die Hände auf die Hüften. »Aber Geld kriegen se nich dafür, weil die Vögel nämlich alt sind. Laßt sie am Leben, sage ich immer! Laßt sie am Leben! Laßt die Kaninchen am Leben! Und die Hasen! Laßt die Wiesel weiterspielen! Ja, und die Füchse, denen würde ich nie was tun. Laßt alle Geschöpfe Gottes am Leben!«

Sie hielt ihre Tasse mit beiden Händen fest, und ihr Kopf schwenkte vor und zurück. Ihr Gesicht verzog sich vor Freude, als Lewis die Pony-Trekker erwähnte:

»Ja, ich hab' se gesehn«, sagte sie. »Sternhagelvoll, und geheult und getobt ham se und sturzbetrunken sind se von den Pferden gefallen.«

Kevin, den der Schmutz entsetzte, brannte darauf, zu gehen.

»Und soll ich dir noch 'n Stück abschneiden?« fragte sie.

»Nein, danke«, sagte er.

Sie schnitt ein zweites, noch größeres Stück für sich selbst ab und schlang es hinunter. Sie warf die Krümel nicht den Bantams zu, sondern wischte sie mit den Fingern auf und steckte sie sich in den Mund. Danach leckte sie sich die Fingerspitzen ab, eine nach der andern, rülpste und schlug sich auf den Magen.

»Wir müssen jetzt gehen«, sagte Lewis.

Sie ließ den Kopf hängen.

Mit niedergeschlagener Stimme fragte sie: »Und was schulde ich euch für den Kuchen?«

»Es ist ein Geschenk«, sagte Kevin.

»Aber ihr nehmt ihn doch wieder mit?« Sie legte den Kuchenrest in die Schachtel zurück und schloß traurig den Deckel:

»Ich möchte nicht, daß Jim mich mit einem Kuchen erwischt.«

Draußen auf dem Hof half Lewis ihr, eine Plane von ein paar Heuballen zu nehmen. Das abgefangene Regenwasser floß über und ergoß sich über Kevins Stulpenstiefel. Auf dem Scheunendach klapperte ein loses Zinnblech im Wind. Plötzlich wurde es von einem Windstoß in die Luft gehoben, und es kam wie ein Riesenvogel auf sie zugeflogen und landete scheppernd auf dem Schrotthaufen.

Kevin warf sich ausgestreckt in den Matsch.

»Verdammter Sturm«, sagte Meg. »Das Blech so rumzublasen!«

Der Junge klammerte sich an den Arm seines Onkels, als sie über das hügelige Feld gingen. Er war schmutzig und wimmerte vor Angst. Die Wolken brachen auf, und blaue Fetzen flogen dicht über ihre Köpfe hinweg. Die Hunde hörten einer nach dem andern zu bellen auf. Sie drehten sich um und sahen Meg neben den Weiden stehen und ihre Entchen zusammenrufen. Der Wind trug ihre Stimme fort: »Witt! Witt! Na, kommt schon! Witt! Witt!«

»Glaubst du, er wird sie schlagen?« fragte der Junge.

»Ich weiß es nicht«, sagte Lewis.

»Er ist bestimmt ein sehr böser Mann.«

»Jim ist nicht so schlimm.«

»Ich will nie wieder dort hingehen.«

XLIV

Kevin wuchs sehr viel schneller, als seine beiden Onkel es für möglich gehalten hätten. In einem Sommer sang er mit den Sopranstimmen, und im nächsten – so schien es wenigstens – war er der langhaarige Draufgänger, der bei der Schau in Lurkenhope ein kleines halbwildes Pferd zuritt.

Als er zwölf war, setzten ihn die Zwillinge testamentarisch zu ihrem Erben ein. Ihr Rechtsanwalt Owen Lloyd wies sie auf den Vorteil hin, die Ländereien von The Vision bereits zu ihren Lebzeiten zu vererben. Es liege ihm fern, erklärte er, sie in irgendeiner Weise beeinflussen zu wollen: doch vorausgesetzt, daß sie weitere fünf Jahre lebten, müsse dann für ihren Besitz keine Erbschaftssteuer gezahlt werden.

»Nichts bezahlen?« Benjamin reckte sich empor und streckte sein Gesicht über den Tisch des Rechtsanwalts.

»Nichts außer den Stempelgebühren«, sagte Mr. Lloyd.

Zumindest Benjamin fand den Gedanken, die Regierung übers Ohr zu hauen, unwiderstehlich. Hinzu kam, daß Kevin in seinen Augen nichts Unrechtes tun konnte. Seine Fehler, sollte er welche besitzen, waren Lewis' Fehler – und das machte sie nur noch liebenswerter.

Natürlich, fuhr Mr. Lloyd fort, sei Kevin gesetzlich verpflichtet, in ihrem Alter für sie zu sorgen, besonders, fügte er mit ernstem Unterton hinzu, »wenn einer von Ihnen beiden krank werden sollte«.

Benjamin sah zu Lewis hinüber, der nickte.

»Damit wäre das geregelt«, sagte Benjamin und beauftragte den Rechtsanwalt, die Schenkungsurkunde aufzusetzen. Kevin würde im Alter von einundzwanzig Jahren den Besitz erben – zu diesem Zeitpunkt würden die Zwillinge achtzig sein.

Die Urkunden waren kaum unterschrieben, da begann

seine Mutter, Mrs. Redpath, sie zu belästigen. Solange
Zweifel an der Erbschaft bestanden hatten, war sie zurück-
haltend gewesen und hatte sich gut benommen. Plötzlich,
über Nacht, änderte sie ihre Taktik. Sie benahm sich, als
habe sie von Geburt her ein Anrecht auf den Hof – beinahe
so, als sei sie von den Zwillingen um ihren Besitz betrogen
worden. Sie verlangte Geld von ihnen, wühlte in ihren
Schubladen herum und machte sich darüber lustig, daß sie
ein Bett teilten.

Sie sagte: »Wenn man sich vorstellt, daß ihr auf dem alten
Herd kocht! Kein Wunder, daß das Essen nach Ruß
schmeckt! Es gibt so etwas wie Elektroherde, müßt ihr wissen!... Und dieser Steinfußboden, frage ich euch? So etwas
heutzutage! Ausgesprochen unhygienisch! Was dieser Boden braucht, sind eine Isolierschicht und ein paar schöne
Vinylfliesen.«

Schlicht, um ihnen das Mittagessen zu verderben, verkündete sie eines Sonntags, ihre Mutter sei am Leben und
bei guter Gesundheit und eine reiche Witwe in Kalifornien.

Benjamin ließ seine Gabel fallen, dann schüttelte er den
Kopf.

»Das bezweifle ich«, sagte er. »Sie hätte geschrieben,
wenn sie noch lebte« – worauf Mrs. Redpath eine Flut von
Krokodilstränen vergoß. Keiner hatte sie je geliebt! Keiner
hatte sie gewollt! Sie war immer ausgeschlossen, übergangen worden.

In dem Versuch, sie zu trösten, schlug Lewis den grünen
Boi des Silberkastens auf und gab ihr Rebeccas Tauflöffel.
Ihre Augen wurden schmal. Schroff fragte sie: »Was habt
ihr noch von Mutter?«

Die Zwillinge gingen mit ihr auf den Dachboden, schlossen eine Truhe auf und breiteten alles aus, was von den
Sachen des kleinen Mädchens übriggeblieben war. Ein Son-
nenstrahl fiel durch das Oberlicht und tanzte über den

Tartanmantel, die weißen Seidenstrümpfe, die Knopfstiefel, eine Bommelmütze und ein paar spitzenbesetzte Blusen.

Stumm vor Rührung starrten die Zwillinge auf diese traurigen, zerknitterten Überbleibsel und dachten an jene anderen Sonntage vor langer Zeit, als sie alle mit dem Einspänner zum Frühgottesdienst gefahren waren. Dann packte Mrs. Redpath, ohne auch nur zu fragen, alles zu einem Bündel zusammen und ging davon.

Auch Kevin enttäuschte sie seit einiger Zeit.

Er hatte Charme: Mit seinem Charme konnte er Benjamin sogar ein Motorrad entlocken. Doch war er unheilbar faul und versuchte, seine Faulheit hinter einem technischen Jargon zu verbergen. Er rümpfte die Nase über die Agrarmethoden der Zwillinge und betäubte sie mit seinem Gerede von Silage und Fötusimplantation.

Es wurde von ihm erwartet, daß er zwei Tage in The Vision und drei Tage in einer technischen Fachschule in der Stadt arbeitete. Tatsächlich tat er weder das eine noch das andere. Er ließ sich von Zeit zu Zeit sehen mit einer Sonnenbrille und einer Jeansjacke, die mit Nieten und einer Totenkopfmaske geschmückt war. An seinem Handgelenk baumelte ein Transistorradio. Eine Schlange war in seinen Arm tätowiert, und er hatte üble Freunde.

Im Frühjahr 1973 hatte ein junges amerikanisches Paar, Johnny und Leila, das alte Gehöft in Gillifaenog gekauft, wo sie eine »Kommune« gründen wollten. Sie hatten private Mittel. Ihr Laden für gesunde Nahrungsmittel in der Castle Street war bereits Stadtgespräch, und als Lewis Jones ihn besichtigte, sagte er: »Kommt mir vor wie ein Getreidespeicher.«

Einige Kommunemitglieder trugen weite orangene Tuniken und rasierten sich die Köpfe. Andere hatten Pferdeschwänze und trugen viktorianische Kostüme. Sie hielten sich eine Herde weißer Ziegen, spielten Gitarre und Flöte, und manchmal sah man sie, wie sie in ihrem Obstgarten mit gekreuzten Beinen saßen und nichts sagten und nichts taten und die Augen halb geschlossen hielten. Es war Mrs. Owen Morgan, die das Gerücht in Umlauf setzte, daß die Hippies »wie die Schweine« zusammen schliefen.

In diesem August baute Johnny einen seltsamen scharlachroten Turm im Gemüsegarten, von dem streifenähnliche Banner herabhingen, die mit rosa Blumen bedruckt und mit schwarzen Buchstaben untereinander verbunden waren. Dies waren laut Mrs. Morgan ihre Kultsymbole. Ihrer Meinung nach indische.

»Hat das was mit dem Papst zu tun?« fragte Lewis. Er hatte sie wegen des geräuschvollen Traktors nicht verstanden.

Sie befanden sich draußen vor der Kapelle von Maesyfelin.

»Nein«, schrie sie. »Das ist italienisch.«

»Ach so!« nickte er.

Eine Woche später ließ er einen rotbärtigen Riesen mitfahren, der ein grobgesponnenes Wams trug und dessen Füße mit Sackleinen umwickelt waren: Sein Glaube verbiete es ihm, Leder zu benutzen, sagte er.

Lewis ließ ihn am Tor absteigen und fragte, was die Buchstaben auf der Fahne bedeuteten. Der junge Mann verbeugte sich, faltete die Hände wie zum Gebet und sang sehr langsam: »OM MANI PADME HUM« – was er gleichermaßen langsam übersetzte: »Heil, o Juwel in der Lotusblüte! Hum!«

»Recht herzlichen Dank«, sagte Lewis, legte die Hand an seine Hutkrempe und legte den Gang ein.

Nach dieser Begegnung änderten die Zwillinge ihre Meinung über Hippies, und Benjamin vermutete, daß sie »eine

Art Ruhepause« machten. Trotzdem hätte er es lieber gesehen, wenn sich der junge Kevin nicht bei ihnen herumtreiben würde. Einmal, mitten in einem grünlichen Sonnenuntergang, kam der Junge den Gartenweg heraufgewankt und mit einem glasigen, entrückten Blick in die Küche getaumelt, wo er seinen gelben Sturzhelm in den Schaukelstuhl geworfen hatte.

»Hast du getrunken?« fragte Benjamin.

»Nein, Onkel«, sagte er grinsend. »Ich habe Pilze gegessen.«

XLV

In ihren Siebzigern fanden die Zwillinge eine neue, unerwartete Freundin in Nancy, der letzten der Bickertons, die jetzt im alten Pfarrhaus von Lurkenhope lebte.

Sie war arthritisch und kurzsichtig und hatte nicht genügend Kontrolle über die Fußpedale, hatte aber die Beamten von der Zulassungsstelle dennoch irgendwie überzeugen können, daß sie durchaus imstande war, ihren »klapprigen Sunbeam« zu steuern, und brach ständig zu Ausflügen auf. Sie hatte ihr Leben lang von The Vision gewußt und äußerte jetzt den Wunsch, den Hof zu besichtigen. Sie kam ein erstes Mal, dann immer häufiger, immer unangemeldet, zur Teezeit und brachte Rosinenplätzchen und ihre fünf spukkenden Möpse mit.

Die Gentry langweilte sie. Außerdem hatte sie mit den Zwillingen gemeinsame Erinnerungen an glücklichere Zeiten vor dem Ersten Weltkrieg. Sie sagte, einen schöneren Hof als The Vision habe sie nie gesehen, und falls Mrs. Redpath auch nur »ein Jota Schwierigkeiten« mache, sollten sie ihr die Tür weisen.

Sie drängte sie, ins Pfarrhaus zu kommen, das sie seit dem Tod von Reverend Tuke nicht mehr betreten hatten: Sie zögerten wochenlang, bis sie schließlich einwilligten.

Sie fanden sie inmitten der Blumenbeete in einem rosa Kittel und einem Raphiabasthut, sie war dabei, ein paar Winden herauszuziehen, die den Staudenphlox zu ersticken drohten.

Lewis hustete.

»Oh, da sind Sie ja!« Sie drehte sich zu ihnen um: Von ihrem Stottern war sie seit langer Zeit befreit.

Die beiden alten Herren standen nebeneinander auf dem Rasen und spielten nervös mit ihren Hüten.

»Oh, ich bin *wirklich* froh, daß Sie gekommen sind!« sagte sie und nahm sie zu einem Rundgang durch den Garten mit.

Eine dicke Schminkschicht lag auf ihrem fleckigen Gesicht, ein paar Elfenbeinreifen flogen ihren abgemagerten Arm auf und ab und klapperten, wenn sie an ihre Hand stießen.

»Da!« – sie zeigte auf eine Wolke aus weißen Blüten. »Das ist *crambe cordifolium!*«

Sie entschuldigte sich für die Unordnung. »Man findet heute ebensowenig einen Gärtner wie den heiligen Gral!«

Die Säulen der Pergola waren eingestürzt, der Steingarten ein einziger Unkrauthügel, die Rhododendronbüsche waren blattlos oder eingegangen, und die restlichen Sträucher des Geistlichen waren »in den Dschungel zurückgekehrt«. An der Tür zum Topfpflanzenschuppen fanden die Zwillinge ein Hufeisen, das sie dort als Glücksbringer angenagelt hatten.

Ein leichter Wind wehte Distelflaumwolken über den Seerosenteich. Sie standen am Rand und beobachteten, wie die Goldfische unter den Wedeln der Seerosen hin und her schwammen, versanken in einen Traum, in dem Miss Nancy sich von ihrem Bruder über den See rudern ließ. Dann wurden sie von der Haushälterin zum Tee ins Haus gerufen.

Sie traten durch die Flügeltür in ein Meer von Andenken.

Aufgrund ihrer Veranlagung war es Nancy unmöglich, irgend etwas wegzuwerfen, und sie hatte ihre acht Zimmer im Pfarrhaus mit den Relikten aus zweiundfünfzig Schloßzimmern vollgestellt.

An der einen Wand im Gesellschaftsraum hing ein mottenzerfressener Wandteppich mit Tobit-Motiven, an einer anderen eine Riesenleinwand mit der Arche Noah und dem Berg Ararat, deren süßliche bitumierte Oberfläche sich streifig aufwallte. Es gab »gotische« Kredenzen, eine Napoleonbüste, eine halbe Rüstung, einen Elefantenfuß und zahllose andere Großwildtrophäen. Topfgeranien warfen ihre gelben Blätter auf die Stapel von Broschüren und Nummern von *Country Life*. Ein Wellensittich krallte sich an den Stangen seines Käfigs fest, Korbflaschen mit hausgemachtem Wein standen unter der Konsole und waren mit Gären beschäftigt, während der Teppich hier und da mit den Urinflecken von Generationen blasenschwacher Möpse gesprenkelt war.

Das Teeservice wurde ratternd auf einem Teewagen hereingerollt.

»Chinesischen oder indischen Tee?«

»Mutter hat in Indien gelebt«, sagte Benjamin geistesabwesend.

»Dann müssen Sie unbedingt meine Nichte Philippa kennenlernen! Ist in Indien geboren! Liebt es! Fährt ständig dorthin! Welchen Tee?«

»Danke«, sagte er. Und so goß sie ihnen, um sicherzugehen, zwei Tassen indischen Tee mit Milch ein.

Um sechs gingen sie auf die Terrasse hinaus. Sie schenkte ihnen Holunderwein ein, und sie saßen da und ließen die

Vergangenheit aufleben. Die Zwillinge erinnerten sich an Mr. Earnshaws Pfirsiche.

»Ja, der!« sagte sie. »Das war *wirklich* ein Gärtner! Dem würde es heutzutage nicht mehr gefallen, oder?«

Der Wein löste Lewis' Zunge. Mit gerötetem Gesicht gestand er, daß sie sich als Jungen hinter einem Baumstamm versteckt hatten, um sie vorbeireiten zu sehen.

»Tatsächlich?« seufzte sie. »Hätte ich es bloß gewußt...«

»Ja!« Benjamin lachte in sich hinein. »Und wenn Sie wüßten, was der da unserer Mutter gesagt hat!«

»Sagen Sie's mir!« Sie sah Lewis offen ins Gesicht.

»Nein, nein«, sagte er und lächelte verlegen. »Nein, das kann ich nicht.«

»Er hat gesagt«, sagte Benjamin, »wenn ich erwachsen bin, heirate ich Miss Bickerton.«

»So?« Sie gab ein kehliges Lachen von sich. »Er ist erwachsen. Worauf warten wir noch?«

Sie saßen schweigend da. Hausschwalben schnatterten unter der Dachrinne. Bienen summten um die nachts duftenden Nachtviolen. Traurig erzählte sie ihnen von ihrem Bruder Reggie:

»Er tat uns allen leid. Sein Bein, erinnern Sie sich? Aber er war wirklich ein übler Kerl. Hätte das Mädchen heiraten sollen. Sie hätte ihm Glück gebracht. Und es war alles meine Schuld, wissen Sie das?«

In all den Jahren hatte sie immer wieder versucht, sich bei Rosie zu entschuldigen, aber die Cottagetür wurde ihr jedesmal vor der Nase zugeschlagen.

Sie schwiegen wieder. Die untergehende Sonne legte sich wie ein Goldreifen um die Stechpalme.

»Mein Gott«, murmelte sie. »Die Frau hat Charakter!«

Erst in der vergangenen Woche hatte sie in ihrem Wagen gesessen und sie beobachtet – eine gebeugte Gestalt mit verkrümmten Füßen und einem Strickhut, die an die Tür des

Pfarrhauses klopfte, um sich ihren wöchentlichen Umschlag mit zwei Fünfpfundnoten abzuholen. Nur Nancy und der Geistliche wußten, von wem der Umschlag stammte – sie traute sich nicht, die Summe zu erhöhen, aus Angst, Rosie könnte Verdacht schöpfen.

»Sie müssen wiederkommen.« Nancy griff jeden Zwilling bei der Hand. »Es war so lustig. Versprechen Sie mir, daß Sie kommen werden.«

»Und werden Sie wieder zu uns kommen?« fragte Benjamin.

»Und ob ich komme! Ich komme am nächsten Sonntag! Und ich bringe meine Nichte Philippa mit. Und Sie können mit ihr ein schönes langes Gespräch über Indien halten.«

Die Teegesellschaft für Philippa Townsend war ein ungeheurer Erfolg.

Benjamin gab sich unendliche Mühe und befolgte peinlich genau das Rezept seiner Mutter für Kirschkuchen, und als er den Deckel der Schüssel mit der chinesischen Landschaft hochhob, klatschte der Ehrengast in die Hände und sagte: »Bei Gott! Zimttoast!«

Als der Tisch abgeräumt war, wickelte Lewis Marys indisches Skizzenbuch aus, und Philippa schlug die Seiten um und nannte jedes Motiv beim Namen. »Das ist Benares! Das ist Sarnath! Sehen Sie! Das ist das Holi-Fest. Sehen Sie doch, überall dieser wunderschöne Puder! Oh, was für ein schöner Pankha-Diener!«

Sie war eine kleine, sehr beherzte Frau mit Lachfältchen in den Winkeln ihrer schiefergrauen Augen, und sie trug ihr silbriges Haar zu einer Ponyfrisur geschnitten. Jedes Jahr verbrachte sie mehrere Monate damit, allein auf einem Fahrrad durch Indien zu radeln. Sie schlug die vorletzte Seite um und starrte wie vom Donner gerührt auf ein Aquarell, das ein pagodenähnliches Gebäude zwischen ein paar

Koniferen vor den im Hintergrund sich auftürmenden Himalajabergen zeigte.

»Ich kann es nicht glauben«, sagte sie aus voller Kehle. »Ich glaubte immer, ich sei die einzige weiße Frau, die diesen Tempel gesehen hat.« Aber Mary Latimer hatte ihn in den neunziger Jahren gesehen.

Philippa erzählte ihnen, daß sie gerade ein Buch über Engländerinnen des 19. Jahrhunderts schreibe, die viel gereist waren. Sie fragte, ob sie sich eine Kopie von dem Bild machen dürfe, um es als Illustration zu verwenden.

»Das dürfen Sie«, sagte Benjamin und bestand darauf, daß sie das Buch mitnahm.

Drei Wochen später kam das Skizzenbuch per Einschreiben zurück. In dem Paket war außerdem ein wunderschönes Farbfotobuch mit dem Titel *Splendours of the RAJ*. Und obwohl die Zwillinge nicht genau wußten, was sie da anschauten, gehörte es bald zu den Schätzen des Hauses.

Einmal im Monat versammelten sich die Antiquitätenhändler der Grafschaft Radnor im Dorfsaal von Lurkenhope, und sooft es einen Lichtbildvortrag gab, nahm Nancy ihre »beiden liebsten Freunde« mit. Im Laufe des Jahres bekamen sie etwas über eine Vielfalt von Themen zu hören, über »Englische Taufbecken des 12. und 13. Jahrhunderts in Herefordshire« etwa oder über »Die Pilgerfahrt nach Santiago«, und als Philippa Townsend ihren Vortrag über Indien-Reisende hielt, erzählte sie den Zuhörern von dem «faszinierenden Skizzenbuch«, das The Vision besaß, während die Zwillinge strahlend in der ersten Reihe saßen, jeder mit einer roten Schlüsselblume im Knopfloch.

Anschließend wurden im Hintergrund des Saals Erfrischungen gereicht, und Lewis sah sich von einem dicken Mann in einem purpurrot gestreiften Hemd in eine Ecke gedrängt. Der Mann redete sehr schnell. Er nuschelte die

Wörter durch eine Reihe verfärbter Zähne und hatte einen unruhigen, durchtriebenen Blick. Er tauchte eine Pfeffernuß in seinen Kaffee und verschlang sie.

Dann steckte er Lewis eine Karte zu, auf der »Vernon Cole – Pendragon Antiquitäten, Ross-on-Wye« stand, und fragte, ob er ihnen einen Besuch abstatten dürfe.

»Ja«, antwortete Lewis, der annahm, daß »Antiquitäten« und »Altertumsforscher« ein und dasselbe seien. »Wir würden uns freuen, wenn Sie kämen.«

Mr. Cole kam bereits tags darauf in einem Volkswagenbus.

Es nieselte, und der Berg war wolkenumhüllt. Die Hunde schlugen an, als der Fremde sich vorsichtig einen Weg durch die toffeebraunen Pfützen bahnte. Lewis und Benjamin misteten gerade den Kuhstall aus und ärgerten sich über die Unterbrechung, doch waren sie höflich und spießten ihre Mistgabeln in dem dampfenden Haufen auf und baten ihn ins Haus.

Der Antiquitätenhändler benahm sich völlig ungezwungen. Er sah sich das Zimmer von oben bis unten an, drehte einen Unterteller um und sagte »Doulton«, warf einen prüfenden Blick auf den »Indianer«, um sich zu vergewissern, daß es nur ein Druck war, und wollte wissen, ob sie zufällig ein paar Mokkalöffelchen mit den Apostelfiguren besäßen.

Eine halbe Stunde später strich er sich Erdbeermarmelade auf ein Butterbrot und fragte, ob sie je von Nostradamus gehört hätten.

»Nie von dem Propheten Nostradamus gehört? Verflixt und zugenäht!«

Nostradamus, fuhr er fort, hatte vor vielen Jahrhunderten in Frankreich gelebt, doch hatte er Hitler »angekündigt«, sein Antichrist war wahrscheinlich Oberst Gaddafi, und er hatte das Weltende für 1980 vorausgesagt.

»1980?« fragte Benjamin.

»1980!«

Die Zwillinge starrten mit deprimierten Gesichtern auf das Teegeschirr.

Dann war Mr. Cole mit seinem Monolog am Ende, ging zum Klavier, legte seine Hände auf Marys Briefschatulle und sagte: »Es ist eine Schande!«

»Eine Schande?«

»Eine wunderschöne Intarsienarbeit, in einem solchen Zustand! Ein Sakrileg!«

Das Furnierholz des Deckels hatte sich gewölbt und gespalten, und ein oder zwei Teilchen fehlten.

»Ich glaube, es sollte repariert werden«, fuhr er fort. »Ich habe den richtigen Mann dafür.«

Die Zwillinge sahen es äußerst ungern, daß die Schatulle den Hof verließ: aber daß sie ein Überbleibsel Marys vernachlässigt hatten, machte sie noch elender.

»Ich werde Ihnen etwas sagen!« schwatzte er weiter. »Ich nehme sie mit und zeige sie ihm. Und wenn er innerhalb einer Woche nicht gekommen ist, bringe ich sie sofort zurück.«

Er zog einen Quittungsblock aus seiner Tasche, auf den er etwas Unleserliches kritzelte:

»Was... Hm... Was wollen wir denn als Summe angeben? Hundert Pfund?... Hundertzwanzig! Sicher ist sicher! Würden Sie bitte hier unterschreiben?«

Lewis unterschrieb. Benjamin unterschrieb. Der Mann riß das oberste Blatt ab, griff sich seinen »Fund«, wünschte ihnen einen guten Nachmittag und verschwand.

Nach zwei schlaflosen Nächten beschlossen die Zwillinge, Kevin loszuschicken, um die Schatulle zurückzuholen. Statt dessen kam mit dem Postboten ein Scheck – über 125 Pfund!

Es wurde ihnen schwindlig, und sie mußten sich hinsetzen.

Kevin lieh sich einen Wagen aus und wollte sie nach Ross fahren, aber sie verloren den Mut. Nancy Bickerton wollte »dem Mann eins hinter die Ohren geben«, aber sie war fünfundachtzig. Und als sie Rechtsanwalt Lloyd aufsuchten, nahm er die Quittung, entzifferte die Wörter »Eine alte Sheraton-Briefschatulle, in Kommission gegeben«, und schüttelte den Kopf.

Er schickte indessen einen gepfefferten Anwaltsbrief, bekam von Mr. Coles Rechtsanwalt jedoch einen weitaus gepfefferteren Brief zurück: Die professionelle Integrität seines Klienten sei in Zweifel gezogen worden, und er würde klagen.

Es war nichts mehr zu ändern.

Verbittert und verletzt zogen sich die Zwillinge in ihr Schneckenhaus zurück. Die Schatulle durch Diebstahl oder Brand zu verlieren, das hätten sie ertragen können. Daß sie sie durch eigene Dummheit verloren hatten an einen Mann, den sie zu sich eingeladen hatten, der an Marys Tisch gesessen und aus ihrer Teetasse getrunken hatte, dieser Gedanke lastete schwer auf ihnen und ließ sie krank werden.

Benjamin bekam eine heftige Bronchitis. Lewis, der eine Infektion im Innenohr hatte, brauchte noch länger, um sich zu erholen – wenn er überhaupt je wieder derselbe war.

Von da an lebten sie in der Furcht, beraubt zu werden. Abends verbarrikadierten sie die Tür, und Lewis kaufte eine Schachtel Patronen, die er neben den alten Zwölfkaliber stellte. In einer stürmischen Dezembernacht hörten sie jemand gegen die Tür schlagen. Sie lagen reglos unter dem Bettzeug, bis das Hämmern nachließ. Im Morgengrauen des nächsten Tages fanden sie Meg the Rock schlafend zwischen den Gummistiefeln auf der Veranda.

Sie war steif vor Kälte. Sie führten sie zum Kaminschemel, und sie saß breitbeinig da, das Gesicht in den Händen.

»Und Jim is tot!« Sie war es, die das Schweigen brach.

»Ja«, fuhr sie mit leiser eintöniger Stimme fort. »Seine Beine warn ganz verfault und seine Hände rot wie Feuer. Und ich hab' ihn ins Bett gesteckt, un er schlief. Und inner Nacht wurde ich wach, un die Hunde ham gebellt, un Jim war ausm Bett, aufm Boden sozusagen, un sein Kopf war ganz blutig, da wo er hingefallen war. Aber er war am Leben und hat geredet, stellt euch vor, und ich hab' ihm wieder aufgeholfen.

›Na, dann Prost!‹ hat er gesagt. ›Fütter sie!‹ hat er gesagt. ›Fütter die Schafe! Un gib ihnen 'n bißchen Heu, wenn du was hast. Fütter sie! Gib ihnen was zu essen. Un gib den Ponys ein bißchen Kuchen, wenn du welchen hast. Un laß nich zu, daß Sarah sie verkauft. Mit 'n bißchen Futter geht's denen gut.

Un sag den Jones, daß oben in Cock-a-loftie Pflaumen sind! Sag ihnen, sie solln die Pflaumen pflücken! Ich hab' sie gesehn... Schöne gelbe Pflaumen! Un die Sonne geht auf! Die Sonne scheint. Ich hab' sie gesehn!... Die Sonne scheint durch die Pflaumen...‹

Das hat er gesagt – daß ihr 'n paar Pflaumen haben sollt. Un ich hab' seine Füße gefühlt, un sie warn kalt. Und ich hab' ihn überall angefühlt, und er war ganz kalt. Un die Hunde haben geheult und gejault und ham an den Ketten gerasselt... Un da hab' ich gewußt, daß Jim tot ist...«

XLVI

Eine Stunde nach Jims Beerdigung hatten sich die vier Hauptleidtragenden in das Rauchzimmer im Roten Drachen gezwängt, Suppe und Cottage-Pies bestellt und wurden langsam wärmer. Der Tag war rauh und regnerisch. Ihre Schuhe waren vom langen Stehen auf dem schlammbedeckten Friedhof aufgeweicht. Manfred und Lizzie waren in Schwarz und in Grau gekleidet. Sarah trug lange Hosen und einen blauen Nylonparka, und Frank, der Transportunternehmer, ein bulliger Mann in einem viel zu kleinen Tweedanzug, ließ verlegen den Kopf hängen und starrte zwischen seine Beine.

An der Bar knallte ein Betrunkener seinen Apfelweinkrug auf die Theke, rülpste und sagte: »Aah! Der Wein des Westens!« Ein Mann und ein Mädchen spielten ein Computerspiel, und das elektronische Gedudel erfüllte den Raum. Manfred zerbrach sich den Kopf, wie er einen Streit zwischen seiner Frau und seiner Schwägerin verhindern konnte. Er beugte sich zu den Spielern hinüber und fragte: »Wie heißt dieses Spiel?«

»Eroberung aus dem Weltraum«, sagte das Mädchen mürrisch und leerte eine Packung Erdnüsse in ihren Mund.

Lizzie spitzte ihre farblosen Lippen und sagte nichts. Doch Sarah, deren Gesicht bereits vom Feuer erhitzt war, öffnete den Reißverschluß ihres Parkas und entschloß sich, etwas zu sagen.

»Leckere Zwiebelsuppe«, sagte sie.

»Französische Zwiebelsuppe«, sagte die dünnere Frau.

Es folgte ein Schweigen. Eine Gruppe von Bergsteigern kam herein. Sie warfen ihre Rucksäcke übereinander auf einen Haufen. Frank weigerte sich, seine Suppe anzurühren, und starrte ununterbrochen zwischen seine Beine. Seine Frau versuchte noch einmal, ein Gespräch in Gang zu bringen.

Sie drehte sich zu einer riesigen braunen Forelle in einem Glaskasten über dem Kamin und sagte: »Ich möchte mal wissen, wer diesen Fisch gefangen hat.«

»Ich auch.« Lizzie zuckte die Achseln und blies auf ihren Suppenlöffel.

Die Freundin des Barmanns kam mit den Cottage-Pies: »Ja«, sagte sie mit breitem Lancashire-Akzent. »Die Forelle ist ein ziemlicher Gesprächsstoff. Ein Amerikaner hat sie im Rosgoch-Reservoir gefangen. Einer von der Air Force. Er hätte einen walisischen Rekord aufgestellt, wenn er sie nicht hätte präparieren lassen. Er hat sie zum Ausstopfen hiergelassen.«

»Ganz schön anständiger Fisch!« nickte Manfred.

»Es ist ein Weibchen«, fuhr die Frau fort. »Das kann man am Kinn sehen. Und außerdem eine Kannibalin! Muß sie ja sein bei dem Umfang! Der Präparator hatte große Mühe, Augen zu finden, die groß genug waren.«

»Ja«, sagte Sarah.

»Und wo einer ist, sind zwei. So heißt es bei den Fischern.«

»Noch ein Weibchen?« fragte Sarah.

»Ein Männchen, könnte ich mir denken.«

Sarah sah auf ihre Armbanduhr und stellte fest, daß es fast zwei war. In einer weiteren halben Stunde hatten sie ihren Termin bei Rechtsanwalt Lloyd. Sie hatte noch etwas mitzuteilen und warf Lizzie einen stechenden Blick zu.

»Was ist mit Meg?« fragte sie.

»Was soll mit ihr sein?«

»Wo wird sie wohnen?«

»Woher soll ich das wissen?«

»Irgendwo muß sie doch leben.«

»Gib ihr einen Wohnwagen und ein paar Hühner, und sie ist vollkommen glücklich.«

»Nein«, unterbrach Manfred, dessen Gesicht rot wurde. »Sie wird nicht glücklich sein. Wenn ihr sie von The Rock wegnehmt, wird sie verrückt.«

»Aber sie kann doch nicht ewig in diesem Saustall hausen«, fauchte Lizzie.

»Warum nicht? Sie hat ihr ganzes Leben dort gelebt.«

»Weil er verkauft wird.«

»Wie bitte?« Sarahs Kopf wirbelte herum – und der Streit brach offen aus.

Sarah glaubte, The Rock sollte ihr gehören. Zwanzig Jahre lang hatte sie Jim ausgehalten, und er hatte versprochen, ihr den Besitz zu hinterlassen. Hin und wieder hatte sie ihn am Arm gefaßt: »Du warst doch beim Rechtsanwalt, oder?« – »Ja, Sarah«, hatte er dann gesagt. »Ich hab' den Rechtsanwalt besucht und getan, was du gesagt hast.«

Sie hatte geplant, den Hof sofort nach Jims Tod zu verkaufen. Franks Transportunternehmen war schlecht gegangen, und außerdem war The Rock ein »hübscher kleiner Notgroschen« für ihre halbwüchsige Tochter Eileen. Sie hatte bereits einen Käufer gefunden, einen Geschäftsmann aus London, der Chalets im schwedischen Stil dort bauen wollte.

Lizzie ihrerseits bestand darauf, daß sie in The Rock ebenso zu Hause war wie alle anderen und ein Anrecht auf den ihr zustehenden Anteil hatte. Es wurde hin und her geredet, und Sarah wurde ganz weinerlich und hysterisch, jammerte, sie hätte so viele Opfer gebracht und so viel Geld ausgegeben, und wie oft hätte sie sich durch die Schneewehen gekämpft, wie oft hätte sie ihnen das Leben gerettet! »Und wofür? Für einen Tritt in den Hintern, sonst nichts!«

Worauf Lizzie und Sarah anfingen zu schreien und zu brüllen, und obwohl Manfred rief: »Bitte, bitte!«, und Frank knurrte: »Mmmhh! Wollt ihr wohl aufhören?«, hätte das Mittagessen im Pub beinahe mit einem Faustkampf geendet.

Der Barmann forderte sie auf, das Lokal zu verlassen.

Frank bezahlte die Rechnung, und sie gingen die Broad Street hinauf, bahnten sich einen Weg durch den Schneematsch, bis sie vor der Tür des Rechtsanwalts standen. Beide Frauen erbleichten, als Mr. Lloyd seine Brille hochschob und sagte: »Es gibt kein Testament.« Und im übrigen, da weder Sarah noch Lizzie noch Meg mit Jim blutsverwandt waren, würde der Besitz in die öffentliche Hand übergehen. Meg, fügte Mr. Lloyd hinzu, habe am meisten Anspruch auf das Haus, denn sie lebe noch darin und habe ihr ganzes Leben dort gelebt.

Und so lebte Meg allein in The Rock weiter. Sie sagte: »Ich kann nich für die Toten leben. Ich muß mein eigenes Leben leben.«

An eiskalten Morgen saß sie auf einem umgestülpten Eimer, wärmte sich die Hände an einem Becher Tee, während die Meisen und Buchfinken auf ihrer Schulter hockten. Wenn ein grüner Baumspecht ihr ein paar Krümel aus der Hand pickte, stellte sie sich vor, der Vogel sei ein Bote Gottes, und sang den ganzen Tag sein Lob in holprigen Versen.

Nach Einbruch der Dunkelheit kauerte sie am Feuer und briet Schinkenspeck und Kartoffel in der Pfanne. Und wenn die Kerze zu tropfen begann, rollte sie sich auf dem Klappbett zusammen, mit einer schwarzen Katze als Gesellschaft, einem Mantel als Decke und einem mit Farn gefüllten Sack als Kopfkissen.

Sie hatte so wenig, um die wirkliche Welt von der Welt der Träume zu unterscheiden, daß sie sich vorstellte, sie sei es, die mit den jungen Dachsen spielte, die mit den Falken hoch oben über dem Berg schwebte. Eines Nachts träumte sie, wie sie von fremden Männern angegriffen wurde.

»Ich hab' sie gehört«, erzählte sie Sarah. »Ein junger und ein alter. Krochen aufm Dach rum! Ja! Und ham die Ziegel abgenommen und sind runtergekommen. Da hab' ich mir 'ne Kerze angemacht und gerufen: ›Raus mit euch, ihr Schufte! Ich hab' ein Gewehr hier unten und schieß' euch eure verdammten Köpfe ab.‹ Das hab' ich gesagt, und seither hab' ich nix mehr gehört!« – wodurch Sarah in ihrer

Meinung bestärkt wurde, Meg habe »nicht mehr alle Tassen im Schrank«.

Sarah hatte mit Protheros abgemacht, daß Megs Lebensmittel in eine ausgediente Öltonne am Wegrand gestellt werden sollten. Doch dieses Versteck wurde bald von Johnny the Van ausfindig gemacht, einem rotäugigen Halunken, der in einem alten Kirmeswagen in der Nähe lebte. Es gab Wochen, in denen Meg vor Hunger beinahe ohnmächtig wurde – und die Hunde, die kein Fleisch bekamen, heulten Tag und Nacht.

Als es Frühling wurde, begannen sowohl Sarah als auch Lizzie, um Megs Gunst zu buhlen. Beide brachten Gebäck oder eine Schachtel Pralinen mit, doch Meg durchschaute ihre Schmeicheleien und sagte: »Ich danke euch vielmals, und wir sehn uns nächste Woche.« Manchmal unternahmen sie den Versuch, sie zum Unterzeichnen einer vorbereiteten Erklärung zu bewegen, aber Meg starrte den Stift an, als wäre er vergiftet.

Eines Tages fuhr Sarah mit einem Anhänger vor, um ein Pony abzuholen, das, wie sie behauptete, ihr gehörte. Sie ging mit einem Halfter zum Stall, wo Meg vor der Tür stand mit gekreuzten Armen.

»Ja, du kannst es mitnehmen«, sagte sie. »Aber was habt ihr Leute mit den Hunden vor?«

Jim hatte dreizehn Schäferhunde hinterlassen; sie waren in Blechhütten eingepfercht und durch eine Ernährung aus Brot und Wasser so räudig und ausgehungert, daß es gefährlich war, sie von der Kette zu lassen.

»Die armen alten Hunde sind alle verrückt«, sagte Meg. »Sie müssen erschossen werden.«

»Sollen wir sie zum Tierarzt bringen?« schlug Sarah unsicher vor.

»Ne«, antwortete Meg. »Ich stecke die Hunde nicht in einen Todeswagen! Sieh zu, daß dein Frank mit seinem Gewehr herkommt, und ich grabe ein Loch und bringe sie unter die Erde.«

Der Morgen, an dem sie erschossen wurden, war feucht und neblig. Meg fütterte die Hunde ein letztes Mal und führte sie dann jeweils zu zweit nach draußen und kettete sie an den Holzapfelbäumen auf der Viehweide fest. Um elf nahm Frank einen kräftigen Schluck Whisky, schnallte seinen Patronengürtel enger und ging hinaus in den Nebel, in Richtung der Bäume.

Meg hielt sich die Ohren zu, Sarah ebenfalls, und ihre Tochter Eileen saß im Land-Rover und hörte durch die Kopfhörer ihres Kassettenrecorders Rockmusik. Schießpulverrauch wehte mit dem Wind vorbei. Ein letztes Wimmern, ein einzelner Schuß, und dann kam Frank aus dem Nebel zurück, verstört und kurz vor dem Erbrechen.

»Gute Arbeit gemacht«, sagte Meg und schwang einen Spaten über ihre Schulter. »Danke euch Leuten vielmals.«

Am nächsten Morgen sah sie, wie Lewis Jones auf seiner roten International Harvester am Horizont entlang fuhr. Sie lief hinauf zur Hecke, und er stellte den Motor ab.

»Sie sind gekommen und ham die Hunde erschossen«, sagte sie atemlos. »Die armen alten Hunde, ham nie was Böses getan. Kein Schaf gejagt und überhaupt niemand. Aber was tu ich mit ihnen, verhungert wie sie sind, un wo der Sommer kommt, un wo die Hitze kommt, un der Gestank in den Hütten, un die Ketten ham ihnen in den Hals geschnitten, sozusagen... Ja! Un verdammt noch mal! Un dann kommen die Fliegen un legen Eier, un dann hamse Würmer im Hals. Die armen alten Hunde! Un darum hab ich sie erschießen lassen.«

Ihre Augen blitzten auf: »Aber eins sage ich Ihnen, Mr. Jones. Man sollte die Leute bestrafen, nich die Hunde...«

Kurze Zeit später begegneten sich Sarah und Lizzie vor

der Drogerie in Rhulen. Sie kamen überein, in der Hafod-
Teestube einen Kaffee zu trinken, und jede hoffte, die andere würde ein schreckliches Gerücht ausräumen: daß Meg
einen Liebhaber hatte.

XLVII

Theo the Tent hieß er. Es war der Riese mit dem roten Bart,
dem Lewis auf der Landstraße begegnet war. Seinen Beina-
men »the Tent«, das Zelt, hatte er einer kuppelförmigen
Konstruktion aus jungen Birken und Segeltuch zu verdan-
ken, die er auf einer Wiese auf dem Schwarzen Berg errichtet hatte, wo er allein mit einem Maultier namens Max lebte
und mit einem Esel, der Max Gesellschaft leistete.

Sein richtiger Name war Theodor. Er kam aus einer Familie hartgesottener Afrikaander, die im Oranjefreistaat eine Obstfarm besaßen. Er hatte sich mit seinem Vater wegen
der gewaltsamen Vertreibung einiger Arbeiter zerstritten,
Südafrika verlassen, war nach England gekommen und
»ausgestiegen«. Auf dem Free Festival in der Nähe von
Glastonbury begegnete er einer Gruppe von Buddhisten
und wurde selber einer.

Das Befolgen des Dharma im Kloster auf dem Schwarzen
Berg machte ihn zum erstenmal in seinem Leben ruhig und
glücklich. Er nahm jede Schwerarbeit auf sich, und er freute
sich über die gelegentlichen Besuche eines tibetanischen
Rinpoche, der höhere Meditation unterrichtete.

Manchmal schüchterte sein Äußeres die Leute ein. Sobald
sie feststellten, daß er keiner Fliege etwas zuleide tun konnte, beuteten sie seine sanfte, zutrauliche Art aus. Er hatte etwas Geld von seiner Mutter, das sich die Führer der Kommune aneigneten. Während einer Finanzkrise befahlen sie

ihm, seine gesamten Jahreseinkünfte in bar von der Bank abzuheben.

Auf dem Weg nach Rhulen blieb er bei der Kiefernschonung stehen und streckte sich im Gras aus. Der Himmel war wolkenlos. Glockenblumen raschelten. Ein Tagpfauenauge saß auf einem warmen Stein und blinzelte – und plötzlich packte ihn der Ekel vor dem Kloster. Die purpurroten Wände, der Duft von Räucherstäbchen und Patschuli, die grellen Mandalas und anspruchslosen Bilder – alles schien ihm billig und aufgedonnert, und er begriff, daß er, mochte er auch noch soviel meditieren oder den *Bardo Thödol* studieren, auf DIESEM WEG nie zur Erleuchtung gelangte.

Er packte seine wenigen Sachen zusammen und ging davon. Kurz darauf verkauften die anderen Buddhisten ihr Hab und Gut und reisten in die USA ab.

Er kaufte seine Wiese an einem steilen Hang, von wo aus er die Wye überblickte. Und dort errichtete er sein Zelt oder vielmehr seine Jurte nach Plänen aus einem Buch über Hochasien.

Jahrein, jahraus streifte er durch die Radnor-Berge, spielte den Schnepfen auf seiner Flöte vor und schrieb sich die Lehren des Taoteking ins Gedächtnis. In Felsen, Gatterpfosten und Baumstümpfe ritzte er die dreizeiligen *Haikus*, wie sie ihm in den Sinn kamen.

Er erinnerte sich an Afrika, an die Kalahari-Buschmänner, die er durch die Wüste hatte wandern sehen, an die lachenden Mütter mit ihren Kindern auf dem Rücken. Und er war zu der Überzeugung gelangt, daß wie sie, wie der heilige Franziskus alle Menschen Wanderer sein sollten und daß man, wenn man den universalen Weg beschritt, den großen Geist überall finden konnte – im Duft des Farnkrauts nach dem Regen, im Summen einer Biene, in der Blüte eines Fingerhuts oder in den Augen eines Maultiers, das die unbeholfenen Bewegungen seines Herrn liebevoll betrachtet.

Manchmal hatte er das Gefühl, daß selbst seine bescheidene Unterkunft ihn daran hinderte, dem WEG zu folgen.

An einem stürmischen Märztag stand er auf dem Geröll oberhalb von Craig-y-fedw und blickte auf Megs winzige Gestalt hinunter, die sich unter einer Ladung Reisig bückte.

Er beschloß, ihr einen Besuch abzustatten, nicht ahnend, daß Meg ihn schon seit langer Zeit beobachtete.

Sie hatte ihn beobachtet, als er im grauen Winterregen auf dem schlängelnden Pfad über den Berg gegangen war. Sie hatte ihn beobachtet, wie er am Horizont stand und die Wolken sich hinter ihm auftürmten. Sie stand mit gekreuzten Armen in der Tür, als er das Maultier festband. Irgend etwas sagte ihr, daß er keiner von den Fremden war, vor denen sie sich ducken mußte.

»Ich hab' mich schon gefragt, wann du wohl kommst«, sagte sie.

»Der Tee ist in der Kanne. Komm rein un setz dich.«

Er konnte ihr Gesicht in dem rauchgeschwängerten Zimmer kaum sehen.

»Ich erzähl' dir, was ich gemacht hab'«, fuhr sie fort. »Ich bin mit der Sonne aufgestanden. Ich hab' die Schafe gefüttert. Ich hab' den Pferden Heu gegeben. Ja! Un den Kühen ein bißchen Kuchen. Ich hab' die Hühner gefüttert. Ich hab' einen Packen Holz geholt. Un ich wollte gerade meine Tasse Tee trinken un dachte, ich sollte den Stall ausmisten.«

»Ich werde dir dabei helfen«, sagte Theo.

Die schwarze Katze sprang auf ihren Schoß, krallte sich an ihren Bundhosen fest und kratzte an den nackten Stellen ihrer Oberschenkel.

»Au! Aua!« rief sie. »Un was hast du vor, kleiner schwarzer Mann? Un was jagst du, kleines schwarzes Püppchen?«

Dann krümmte sie sich vor Lachen, bis die Katze sich beruhigt hatte und zu schnurren begann.

Der Stall war seit Jahren nicht ausgemistet worden, der Dung lag in Schichten einen Meter über dem Boden, und die Färsen rieben ihre Rücken an den Dachbalken. Meg und Theo machten sich mit Gabel und Schaufel an die Arbeit, und um vier Uhr nachmittags lag ein großer brauner Haufen im Hof.

Sie zeigte keine Spur von Müdigkeit. Hin und wieder, wenn sie eine Gabel Mist durch die Tür warf, gingen die Wollschleifen in ihren Pullis auf. Er sah, daß ihr Körper darunter hübsch und sauber war.

Er sagte: »Du bist ganz schön zäh, Meg.«

»Muß ich sein«, sagte sie lachend, und ihre Augen wurden schmal wie ein Paar Mongolenschlitze.

Drei Tage später kam Theo wieder, um ein Fenster zu reparieren und eine Tür neu einzuhängen. Sie hatte in Jims Taschen ein paar Münzen gefunden und bestand darauf, ihm einen Lohn zu zahlen. Und so griff sie, sobald er eine Arbeit erledigt hatte, nach einer verknoteten Socke, öffnete sie und gab ihm ein Zehnpennystück.

»Viel kannst du dir nicht damit kaufen«, sagte sie dann.

Er nahm jede einzelne dieser Münzen entgegen, als schenkte sie ihm ein Vermögen.

Er lieh sich ein paar Stoßbesen aus, um ihren Kamin zu kehren. Auf halbem Weg nach oben prallte der Besen an etwas Hartem ab. Er stieß fester nach, und Rußklumpen polterten auf den Rost herunter.

Meg schüttelte sich vor Lachen, als sie sein schwarzes Gesicht und Barthaar sah: »Ich könnte fast glauben, ich hab' den Teufel persönlich vor mir.«

Solange ihr ritterlicher Riese in der Nähe war, fühlte sie sich vor Sarah und Lizzie und jeder Gefahr von außen sicher. »Ich laß es nicht zu«, sagte sie. »Ich laß es nicht zu, daß sie auch nur eins von meinen Hühnern anfassen.«

Blieb er eine Woche weg, dann begann sie schrecklich betrübt auszusehen und bildete sich ein, »Männer vom Ministerium« würden kommen, um sie abzuholen oder umzubringen. »Ich weiß es«, sagte sie düster. »Das wird eine von den Geschichten, wie sie in der Zeitung stehen.«

Es gab Zeiten, in denen sogar Theo glaubte, sie sehe Gespenster.

»Ich hab' n paar Hunde von Städtern gesehen«, sagte sie. »Schwarz wie die Sünde! Rannten wie verrückt die Schlucht runter und ham die kleinen Lämmchen gejagt! Un ich bin rausgegangen und find' se tot, sie sind vor Kälte gestorben, denk' ich, aber se sind aus Angst vor den Hunden von den Städtern gestorben.« Der Gedanke, er könnte eines Tages fortgehen, war ihr verhaßt.

Stundenlang konnte er beim Kamin sitzen und der rauhen, erdigen Musik ihrer Stimme zuhören. Sie erzählte vom Wetter, von den Vögeln und den Tieren, den Sternen und den Mondphasen. Er hatte das Gefühl, ihre Lumpen hätten etwas Heiliges an sich, und schrieb ihnen zu Ehren dieses Gedicht:

> *Fünf grüne Pullover*
> *Eintausend Löcher*
> *Und die Himmelslichter scheinen durch.*

Er brachte ihr kleine Geschenke aus Rhulen mit – einen Schokoladenkuchen oder ein Päckchen Datteln –, und um sich zusätzlich ein paar Pfund hinzuzuverdienen, verdingte er sich als Maurer von Trockenmauern.

Einer seiner ersten Jobs brachte ihn nach The Vision, wo Kevin den Traktor rückwärts in einen Schweinestall gesetzt hatte.

Kevin war bei seinen Onkeln in Ungnade gefallen.

In anderthalb Jahren sollte er den Hof übernehmen, doch schien er sich nicht im geringsten für Landwirtschaft zu interessieren.

Er verkehrte mit der »feinen Gesellschaft« der Grafschaft. Er trank. Er machte Schulden, und als der Bankdirektor ihm einen Kredit verweigerte, demonstrierte er seine Lebensverachtung, indem er einem Fallschirmspringerverein beitrat. Dann setzte er seinen Schandtaten die Krone auf und brachte ein Mädchen in andere Umstände.

Sein Lächeln war so ansteckend, daß ihm die Zwillinge im allgemeinen alles verziehen: Diesmal war er weiß vor Angst. Das Mädchen, gestand er, war Sarahs Tochter Eileen – und Benjamin verbot ihm das Haus.

Eileen war ein hübsches Mädchen von neunzehn mit einem hochmütigen Gesichtsausdruck, einer sommersprossigen Nase und einem Kopf voll wippender rostbrauner Locken. Normalerweise machte sie einen Schmollmund, aber wenn sie etwas haben wollte, setzte sie die harmlose Miene einer Heiligen auf. Sie war verrückt nach Pferden, gewann Preise bei Turnieren, und wie viele Pferdenarren hatte sie hohe finanzielle Ansprüche.

Sie sah Kevin zum erstenmal bei der Schau in Lurkenhope.

Beim Anblick seines hübschen Körpers, der in sicherer Haltung rittlings auf dem bockenden Pony saß, bekam sie eine Gänsehaut. Sie hatte einen Kloß in der Kehle, als er den Preis entgegennahm. Als sie erfuhr, daß er reich war – oder sein würde –, ging sie systematisch vor.

Eine Woche später, als sie einen ganzen Abend im Roten Drachen bei Country- und Western-Musik geflirtet hatten, schlich sich das Paar auf die Ladefläche von Sarahs Land-Rover. Nach einer weiteren Woche hatte er ihr die Ehe versprochen.

Nachdem er sie ermahnt hatte, mit seinen Onkeln vorsichtig umzugehen, brachte er sie als seine zukünftige Braut nach The Vision, und obwohl sie ausgezeichnete Tischmanieren hatte, obwohl sie geflissentlich alle Nippsachen im Haus bewunderte und obwohl Lewis fand, daß sie »ein niedlicher kleiner Brocken« sei, war Benjamin gar nicht glücklich bei dem Gedanken, daß sie eine Watkins war.

An einem schwülen Tag Anfang September erregte sie seinen Anstoß, als sie in einem Bikini am Steuer ihres Autos saß und ihm im Vorbeifahren eine Kußhand zuwarf. Im Dezember vergaß sie mit oder ohne Absicht, die Pille zu nehmen.

Benjamin blieb der Hochzeit fern, die auf Sarahs Drängen in einer anglikanischen Kirche stattfand. Lewis nahm allein daran teil, kam leicht beschwipst vom Empfang zurück und erzählte, trotz der »Mußheirat« – ein Ausdruck, den er von einem anderen Gast übernommen hatte – sei es eine sehr schöne Hochzeit gewesen, und die Braut in Weiß hätte wunderschön ausgesehen.

Das Paar verbrachte die Flitterwochen auf den Kanarischen Inseln, und als sie braungebrannt und schön zurückkamen, gab Benjamin seinen Widerstand auf. Sie konnte ihn nicht bezaubern: Für ihre Art von Charme hatte er nichts übrig. Ihn beeindruckte vielmehr ihr gesunder Menschenverstand, ihre Art, Geldangelegenheiten zu regeln, und ihr Versprechen, Kevin zur Vernunft zu bringen.

Die Zwillinge kamen überein, in Lower Brechfa einen Bungalow für die jungen Leute zu bauen.

In der Zwischenzeit zog Kevin zu seinen Schwiegereltern, die nichts Besseres zu tun hatten, als ihm Beine zu machen. Einmal brauchte Frank für seinen Lastwagen ein Ersatzteil aus Hereford, dann hatte Sarahs Springpferd eine Verstauchung, oder Eileen bekam plötzlich Heißhunger auf Räucherlachs und schickte ihren Mann zum Fischhändler.

Das hatte zur Folge, daß Kevin in den letzten Wochen vor Eileens Niederkunft kaum Zeit für The Vision hatte: Er blieb der Schafstrift, der Schafschur und der Heuernte fern, und weil es ihnen an Arbeitskräften mangelte, stellten die Zwillinge Theo als Aushilfskraft ein.

Theo war ein ausgezeichneter Arbeiter, doch als strikter Vegetarier machte er eine Szene, sobald sie ein Tier zum Schlachter schickten. Er weigerte sich, den Traktor zu fahren und jede noch so einfache Maschine zu bedienen, und seine Ansichten über das zwanzigste Jahrhundert gaben Benjamin das Gefühl, einigermaßen modern zu sein.

Eines Tages zweifelte Lewis an dem weisen Entschluß, in einem Zelt zu leben, worauf der Südafrikaner ausgesprochen gereizt reagierte und sagte, der Gott Israels habe in einem Zelt gelebt, und wenn ein Zelt für einen Gott gut genug sei, dann sei es auch gut genug für ihn.

»Das mag sein«, nickte Lewis verunsichert. »Israel hat ein warmes Klima, nicht wahr?«

Trotz all ihrer Unterschiede hingen Theo und die Zwillinge aneinander, und am ersten Sonntag im August lud er sie zu sich zum Lunch ein.

»Recht herzlichen Dank«, sagte Lewis.

Als sie sich der Horizontlinie oberhalb von Craig-y-fedw näherten, blieben die beiden alten Männer stehen, um zu verschnaufen und sich den Schweiß von der Stirn zu wischen.

Eine warme Brise von Westen kämmte durch die Grashalme. Feldlerchen schwebten über ihren Köpfen, und weiche Wolken glitten aus Wales herüber. Am Horizont zeichneten sich die Berge in dunstblauen Linien hintereinander ab – und sie dachten darüber nach, wie wenig sich verändert hatte, seit sie vor über siebzig Jahren mit ihrem Großvater über diesen Weg gewandert waren.

Zwei Düsenjäger heulten im Tiefflug über die Wye und

machten ihnen die zerstörerische Welt zu ihren Füßen gegenwärtig. Doch als ihre altersschwachen Augen über das Netz aufgeschachtelter, rot und gelb und grün gefärbter Felder schweiften, über die weißgekalkten Häuser, wo ihre walisischen Vorfahren gelebt hatten und gestorben waren, konnten sie, wenn überhaupt, nur schwer glauben, was Kevin gesagt hatte: daß all dies jeden Tag mit einem riesengroßen Knall verschwinden könnte.

Das Gattertor zu Theos Wiese war aus Stöcken, Draht und Tau zusammengeklittert, und er wartete, um sie zu begrüßen, in seinem grobgesponnenen Wams und seinen Gamaschen. Geißblatt schmückte seinen Hut, und er sah aus wie ein Mann aus uralten Zeiten.

Lewis' Taschen waren voll mit Zuckerklümpchen für das Maultier und den Esel.

Theo ging mit ihnen bergabwärts, vorbei an seinem Gemüsebeet, bis zum Eingang der Jurte.

»Und darin wohnst du?« Die Zwillinge hatten wie aus einem Mund gesprochen.

»Ja.«

»Na so was!«

Noch nie hatten sie eine derart seltsame Konstruktion gesehen.

Eine grüne und eine schwarze Zeltplane waren übereinander über einen kreisrunden Rahmen aus Birkenzweigen gezogen und mit Steinen beschwert worden. Ein Blechschornstein ragte in der Mitte heraus – das Feuer war erloschen.

Theos Freund, ein Dichter, hatte im Windschatten das Wasser für den Reis aufgesetzt, und in einem Topf brutzelte etwas Gemüse.

»Kommt rein«, sagte Theo.

Die Zwillinge duckten sich und krochen durch das Eingangsloch nach innen, und bald saßen sie, auf Kissen abgestützt, auf einem abgewetzten blauen Teppich, der mit chinesischen Schriftzeichen übersät war. Gebündeltes Sonnenlicht sickerte durch die Löcher in der Plane. Eine Fliege summte. Es war sehr still, und für alles war Platz.

Eine Jurte, versuchte Theo zu erklären, war ein Ebenbild des Universums. An ihrer Südseite wurden die »körperlichen Gegenstände« aufbewahrt – Essen, Wasser, Geräte, Kleidung – und im Norden die »geistigen Gegenstände«.

Er zeigte ihnen seinen Sternglobus, seine astrologischen Karten, eine Sanduhr, ein paar Rohrstifte und eine Bambusflöte. Auf einer rotbemalten Schachtel stand eine vergoldete Statuette, die, sagte er, Avalokiteshvara darstellte, den Bodhisattwa der unendlichen Barmherzigkeit.

»Komischer Name«, sagte Benjamin.

An den Seiten der Schachtel standen ein paar mit weißer Farbe schablonierte Gedichtzeilen.

»Und was bedeutet das?« fragte Lewis. »Ohne meine Brille kann ich nichts erkennen.«

Theo nahm den Lotussitz ein, schielte ein bißchen und sagte den ganzen Vers auf:

> *»Wer Ehrgeiz sich hält fern,*
> *Lebt in der Sonne gern,*
> *Selbst sucht, was ihn ernährt,*
> *Und was er kriegt, verzehrt:*
> *Komm geschwinde! geschwinde! geschwinde!*
> *Hier nagt und sticht*
> *Kein Feind ihn nicht,*
> *Als Wetter, Regen und Winde.«*

»Sehr hübsch«, sagte Lewis.

»*Wie es euch gefällt*«, sagte Theo.

»Mir würde es auch im Winter nicht gefallen.«

Theo griff darauf in sein Bücherregal und las sein Lieb-
lingsgedicht vor. Der Dichter war ein Chinese, sagte er, der
wie er gern durch die Berge zog. Sein Name war Li Po.

»Li Po«, wiederholten sie langsam. »Mehr nicht?«

»Mehr nicht.«

Theo sagte, das Gedicht handle von zwei Freunden, die
sich selten sahen, und sooft er es lese, falle ihm ein Freund
in Südafrika ein. In dem Gedicht kamen noch viele komische Namen vor, und die Zwillinge wurden nicht im geringsten klug daraus, bis er zu den letzten Zeilen kam:

> *»Was ist der Sinn des Redens,*
> *denn das Reden nimmt kein Ende.*
> *Im Herzen nehmen die Dinge kein Ende.*
> *Ich rufe den Jungen herein,*
> *Ich lasse ihn hier auf die Knie sinken,*
> *Dies zu versiegeln*
> *Und es tausend Meilen weit zu schicken,*
> *in Gedanken.«*

Und als Theo aufseufzte, seufzten auch sie, als wären auch
sie Tausende von Meilen von jemandem getrennt.

Sie bedankten sich für das »sehr schmackhafte Essen«,
und um drei Uhr bot Theo ihnen an, sie bis nach Cock-a-
loftie zu begleiten. Alle drei gingen hintereinander über die
Schafweide. Keiner sagte etwas.

Beim Zauntritt blickte Benjamin den Südafrikaner an und
biß sich besorgt auf die Lippen: »Er wird Freitag nicht vergessen, nicht wahr?«

»Kevin?«

Freitag war ihr achtzigster Geburtstag.

»Nein.« Theo lächelte unter seine Hutkrempe hervor.
»Ich weiß, daß er ihn nicht vergessen hat.«

XLVIII

Am Freitag, dem 8. August, wurden die Zwillinge durch Musik geweckt.

Sie traten im Nachthemd ans Fenster, schoben die Vorhänge auseinander und sahen auf die Leute im Hof hinunter. Die Sonne stand am Himmel. Kevin zupfte seine Gitarre. Theo spielte Flöte. Eileen, in Umstandskleidung, klammerte sich an ihren Foxterrier, und das Maultier schmatzte im Garten an einem Rosenstrauch. Vor der Scheune parkte ein rotes Auto.

Beim Frühstück gab Theo den Zwillingen sein Geschenk – ein Paar durch eine Holzkette verbundene walisische Liebeslöffel, die er selbst aus einem einzigen Stück Eibenholz geschnitzt hatte. Auf der Karte stand »Herzliche Glückwünsche zum Geburtstag von Theo the Tent. Mögt ihr dreihundert Jahre leben!«

»Recht herzlichen Dank«, sagte Lewis.

Kevins Geschenk war noch nicht angekommen. Es würde um zehn Uhr bereit sein, sagte er, und es war eine Autostunde entfernt.

Benjamin blinzelte. »Und wo soll das sein?«

»Eine Überraschung.« Kevin grinste Theo an. »Es ist eine Reise mit unbekanntem Ziel.«

»Wir können nicht fahren, ehe die Tiere gefüttert sind.«

»Die Tiere sind gefüttert«, sagte er, und Theo würde zurückbleiben, um auf den Hof aufzupassen.

Die »Reise mit unbekanntem Ziel« ließ auf einen Besuch in einem vornehmen Haus schließen, daher gingen die Zwillinge nach oben und kamen mit gestärkten weißen Hemdkragen und in ihren braunen Sonntagsanzügen wieder herunter. Sie stellten ihre Uhren nach Big Ben und sagten, sie seien fertig.

»Wem gehört das Auto?« fragte Benjamin mißtrauisch.

»Geliehen«, sagte Kevin.

Als Lewis sich auf dem Rücksitz niederließ, biß ihn Eileens Terrier in den Ärmel.

Er sagte: »Böses kleines Tierchen, hm?« – und der Wagen rollte los und über die Landstraße.

Sie fuhren durch Rhulen und dann bergan zwischen hügeligen Stoppelfeldern, wo Benjamin auf das Schild nach Bryn-Draenog zeigte. Er zuckte zusammen, sobald Kevin in eine Kurve fuhr. Danach waren die Berge nicht mehr so steinig, die Eichen waren höher – und es gab schwarzweiße Fachwerkhäuser. In der High Street von Kington wurden sie von einem Lieferwagen aufgehalten, aber bald waren sie wieder draußen zwischen Feldern mit roten Hereforder Rindern, und nach jeder Meile kamen sie am Tor eines Landhauses aus rotem Backstein vorüber.

»Fahren wir nach Croft Castle?« fragte Benjamin.

»Schon möglich«, sagte Kevin.

»Ganz schön weit, nicht?«

»Meilen und Meilen weit«, sagte er, und nach einer halben Meile bog er von der Hauptstraße ab. Der Wagen rumpelte über eine holprige Asphaltstrecke. Als erstes sah Lewis einen orangenen Windsack: »Mein Gott! Das ist ja ein Flugplatz!«

Ein schwarzer Hangar kam in Sicht, dann ein paar Nissenhütten und dann die Rollbahn.

Bei ihrem Anblick schien Benjamin zu schrumpfen. Er wirkte zerbrechlich und alt, und seine Unterlippe zitterte: »Nein. Nein! Ich steige in kein Flugzeug!« »Aber Onkel, es ist sicherer, als Auto zu fahren...«

»Ja! Bei deiner Fahrweise vielleicht! Nein, nein... Ich steige auf keinen Fall in ein Flugzeug.«

Der Wagen war noch nicht richtig stehengeblieben, als Lewis herausgesprungen war und wie betäubt auf dem Asphalt stand.

Rund dreißig kleine Flugzeuge standen aufgereiht im Gras – meistens Cessnas, die den Mitgliedern des West-Midlands-Flugclubs gehörten. Einige waren weiß. Andere hatten grelle Farben. Einige waren gestreift, und bei allen bebten die Flügelspitzen, als könnten sie es nicht abwarten, in die Luft zu steigen.

Der Wind frischte auf. Fetzen von Schatten und Sonnenlicht jagten einander über die Rollbahn. Auf dem Kontrollturm drehten sich die kleinen schwarzen Schalen des Windmessers im Kreis. Gegenüber dem Flugfeld reihten sich schwankende Pappeln aneinander.

»Luftig«, sagte Kevin, dem der Wind das Haar über die Augen wehte.

Ein junger Mann in Jeans und einer grünen Bomberjacke rief: »Hallo, Kev!«, und kam zu ihnen herüber, wobei seine Stiefelabsätze über den Asphalt schlurften.

»Ich bin Ihr Pilot.« Er ergriff Lewis' Hand. »Alex Pitt.«

»Recht herzlichen Dank.«

»Gratuliere zum Geburtstag!« sagte er, als er sich zu Benjamin umdrehte. »Es ist nie zu spät, mit dem Fliegen anzufangen, hm?« Dann zeigte er auf die Nissenhütten und bat sie, ihm zu folgen. »Nur ein paar Formalitäten«, sagte er, »und schon geht's los!«

»Aye, aye, Sir!« sagte Lewis in dem Glauben, daß es das war, was man einem Piloten sagte.

Der erste Raum war eine Cafeteria. Über der Bar hing ein Holzpropeller aus dem Ersten Weltkrieg. Farbdrucke von der Luftschlacht über England schmückten die Wände. Das Flugfeld war früher ein Übungsplatz für Fallschirmspringer gewesen – und war es in gewisser Hinsicht noch immer.

Ein paar junge Männer in Sprungausrüstung tranken Kaffee. Als sie Kevin sahen, stand ein massiger Kerl auf, schlug mit der Hand auf die Lederjacke seines Freundes und fragte, ob er mitkomme.

»Heute nicht«, sagte Kevin. »Ich fliege mit meinen Onkeln.«

Der Pilot führte sie in einen Raum, wo Lewis begierig das Schwarze Brett, die Flugkarten und eine Tafel studierte, die mit dem Gekritzel eines Ausbilders vollgeschrieben war.

Dann kam ein schwarzer Labrador aus dem Kontrollraum gesprungen und legte seine Pfoten auf Benjamins Hose. Dieser glaubte, in dem flehenden Blick des Tieres eine Warnung zu sehen, nicht mitzufliegen. Es wurde ihm schwindlig, und er mußte sich hinsetzen.

Der Pilot legte drei Druckformulare auf den blauen Formicatisch, eins – zwei – drei, und bat die Passagiere um ihre Unterschrift.

»Versicherung«, sagte er. »Für den Fall, daß wir auf irgendeinem Feld landen und die Kuh eines alten Bauern töten!«

Benjamin zuckte zusammen und hätte beinahe den Kugelschreiber fallen lassen.

»Mach meinen Onkeln bloß keine Angst«, scherzte Kevin.

»Nichts kann deinen Onkeln Angst machen«, sagte der Pilot, und Benjamin wurde klar, daß er unterschrieben hatte.

Eileen und der Terrier winkten den Fliegern zu, als sie über den Rasen auf die Cessna zugingen. Über den Rumpf zog sich ein breiter brauner Längsstreifen und ein dünnerer über die Stromlinienbedeckung des Fahrgestells. Die Zulassungsnummer des Flugzeugs war G – BCTK.

»TK bedeutet Tango Kilo«, sagte Alex. »So heißt es.«

»Komischer Name«, sagte Lewis.

Dann begann Alex mit den Außenkontrollen, wobei er eine nach der anderen erklärte. Benjamin stand hilflos neben der Flügelspitze und dachte an all die Abstürze in Lewis' Sammelalbum.

Aber Lewis schien sich für Mr. Lindbergh zu halten.

Er bückte sich. Er stellte sich auf die Zehenspitzen. Seine Augen saugten sich an jeder einzelnen Bewegung des jungen Mannes fest. Er beobachtete, wie das Fahrgestell kontrolliert wurde, wie Klappen und Querruder geprüft und das Signalhorn getestet wurden, das piepste, sobald das Flugzeug abzurutschen drohte.

Er machte auf eine schmale Delle in der Seitenflosse aufmerksam.

»Wahrscheinlich ein Vogel«, sagte Alex.

»Oh!« sagte Benjamin.

Sein Gesicht wurde noch länger, als es an der Zeit war, an Bord zu gehen. Er setzte sich auf den Rücksitz, und als Kevin ihm den Sicherheitsgurt zuschnallte, fühlte er sich gefangen und elend wie nie zuvor.

Lewis saß rechts vom Piloten und versuchte, sich zwischen all den Skalen und Meßgeräten zurechtzufinden.

»Und das da?« riet er drauflos. »Der Steuerknüppel, nehme ich an?«

Das Flugzeug diente der Ausbildung und hatte eine Doppelsteuerung.

Alex berichtigte ihn: »Heute nennen wir das Steuersäule. Eine für mich und eine für Sie, falls ich ohnmächtig werde.«

Vom Rücksitz kam ein Schluckauf, aber Benjamins Stimme ging im Rattern des Propellers unter. Er schloß die Augen, als das Flugzeug zum Haltepunkt rollte.

»Tango Kilo startbereit«, gab der Pilot über Sprechfunk durch. Dann, nach einem leichten Drosseln, war das Flugzeug auf der Rollbahn.

»Tango Kilo zum Rundflug nach Westen. Voraussichtliche Rückkehr in fünfundvierzig Minuten. Wiederhole, fünfundvierzig Minuten.«

»Roger, Tango Kilo«, kam eine Stimme über Sprechfunk zurück.

»Wir heben ab bei sechzig!« Alex brüllte in Lewis' Ohr, und das Rattern wuchs zu einem Dröhnen an.

Als Benjamin schließlich die Augen öffnete, war das Flugzeug auf 1500 Fuß angestiegen.

Tief unter ihnen stand ein Senffeld in Blüte. Ein Gewächshaus glitzerte in der Sonne. Der weiße Staubstrom war ein Bauer, der ein Feld düngte. Wälder zogen vorbei, ein mit Entengrütze bedeckter Weiher und ein Steinbruch mit ein paar gelben Bulldozern. Er fand, daß ein schwarzes Auto ein bißchen wie ein Käfer aussah.

Er fühlte sich immer noch ein bißchen höhenkrank, aber seine Händen waren nicht mehr zu Fäusten geballt. Vor ihnen lag der Schwarze Berg, und Wolken zogen dicht über den Gipfel. Alex ließ das Flugzeug weitere tausend Fuß steigen und sagte ihnen, sie müßten mit ein paar Luftlöchern rechnen.

»Turbulenzen«, sagte er.

Die Kiefern auf dem Cefn-Berg sahen in dem variierenden Licht mal blaugrün, mal schwarzgrün aus. Die Heide war violett. Die Schafe hatten Form und Größe von Larven, und es gab tintenschwarze, von Riedgras umringte Tümpel. Der Schatten des Flugzeugs näherte sich einer Herde grasender Ponys, die in alle Richtungen auseinanderliefen.

Einen schrecklichen Augenblick lang kamen die Klippen über Craig-y-fedw auf sie zugerast. Doch Alex drehte ab und glitt langsam ins Tal hinab.

»Da!« rief Lewis. »Da ist The Rock!«

Und da war es: die Schrotteinfriedung, der Tümpel, das eingestürzte Dach und Megs weiße Gänse, die in Panik ausbrachen!

Und da, auf der linken Seite, war The Vision! Und da war Theo!

»Ja! Es ist wirklich Theo!« Jetzt war es Benjamin, der in Aufregung geriet. Er drückte die Nase ans Fenster und starrte auf die winzige braune Gestalt, die im Obstgarten mit ihrem Hut winkte, als das Flugzeug bei einer zweiten Runde niedriger flog und seine Flügel kippte.

Fünf Minuten später hatten sie die Berge hinter sich gelassen, und jetzt hatte Benjamin seinen Spaß an der Sache.

Dann blickte Alex über die Schulter zu Kevin, der ihm zuzwinkerte. Er beugte sich zu Lewis hinüber und rief: »Jetzt sind Sie dran.«

»Womit?« Er runzelte die Stirn.

»Mit dem Fliegen.«

Behutsam legte Lewis die Hände auf die Steuersäule und strengte sein gutes Ohr an, um jedes Wort des Ausbilders mitzubekommen. Er zog die Säule an sich heran, und die Nase der Cessna hob sich. Er schob die Steuersäule von sich, und sie fiel ab. Er drehte sie nach links, und der Horizont legte sich schräg. Dann richtete er sich auf und drehte sie nach rechts.

»Sie machen jetzt alles allein«, sagte Alex ruhig, und Lewis machte ohne fremde Hilfe dieselben Manöver.

Und plötzlich überkam ihn das Gefühl – selbst wenn der Motor ausfiel, selbst wenn das Flugzeug einen Sturzflug machte und ihre Seelen in den Himmel flogen –, daß alle Enttäuschungen seines verkrampften anspruchslosen Lebens jetzt keine Bedeutung mehr hatten, denn zehn wunderbare Minuten lang hatte er getan, was er tun wollte.

»Versuchen Sie, eine Acht zu fliegen«, schlug Alex vor. »Links nach unten!... Das reicht!... Jetzt wieder hoch!... Jetzt rechts nach unten!... Immer sachte!... Gut so!... Jetzt noch eine große Schleife, und wir lassen es für heute genug sein.«

Erst als Lewis die Steuerung wieder abgegeben hatte, wurde ihm klar, daß er die Zahlen Acht und Null in den Himmel geschrieben hatte.

Sie setzten zur Landung an. Sie sahen die Rollbahn näher

kommen, zuerst als Rechteck, dann als Trapez, dann, als der Pilot seine letzte Meldung durchgab, als abgesägte Pyramide.

»Recht herzlichen Dank«, sagte Lewis mit einem schüchternen Lächeln.

»Es war mir ein großes Vergnügen«, sagte Alex und half den Zwillingen beim Aussteigen.

Er war Fotograf von Beruf, und erst vor zehn Tagen hatte Kevin eine bunte Luftaufnahme von The Vision bei ihm bestellt.

Sie war aufgezogen und eingerahmt und die zweite Hälfte des Geburtstagsgeschenks für die Zwillinge. Sie packten es auf dem Parkplatz aus und gaben dem jungen Paar je einen Kuß.

Die Frage war nur, wo es hängen sollte.

Es gehörte natürlich an die Fotowand in der Küche. Aber seit Amos' Tod war nichts hinzugefügt worden, und die Tapete war zwischen den Rahmen zwar verblaßt, dahinter jedoch wie neu.

Eine ganze Woche lang stritten und jonglierten die Zwillinge herum und hoben Onkel und Cousins von Haken, an denen sie sechzig Jahre lang gehangen hatten. Und schließlich, gerade als Lewis es aufgegeben und beschlossen hatte, es neben den »Breiten und den schmalen Pfad« über dem Klavier aufzuhängen, fand Benjamin die Lösung: Indem sie Onkel Eddie mit dem Grislybär eins nach *oben* und Hannah und den alten Sam eins *seitlich* versetzten, blieb gerade noch so viel Platz, daß es neben das Hochzeitsfoto ihrer Eltern paßte.

XLIX

Die Tage wurden kürzer. Schwalben hockten schwatzend auf den Stromdrähten, bereit für die lange Reise nach Süden. Eines Nachts kam ein Sturm auf, und sie waren verschwunden. Als der erste Frost einsetzte, hatten die Zwillinge Besuch von Mr. Isaac Lewis, dem Prediger.

Sie gingen jetzt nur noch selten zum Gottesdienst und hatten ein schlechtes Gewissen, und ihr Besucher machte sie nervös.

Er hatte den langen Weg von Rhulen über den Cefn-Berg zu Fuß zurückgelegt. Seine Hosen waren unten am Saum mit Schlamm bespritzt, und obwohl er seine Schuhsohlen am Kratzeisen abrieb, hinterließ er eine Spur auf dem Küchenfußboden. Eine lange Stirnlocke hing zwischen seinen Brauen. Seine hervortretenden braunen Augen, in denen das Licht des Glaubens leuchtete, tränten ungeachtet dessen vom Wind.

Er äußerte sich zum Wetter, das für die Jahreszeit ungewöhnlich war: »Rauh für September, nicht?«

»Ja, rauh«, stimmte Benjamin ihm zu. »Als wär's der erste Wintertag.«

»Und das Gotteshaus ist verlassen«, fuhr der Prediger düster fort. »Und das Volk hat sich von ihm entfernt. Ganz zu schweigen von den Kosten!«

Er war walisischer Nationalist mit radikalen Ansichten. Aber er gab diesen Ansichten in einer so verblümten Sprache Ausdruck, daß kaum einer seiner Zuhörer auch nur ahnte, wovon er eigentlich redete. Es dauerte zwanzig Minuten, bevor die Zwillinge begriffen, daß er Geld von ihnen wollte.

Um die Finanzen der Kirche von Maesyfelin war es schlecht bestellt. Im Juni hatte der Dachdecker, der ein paar Ziegel auswechselte, eine morsche Stelle entdeckt. Die Leitungen aus der Vorkriegszeit hatten sich als feuergefährlich erwiesen, und die Innenwände hatten einen neuen blauen Anstrich erhalten.

Der Prediger war knallrot im Gesicht, ebenso vor Verlegenheit wie von der Hitze des Feuers. Er sog die Luft durch seine Zähne ein, als wäre sein ganzes Leben eine Kette peinlicher Unterredungen. Er sprach vom Materialismus und von einem gottlosen Zeitalter. Nach und nach gab er zu verstehen, daß Mr. Tranter, der Bauunternehmer, auf Zahlung drängte.

»Und habe ich nicht fünfzig Pfund aus meiner eigenen Tasche bezahlt? Aber was sind fünfzig Pfund heutzutage wert, frage ich Sie?«

»Wie hoch ist die Rechnung denn?« unterbrach ihn Benjamin.

»Fünfhundertsechsundachtzig Pfund«, stöhnte er, als hätte ihn das Beten erschöpft.

»Soll ich die Summe direkt an Mr. Tranter zahlen?«

»Direkt«, sagte der Prediger, viel zu überrascht, um etwas anderes zu antworten.

Seine Augen folgten Benjamins Stift, mit dem er den Scheck ausschrieb. Diesen faltete er übertrieben sorgfältig zusammen und steckte ihn in seine Brieftasche.

Der Wind schüttelte die Lärchen, als er schließlich aufbrach. Er blieb auf der Veranda stehen und erinnerte die Zwillinge an das Erntedankfest am Freitag um drei Uhr.

»Wirklich, eine Gelegenheit, Dank zu sagen«, murmelte er und schlug seinen Mantelkragen hoch.

Am frühen Freitagmorgen fuhr Lewis auf seinem Traktor nach The Tump und fragte Rosie Fifield, ob sie mitkommen wolle.

»Um wem für was zu danken?« fauchte sie und knallte die Tür zu.

Um halb zwei kam Kevin mit dem Auto, um die Zwillinge abzuholen. In seinem neuen gräuen Anzug sah er sehr schick aus. Eileen mußte jeden Augenblick mit der Niederkunft rechnen und blieb deshalb zu Hause, Benjamin humpelte nach einem leichten Ischiasanfall.

Draußen vor dem Bethaus standen Bauern mit frischen, wettergegerbten Gesichtern und stöhnten leise über Mrs. Thatchers Regierung. Drinnen spielten Kinder in weißen Kniesöckchen zwischen den Bänken Versteck. Der junge Tom Griffiths teilte Blätter mit dem Erntedanklied aus, und Frauen arrangierten ihre Dahlien und Chrysanthemen.

Betty Griffiths von Cwm Cringlyn – die von allen »Fattie« genannt wurde – hatte einen Laib Brot in Form einer Weizengarbe gebacken. Der Abendmahlstisch floß über von Äpfeln und Birnen, Honigtöpfen und Chutneygläsern, reifen Tomaten und grünen Tomaten, grünen Weintrauben und purpurroten Weintrauben, Kürbissen, Zwiebeln, Kohlköpfen und Kartoffeln und grünen Bohnen, die groß waren wie Sägeblätter.

Daisy Prothero brachte einen Korb mit der Aufschrift »Früchte des Feldes« herein. An den Pfeilern des Mittelgangs waren Maispüppchen befestigt, und die Kanzel war mit Bocksbart bekränzt worden.

Die »anderen« Jones kamen und Miss Sarah, die wie immer mit ihrem Bisammantel und Veilchenhut angab. Evan Bevan und die Seinen kamen, Jack Williams the Vron, Jagdhorn-Sam und alle verbliebenen Morgans, und als Jack Haines von Red Daren an einem Stock hereinhumpelte, stand Lewis auf und gab ihm die Hand: Es war das erste Mal seit Mrs. Muskers Ermordung, daß sie miteinander sprachen.

Es wurde plötzlich still, als Theo mit Meg hereinkam.

Abgesehen von ihrem kurzen Aufenthalt im Krankenhaus hatte sie Craig-y-fedw in über dreißig Jahren kein einziges

Mal verlassen – so war ihr Auftritt unter Menschen ein Ereignis. In einem knöchellangen Mantel nahm sie schüchtern
neben dem riesigen Südafrikaner Platz. Schüchtern hob sie
die Augen, und als sie die Reihen lächelnder Gesichter sah,
verzog auch sie das Gesicht zu einem Lächeln.

Mr. Isaac Lewis stand in einem giftgrünen Anzug auf der
Schwelle, um seine Herde zu begrüßen. Er hatte die seltsame Angewohnheit, eine hohle Hand vor seinen Mund zu
halten, was den Eindruck machte, als wollte er seine gerade
abgegebene Erklärung wieder auffangen und in seinen
Mund zurückschieben.

Mit der Bibel in der Hand ging er zu Theo und bat ihn,
aus dem Neuen Testament das 21. Kapitel aus dem Buch
der Offenbarung vorzulesen: »Ich schlage Ihnen vor, daß
Sie die Verse 19 und 20 auslassen. Sie könnten Ihnen
Schwierigkeiten machen.«

»Nein.« Theo strich über seinen Bart. »Ich kenne die
Steine des neuen Jerusalem.«

Das erste Lied, »Für die Schönheit der Erde«, nahm einen unsicheren Anfang, da die Sänger und die Harmoniumspielerin im Tempo wie in der Tonlage auseinanderstrebten.
Nur wenige tapfere Stimmen mühten sich bis zum Ende ab.
Dann las der Geistliche ein Kapitel aus dem Buch des Predigers Salomo:

»›Geboren werden hat seine Zeit, sterben hat seine Zeit;
pflanzen hat seine Zeit, ausreißen, was gepflanzt ist, hat seine Zeit...‹«

Lewis fühlte, wie die Hitze des Heizkörpers durch seine
Hose brannte. Es roch nach angesengter Wolle, und er stieß
seinen Bruder an, damit er ein bißchen aufrückte.

Benjamin starrte auf die schwarzen Locken, die sich hinten über Kevins Kragen kringelten.

»›Suchen hat seine Zeit, verlieren hat seine Zeit; behalten
hat seine Zeit, wegwerfen hat seine Zeit...‹«

Er blickte auf das Blatt mit dem Erntedanklied, auf dem Bilder vom Heiligen Land abgedruckt waren – Frauen mit Sicheln, Männer, die Weizen säten, Fischer am See Genezareth und eine Kamelherde um einen Brunnen.

Er dachte an Mary, seine Mutter, erinnerte sich, daß auch sie in Galiläa gewesen war. Und daran, daß es im nächsten Jahr, wenn Kevin der Hof gehörte, so viel einfacher sein würde, durch das Nadelöhr zu schlüpfen und sich mit ihr zu vereinigen.

»›Lieben hat seine Zeit, hassen hat seine Zeit; Streit hat seine Zeit, Friede hat seine Zeit...‹«

Auf der Rückseite stand eine Überschrift, die lautete: »Alles ist sicher eingebracht«, und darunter war ein Foto von ein paar lächelnden Jungen mit kurzgeschorenem Haar, die mit Blechtassen in den Händen vor Zelten standen.

Er las, daß dies die palästinensischen Flüchtlinge waren, und dachte, wie nett es wäre, ihnen ein Weihnachtsgeschenk zu schicken – nicht, daß sie da drüben Weihnachten hatten, aber Geschenke sollten sie trotzdem bekommen.

Draußen verdunkelte sich der Himmel. Über dem Berg hallte ein Donnerschlag. Windstöße rüttelten an den Fenstern, und Regentropfen klatschten gegen die bleiverglasten Scheiben.

»Lied Nummer zwei«, sagte der Prediger. »›Wir pflügen die Felder und streuen die gute Saat auf das Land...‹«

Die Gemeinde erhob sich, ihre Münder öffneten sich, doch wurden all die dünnen Stimmen von einer schallenden Stimme im Hintergrund zum Schweigen gebracht.

Megs Gesang belebte den Raum, und als sie zu der Zeile »Von ihm werden die Vögel gefuttert« kam, tropfte eine Träne aus Lewis' Auge und rollte langsam über sein faltiges Gesicht.

Dann war es Theo, der die Zuhörer in Bann hielt:

»›Und ich sah einen neuen Himmel und eine neue Erde,

denn der erste Himmel und die erste Erde sind vergangen,
auch das Meer ist nicht mehr. Ich, Johannes, sah die Heilige
Stadt...‹«

Theo fuhr mit dem Text fort, zählte den Jaspis und den
Hyazinth, den Chrysopras und den Chalzedon auf, ohne
auch nur eine Silbe falsch zu betonen. Die Leute mit dem
Blick zum Fenster sahen einen Regenbogen, der sich über
dem Tal wölbte, und darunter einen Schwarm schwarzer
Raben.

Als die Reihe an den Prediger kam, stand dieser auf und
dankte seinem »Bruder in Christus« für seinen unvergeßli-
chen Vortrag. Nie in seiner langjährigen Erfahrung war die
Heilige Stadt so wirklich, so zum Greifen nahe gewesen. Er
jedenfalls hatte das Gefühl gehabt, den Arm ausstrecken
und sie berühren zu können.

Doch war dies keine Stadt, die man berühren konnte!
Keine Stadt aus Ziegel oder Stein. Keine Stadt wie Rom
oder London oder Babylon! Keine Stadt wie Kanaan, denn
es gab Falschheit in Kanaan! Dies war die Stadt, die Abraham von weitem gesehen hatte, eine Luftspiegelung am Horizont, als er auszog, in der Wildnis zu leben, in Zelten und
Hütten...

Bei dem Wort »Zelt« mußte Benjamin an Theo denken.
Inzwischen war von Mr. Lewis' mangelnder Wortgewandt-
heit nichts mehr zu spüren. Seine Arme streckten sich den
Dachbalken entgegen:

»Auch ist es keine Stadt für die Reichen«, donnerte er.
»Denkt an Abraham! Denkt daran, wie Abraham dem
König von Sodom seinen Reichtum geschenkt hat! Denkt
daran! Keinen Faden, keinen Schnürsenkel wollte er vom
Königreich von Sodom annehmen!«

Er holte tief Luft und fuhr mit weniger pathetischer Stimme fort:

Sie hätten sich in diesem bescheidenen Bethaus versammelt, um dem Herrn für ihr Auskommen zu danken. Der Herr hatte sie ernährt, gekleidet und ihnen das Lebensnotwendige gegeben. Er war kein strenger Lehrmeister. Die Botschaft des Predigers Salomo war keine strenge Botschaft. Es gab eine Zeit und einen Ort für alles – eine Zeit, um sich zu amüsieren, zu lachen, zu tanzen und sich an der Schönheit dieser Erde, an diesen schönen Blumen in ihrer Jahreszeit zu erfreuen...

Doch sie sollten auch bedenken, daß Reichtum eine Last war, daß die irdischen Güter sie aufhielten auf dem Weg zu der Stadt des Lammes...:

»Denn die Stadt, die wir suchen, ist eine bleibende Stadt, ein Ort in einem andern Land, wo wir Ruhe finden oder immer ruhelos sein werden. Unser Leben ist wie eine Seifenblase. Wir werden geboren. Wir schweben aufwärts. Wir werden von den Winden hin und her getrieben. Wir glitzern im Sonnenschein. Dann, ganz plötzlich, platzt die Seifenblase, und wir fallen als feuchte Flecken auf die Erde. Wir sind wie die Dahlien, die von den ersten Herbstfrösten niedergemäht werden.«

Der Morgen des 15. November war klar, und es fror stark. Auf den Tränken lag eine zwei Zentimeter dicke Eisschicht. Auf der anderen Seite des Tals warteten zwanzig Ochsen darauf, gefüttert zu werden.

Nach dem Frühstück half Theo Lewis, den Anhänger an die International Harvester zu kuppeln, und gabelte ein paar Heuballen hinauf. Der Traktor sprang schwer an. Lewis trug einen blauen Strickschal. Der Frost war ihm wieder ins Innenohr gefahren, und er hatte über Schwindelanfälle geklagt. Theo winkte, als der Traktor durch den Hof schlingerte. Dann ging er ins Haus und unterhielt sich mit Benjamin in der Waschküche.

Benjamin hatte seine Ärmel aufgekrempelt und kratzte

Eigelb von den Tellern. Im Spülstein schwammen Fettaugen vom Schinkenspeck an der Wasseroberfläche. Er war sehr aufgeregt über Kevins neugeborenen Sohn.

»Ja«, lächelte er. »Er ist ein lebhafter kleiner Kerl.«

Er drückte das Spültuch aus und trocknete sich die Hände ab. Ein scharfer Schmerz durchzuckte seine Brust. Er fiel zu Boden.

»Es muß Lewis sein«, krächzte er, während Theo ihm zu einem Stuhl half.

Theo rannte nach draußen und schaute über das Tal hinweg auf die rauhreifbedeckten Felder. Die Eichen warfen lange blaue Schatten in dem schrägen Sonnenlicht. Wacholderdrosseln riefen von den Hackfrüchten herüber. Ein Entenpaar flog den Bach entlang, und ein Kondensstreifen schnitt den Himmel in zwei Teile. Er konnte das Traktorengeräusch nicht hören.

Er sah, daß das Heu auf der Weide ausgestreut war, aber die Ochsen waren auseinandergelaufen, wenn auch ein oder zwei sich langsam in Richtung auf das Heu zurückbewegten.

Er sah eine Schlammspur, die längs der Hecke bergabwärts verlief. Dahinter war etwas Rotschwarzes. Es war der Traktor, der auf die Seite gekippt war.

Benjamin war über die Veranda nach draußen gekommen, ohne Hut, und zitterte. »Warte hier«, sagte Theo ruhig und rannte los.

Benjamin ging ihm nach, humpelte den Weg zur Schlucht hinunter. Der Gang des Traktors war aus der Schaltung gesprungen, und er war weitergerollt. Er hörte Theo vor sich rennen. Er hörte Wasser aufspritzen, und durch die Bäume hörte er die Möwen kreischen.

Die Birken, die den Bach säumten, hatten ihre Blätter verloren. An den purpurroten Zweigen glitzerten Eiströpfchen. Das Gras war steif, und das Wasser floß leicht über die glatten braunen Steine. Er stand am Ufer, keiner Bewegung fähig.

Durch die leuchtenden Birkenstämme kam Theo langsam auf ihn zugeschritten. »Du siehst ihn besser nicht«, sagte er. Dann legte er seine Arme um die Schultern des alten Mannes und hielt ihn fest.

L

Neben der Pforte des Friedhofs von Maesyfelin steht ein alter Eibenbaum, dessen gekrümmte Wurzeln die Wegplatten schräg angehoben haben. Grabsteine säumen den Weg, manche tragen lateinische, manche gotische Lettern, und über allen rankt sich Flechte. Es ist ein weicher Stein, und auf denen, die den vorherrschenden Westwinden ausgesetzt sind, kann man die Buchstaben kaum mehr erkennen. Bald wird niemand mehr die Namen der Toten lesen können, und die Grabsteine selbst werden zerfallen und in die Erde sinken.

Dagegen sind die Grabsteine jüngeren Datums aus Steinen gehauen, die hart sind wie die Steine der Pharaonen. Ihre Oberfläche ist von einer Maschine glattpoliert worden. Die Blumen, die auf ihnen liegen, sind künstlich, und die Umrandungen sind nicht aus Kies, sondern aus grünen Glasscherben. Das jüngste Grab ist ein glänzender schwarzer Granitblock; die eine Hälfte trägt eine Inschrift, die andere ist leer gelassen.

Hin und wieder kann ein Tourist, der sich zufällig hinter die Kapelle verirrt, auf dem Rand des Steins einen alten Bergbauern in Kordhosen und Gamaschen sitzen und sein Spiegelbild anstarren sehen, während über ihm die Wolken dahinziehen.

Benjamin war nach dem Unfall so verwirrt und hilflos, daß er nicht einmal mehr sein Hemd zuknöpfen konnte. Aus Sorge, es könnte ihn noch mehr aus der Fassung bringen, wurde ihm verboten, in die Nähe des Friedhofs zu gehen, und als Kevin mit Frau und Kind in The Vision einzog, sah er starr durch sie hindurch, als wären sie Fremde.

Im letzten Mai fing Eileen an zu tuscheln, der Onkel »verkalke« allmählich und wäre besser in einem Altersheim untergebracht.

Er hatte zugesehen, wie sie die Möbel eines nach dem anderen verkaufte.

Sie verkaufte das Klavier, um damit eine Waschmaschine, und das Himmelbett, um eine neue Schlafzimmereinrichtung zu bezahlen. Die Küche bekam eine neue gelbe Tapete, die Familienfotos verbannte sie auf den Dachboden und ersetzte sie durch ein Bild von Prinzessin Anne auf einem Springpferd. Der größte Teil von Marys Bettwäsche endete in einem Tauschladen. Die Porzellanhunde verschwanden, dann die Standuhr, und der alte Eisenherd lag zwischen Ampfer und Nesseln im Hof und verrostete.

Im letzten August ging Benjamin eines Tages von zu Hause fort, und als er bei Anbruch der Dunkelheit nicht zurückgekehrt war, mußte Kevin nach ihm suchen lassen.

Es war eine warme Nacht. Sie fanden ihn am nächsten Morgen, er saß auf dem Grab und stocherte mit einem Grashalm ruhig zwischen den Zähnen.

Seither ist Maesyfelin Benjamins zweites Zuhause geworden – vielleicht sein einziges Zuhause. Er wirkt einigermaßen glücklich, solange er jeden Tag eine Stunde auf dem Friedhof verbringen kann. An manchen Nachmittagen läßt Nancy Bickerton ihn mit ihrem Wagen zum Tee abholen.

Theo hat seinen südafrikanischen Paß gegen einen britischen eingetauscht, hat seine Wiese verkauft und ist nach Indien gegangen, wo er im Himalaja bergsteigen möchte.

Über The Rock ist keine Entscheidung gefallen: Daher lebt Meg dort weiter, allein.

Auch Rosie Fifield lebt noch in ihrem Cottage. Weil die Arthritis sie zum Krüppel gemacht hat, sehen ihre Zimmer jetzt sehr verwahrlost aus, doch als der Beamte von der Gesundheitsbehörde vorschlug, sie solle in ein Armenhaus gehen, sagte sie giftig: »Hier müßt ihr mich an den Füßen herausziehen.«

Zu ihrem 82. Geburtstag hat sie von ihrem Sohn ein Armeefernglas geschenkt bekommen, und an Wochenenden beobachtet sie gern die Drachenflieger, die sich oben von Bickertons Buckel heruntergleiten lassen – sie nennt das »helikoptern« – ein Strom stecknadelgroßer Menschen, die an bunten Flügeln durch die Luft schweben, heruntersausen, sich mit dem Aufwind wieder hochschwingen und dann wie die Flügelfrüchte einer Esche zur Erde kreisen.

Sie ist in diesem Jahr schon Zeugin eines tödlichen Unfalls geworden.

Claassen extra
Die Reihe mit dem gewissen Extra

Margaret Atwood
Die eßbare Frau
Aus dem Englischen von Werner Waldhoff
Roman, 328 Seiten, gebunden

"Eine subtile, raffiniert und eindringlich erzählte
Darstellung der Beziehung zwischen Männern und Frauen."
Sunday Times

Margaret Atwood
Lady Orakel
Aus dem Englischen von Werner Waldhoff
Roman, 376 Seiten, gebunden

"Eine lustvoll hintergründige Lektüre von umwerfender
Komik."
Süddeutsche Zeitung

Bruce Chatwin
Auf dem schwarzen Berg
Aus dem Englischen von Anna Kamp
Roman, 328 Seiten, gebunden

"Endlich ein Roman, der es wert ist, ein Meisterwerk
genannt zu werden."
The Daily Mail

Postfach 100 555, 3200 Hildesheim

Claassen extra
Die Reihe mit dem gewissen Extra

Ingeborg Drewitz
Gestern war Heute
Roman, 384 Seiten, gebunden

"Eins der wichtigsten Bücher der letzten Jahre."
Österreichischer Rundfunk

Marlen Haushofer
Die Wand
Roman, 276 Seiten, gebunden

"Ein großer Bericht, dessen äußerste Einfachheit klassisches Maß erreicht."
Hans Weigel

Marlen Haushofer
Schreckliche Treue
Erzählungen, 272 Seiten, gebunden

"Meistererzählungen, von Kleistschem Geist und Kleistscher Klarheit."
Österreichischer Rundfunk

Irmgard Keun
Das kunstseidene Mädchen
Roman, 224 Seiten, gebunden

"Verneigen wir uns vor Irmgard Keun, aber nicht zu lange, und dann lesen wir sie!"
Frankfurter Allgemeine Zeitung

Postfach 100 555, 3200 Hildesheim

Claassen extra
Die Reihe mit dem gewissen Extra

Arlette Lebigre
Liselotte von der Pfalz
Aus dem Französischen von Andrea Spingler
Biographie, 320 Seiten, gebunden

"Ein Lesevergnügen."
Frankfurter Allgemeine Zeitung

Cesare Pavese
Die Nacht von San Rocco
Die Wiese der Toten
Sämtliche Erzählungen in zwei Bänden
Aus dem Italienischen von Charlotte Birnbaum
288 und 272 Seiten, gebunden

"Alles ist so plastisch, so unwiderrufbar geschrieben, daß der Leser sich eingereiht sieht in die Schar der Kinder und Huren, der Flaneure und Partisanen."
Walter Jens

Alvise Zorzi
Marco Polo
Aus dem Italienischen von Sylvia Höfer
Biographie, 432 Seiten, gebunden

"Ein blendend recherchiertes, vorzüglich lesbares Buch über eines der größten und berühmtesten Abenteuer der Weltgeschichte."
Die Welt

Postfach 100 555, 3200 Hildesheim

Margaret Atwood

"Margaret Atwood ist ohne Zweifel eine Schriftstellerin, die etwas zu sagen hat und mit großer Sicherheit ihren Ausdruck findet."
Frankfurter Allgemeine Zeitung

Der lange Traum
Aus dem Englischen von Reinhild Böhnke
Roman, 256 Seiten, gebunden

Die Unmöglichkeit der Nähe
Aus dem Englischen von Werner Waldhoff
Roman, 340 Seiten, gebunden

Verletzungen
Aus dem Englischen von Werner Waldhoff
Roman, 296 Seiten, gebunden

Lady Orakel
Aus dem Englischen von Werner Waldhoff
Roman, 376 Seiten, gebunden

Wahre Geschichten
Aus dem Englischen von A. Arz, S. Haffner, A. Jonas, K. von Hutten, B. M. Kloos
Gedichte, 112 Seiten, broschiert

Die eßbare Frau
Aus dem Englischen von Werner Waldhoff
Roman, 328 Seiten, gebunden

Die Giftmischer
Horror-Trips und Happy-Ends
Aus dem Englischen von Anna Kamp
96 Seiten, broschiert

Unter Glas
Aus dem Englischen von Helga Pfetsch
Erzählungen, 312 Seiten, gebunden

Der Report der Magd
Aus dem Englischen von Helga Pfetsch
Roman, 400 Seiten, gebunden

Postfach 100 555, 3200 Hildesheim

Jerome Charyn

"Er ist brillant, einer der einfallsreichsten und erfinderischsten Schriftsteller, den Amerika besitzt – ein zeitgenössischer Balzac."
Newsday

Metropolis: New York
Aus dem Englischen von Eike Schönfeld
328 Seiten, gebunden

Diese ungewöhnliche Biographie der zur Zeit wohl beliebtesten Stadt der Welt liest sich wie ein Krimi. Als geborener New Yorker, als Kind der Bronx, spürt Jerome Charyn das Besondere und Unwahrscheinliche auf: ein rasender Reporter, der ebenso die Geschichte der Stadt nachzeichnet wie er die Menschen porträtiert, die heute Leben und Rhythmus dieser einmaligen Metropole bestimmen.

Pinocchios Nase
Aus dem Englischen von Eike Schönfeld
Roman, 432 Seiten, gebunden

Jerome Charyn berauscht sein Publikum mit seiner unbändigen Phantasie, Fabulierlust und Erzählkunst. Die Geschichte eines Mannes, der sich auf aberwitzigen Wegen von Amerika durch Europa und zurück zum erfolgreichen Romanautor mausert, ist zugleich Abenteuerroman und fiktionale Autobiographie.

Postfach 100 555 , 3200 Hildesheim

Paul Theroux

"Paul Theroux' Medium ist der Humor. Er ist ein großes, lebhaftes, unverschämtes literarisches Talent."
Nadine Gordimer

Das chinesische Abenteuer
Reise durch das Land der Mitte
Aus dem Englischen von Hans M. Herzog
508 Seiten, gebunden

Dr. Slaughter
Aus dem Englischen von Katrine von Hutten
Roman, 176 Seiten, gebunden

Dschungelliebe
Aus dem Englischen von Eva Schönfeld
Roman, 320 Seiten, gebunden

London Embassy
Aus dem Englischen von Charlotte Franke
Kabinettstücke, 288 Seiten, gebunden

Mein geheimes Leben
Aus dem Englischen von Hans M. Herzog
Roman, 544 Seiten, gebunden

Moskito-Küste
Aus dem Englischen von Werner Waldhoff
Roman, 448 Seiten, gebunden

Orlando oder die Liebe zur Fotografie
Roman, 352 Seiten, gebunden

O-Zone
Aus dem Englischen von Hans M. Herzog
Roman, 600 Seiten, gebunden

Saint Jack
Aus dem Englischen von Rudolf Schultz
Roman, 264 Seiten, gebunden

Postfach 100 555, 3200 Hildesheim